당신도 영적 지도자가
될 수 있다

네비게이토 선교회는
국제적이며 복음적인 기독교 기관이다.
예수 그리스도께서는 자기를 따르는 자들에게
"너희는 가서 모든 족속으로 제자를 삼으라"
(마태복음 28:19)는 지상사명을 주셨다.
네비게이토 선교회는 세계 모든 국가에서
예수 그리스도의 일꾼들을 배가시켜
이 지상사명의 성취를 돕는 것을
근본 목표로 하고 있다.

네비게이토 출판사는
네비게이토 선교회의 문서 선교를 담당하고 있다.
본 출판사에서는 그리스도인의 영적 성장을 돕는
서적과 자료들을 출판하여,
그리스도인의 삶의 기초가 견고한
헌신된 제자로 성장하게 하고,
나아가 성숙한 인격과 지도력을 갖춘
일꾼이 되도록 돕고 있다.

Translated by permission
Original language title;
BE THE LEADER YOU WERE MEANT TO BE
Copyright © 1975 by Cook Communications
Korean Copyright © 1982 by Korea NavPress

당신도 영적 지도자가 될 수 있다

BE THE LEADER YOU WERE MEANT TO BE

What the Bible Says about Leadership

리로이 아임스

네비게이토 출판사
TO KNOW CHRIST AND TO MAKE HIM KNOWN

To Mrs. Dawson Trotman,
woman of God,
spiritual mother to thousands
in every corner of the earth.

차 례

저자 소개 ························· 6
추천의 말 ························· 7
머리말 ···························· 9

1 지도자로서 합당한 자는 누구인가 ············ 11
2 지도자의 힘의 원천 ················· 27
3 지도자의 내면생활 ················· 47
4 다른 사람에 대한 지도자의 태도 ············ 75
5 탁월한 수준의 지도자 ················ 87
6 어떻게 영향을 줄 것인가 ··············· 113
7 성공으로 이끄는 기반의 설정 ············· 137
8 어떻게 최대의 성과를 거둘 것인가 ··········· 153
9 문제의 해결 ···················· 173
10 지도자에게 따르는 위험들 ·············· 201
11 전체의 필요를 채워 줌 ··············· 221
12 의사소통 ····················· 239

저자 소개

리로이 아임스는 네비게이토 선교회의 여러 중요한 직책을 맡아 주님을 섬겼습니다. 오랜 세월 동안 그는 사람들을 주님께로 인도하며 주님의 제자와 일꾼으로 세워 주는 일에 큰 관심을 기울여 왔고, 이 일에 자신의 전 생애를 바쳤습니다. 그는 또한 전도, 제자 훈련, 리더십 등에 관하여 많은 책을 쓴 탁월한 저술가이기도 합니다.

아임스는 지도자가 개인의 삶과 자신이 이끄는 사람들에게 본을 보이는 삶에서 탁월한 수준으로 계발되어야 할 필요성에 깊은 관심을 가져 왔습니다. 제2차 세계대전 중에 해병대로 참전했던 그는 전투에서 탁월한 수준의 지도자와 그렇지 못한 지도자 때문에 빚어지는 결과의 차이가 얼마나 엄청난 것인가를 뼈저리게 실감할 수 있었습니다. 그리스도인의 영적 전쟁에서도 질적으로 탁월한 수준의 지도자가 다른 무엇보다도 중요합니다.

이 책은 지도력 원리에 관한 저자 자신의 성경공부와 다른 사람들과의 토의 내용을 토대로 하여 쓴 것으로, 성경의 예들과 세계 전역에 걸친 저자의 선교 경험에서 얻어진 교훈들을 잘 설명하고 있습니다.

추천의 말

나는 수십 년 동안, 지도자로서의 리로이 아임스를 죽 지켜볼 기회가 있었습니다. 나는 그가 삶의 목표를 잃고 방황하는 젊은 이들과 함께하며 인내를 가지고 그들을 도와서 마침내는 그들도 하나님의 일꾼으로 성장하도록 이끌어 주는 것을 보아 왔습니다. 그는 대학생들을 훈련시켜 효과적으로 봉사하며 질적인 지도자로서의 역할을 잘 감당할 수 있도록 돕는 일에도 지도력을 발휘해 왔습니다. 자신이 먼저 훈련된 삶을 살았을 뿐 아니라 또한 다른 사람들이 높은 수준의 훈련된 삶을 살 수 있도록 돕고 지도해 온 것입니다.

아임스는 언제나 성경 말씀을 깊이 공부하고 묵상하는 사람으로서 이 책의 모든 내용들은 전적으로 명확한 성경의 원리들에 그 기초를 두고 있습니다. 그는 먼저 리더십에 관한 하나님의 원리들을 제시하고 있습니다. 그러고 나서 그 원리들을 성경에 나오는 여러 가지 예들과 자신의 경험들을 예로 들어 이해하기 쉽게 설명해 주고 있습니다. 다시 말해서, 그 자신이 고안해 낸 이상적 리더십에 대해 이야기하고 있는 것이 아니라 철저하게 말씀에 근거한 성경적 리더십과 그 리더십에 대한 자신의 경험을 나누고 있습니다.

영적 지도자로서 하나님께 쓰임받기 원하시는 분이라면 누구나 이 책에 제시된 영적 지도력의 기본 원리들을 자신의 삶에 적용해 볼 것을 권해 드립니다. 이 책은 자신을 위한 영적 리더십의 지침서로서만이 아니라 다른 사람들을 하나님의 일꾼으로 훈련시키기 위한 목적으로도 효과적으로 사용될 수 있을 것입니다.

   그래서 나는 이 책을 모든 그리스도인들에게 적극 권해 드리고 싶습니다.

디어도어 에프
(Back to the Bible 방송의 창시자이며 회장)

머 리 말

참된 지도자가 부족하다는 것은 전 세계적으로 심각한 현상입니다. 정치, 경제, 교육, 언론, 사회, 종교 등 어느 분야를 막론하고 지도자는 많지만, 정확한 방향을 알고 올바르게 지도할 수 있는 참다운 지도자는 극히 드뭅니다.

지도자라고 해서 다 같지는 않습니다. 훌륭한 지도자가 있는가 하면 지도자답지 않은 지도자가 있고, 유능한 지도자가 있는가 하면 무능한 지도자도 있습니다. 또한 적극적인 지도자가 있는가 하면 소극적인 지도자도 있고, 올바른 지도자가 있는가 하면 그릇된 지도자도 있게 마련입니다.

이제 우리는 리더십의 개념을 하나님의 말씀에 비추어 살펴볼 필요가 있습니다. 이는 리더십에 관한 영원한 진리들이 신구약성경 전체에 걸쳐 생생하게 나타나 있기 때문입니다. 특히 예수 그리스도의 가르침들은 이에 대한 명확하고도 이해하기 쉬운 원리들을 제시해 주고 있습니다. 이러한 성경의 가르침들을 실제 우리의 삶에 적용하고자 하는 것이 이 책의 주된 목적입니다.

하나님께서 이 책을 통하여, 성경 말씀대로 예수 그리스도께 충성하며, 하나님의 일에 헌신된 지도자들을 많이 일으켜 주시기를 기도합니다.

리로이 아임스

1

지도자로서 합당한 자는 누구인가

누구든지 지도자가 되고자 하면 먼저 지도자가 되는 것에 대해 신중하게 생각해 봐야 합니다. "내 형제들아, 너희는 선생 된 우리가 더 큰 심판 받을 줄을 알고 많이 선생이 되지 말라"(야고보서 3:1). 지도자는 따르는 자에 비해 훨씬 더 엄하고 무거운 심판을 받게 됩니다. 이 사실 하나만으로도 우리는 선뜻 지도자가 되겠다고 나서고 싶지 않을 수도 있습니다.

이어 나오는 다음 구절은 우리에게 또 다른 이유를 제시해 주고 있습니다. "우리가 다 실수가 많으니"(2절). 말씀 그대로 우리는 누구나 실수가 많은 존재들입니다. 그렇기에 지도자가 된다는 것은 당연히 부담스럽고 망설여지는 일이 아닐 수 없습니다.

그러나 하나님께서 사용하셨던 위대한 지도자들의 생애를 살펴볼 때, 자신이 부적합하다는 생각이 그 책임을 거부하는 데 대한 합당한 이유가 될 수 없음을 성경은 잘 보여 주고 있습니다. 요컨대, 우리 모두 다 하나님 앞에서 죄인들입니다. 누가 감히 나는 지도자가 될 만한 충분한 자격이 있다고 주장할 수 있겠습니까? 자격을 가지고 말한다면, 지도자가 될 수 있는 사람은 아무도 없을 것입니다.

그러면, 성경에서 하나님께서 택하셨던 몇몇 지도자들을 살펴보면서, 하나님께서 지도자로 쓰려고 그들을 부르셨을 때 그들이 어떠한 반응을 보였는지 살펴봅시다.

모세를 부르심

모세의 생애를 살펴보기로 합시다. 하나님께서 부르셨을 때, 그는 광야 외딴 곳에서 장인 이드로의 양떼를 치고 있었습니다. 왕자의 신분으로 황실에서 자라 모든 특권과 영화를 누리던 자가 광야에서 양을 친다는 사실이 그에게는 참으로 견디기 힘들었을 것입니다. 당시 양을 치는 일은 가장 천한 일 가운데 하나였습니다. 그나마 모세 자신의 양도 아닌, 장인의 양을 치고 있던 신세였습니다. 자기에게 닥친 불행과 비참한 처지를 비관하며 자기 비하와 좌절에 빠져 모세는 하마터면 하나님의 음성도 듣지 못하고 지나쳐 버릴 뻔했습니다.

그때 이상하고도 놀라운 일이 벌어졌습니다. "여호와의 사자가 떨기나무 불꽃 가운데서 그에게 나타나시니라. 그가 보니 떨기나무에 불이 붙었으나 사라지지 아니하는지라"(출애굽기 3:2).

하나님께서 처음으로 모세에게 행하신 일은 그에게 자신을 직접 나타내 주신 것이었습니다. 모세는 자기에게 말씀하신 분이 하나님이심을 확신했습니다(5-6절 참조). 이것이 참으로 중요합니다. 어떤 사람이 찾아와 어떤 일을 맡아 주도록 부탁한다면, 먼저 그것이 하나님의 뜻인지를 확인해 봐야 합니다. 그것이 하나님의 뜻인지 확신하기 전까지는 '예'나 '아니요' 어느 쪽으로든 한 발자국도 내딛지 마십시오.

하나님의 뜻은 곧바로 알려 주시기도 하지만, 어떤 경우는 분명하게 보여 주실 때까지 기다리기도 해야 합니다. 분명한 사실은 언젠가는 그 뜻을 밝히 보여 주신다는 것입니다. 하늘에 계신 우리 아버지께서는 그의 자녀들에게 자신의 뜻을 알려 주십니다. 그러므로 하나님께서 당신에게도 분명한 뜻을 보여 주실 것을 믿어야 합니다. 하나님은 우리가 확신 없는 가운데 사는 것을 원치 않으십니다.

우리의 일에 관심을 가지고 계신 하나님께서는 우리에게 그분의 뜻을 알려 주시겠다고 약속하셨습니다. "내가 너의 갈 길을 가르쳐 보이고 너를 주목하여 훈계하리로다"(시편 32:8). 하나님께서 책임을 지고 우리의 갈 길을 가르쳐 보이시겠다는 말씀입니다. 인도의 확신은 성경에 기록된 기본이 되는 확신들 가운데 하나입니다. 다시 한 번 하나님의 이 말씀을 유의해 보십시오. "내가 가르쳐 보이리라. 내가 주목하리라. 내가 훈계하리라." 이 얼마나 축복된 약속입니까!

시편 48:14에서 우리는 또 다른 약속을 발견할 수 있습니다. "이 하나님은 영영히 우리 하나님이시니 우리를 죽을 때까지 인도하시리로다." '하나님께서 우리의 인도자가 되신다'는 이 약속은 영원히 변함이 없는 진리입니다. 그러므로 우리는 기꺼이 자신의 뜻을 보여 주시고 크신 능력으로 인도해 주시는 하나님을 신뢰할 수 있습니다. 모세처럼 당신도 하나님이 하시는 말씀을 들을 수 있습니다.

다음으로 일어났던 일은, 하나님께서 모세에게 자기 백성을 향해 가지고 계셨던 마음의 짐을 친히 알려 주신 것입니다. "여호와께서 가라사대, '내가 애굽에 있는 내 백성의 고통을 정녕히 보고 그들이 그 간역자로 인하여 부르짖음을 듣고 그 우고를 알고'"(출애굽기 3:7). 모세 자신도 분명히 이스라엘 백성의 곤경에 대해 마음속에 큰 짐을 가지고 있었습니다. 그렇기 때문에 하나님께서도 그들을 위해 크게 염려하고 계시다는 사실이 모세에게는 큰 격려가 되었을 것입니다.

그때 하나님께서는 매우 극적인 말씀을 들려주셨습니다. "내가 내려와서 그들을 애굽인의 손에서 건져 내고 그들을 그 땅에서 인도하여 아름답고 광대한 땅, 젖과 꿀이 흐르는 땅, 곧 가나안 족속, 헷 족속, 아모리 족속, 브리스 족속, 히위 족속, 여부스 족속의 지방에 이르려 하노라"(출애굽기 3:8). 그때 모세의 마음속에 밀물처럼 밀려들었을 기쁨과 희열을 상상할 수 있겠습니까? 살아 계신 하나님께서 친히 손을 펴서 자기 백성을 구원하시겠다는 말씀이 아닙니까!

그리고 나서 주님께서는 또 모세에게 이런 말씀을 하셨습니다. "이제 내가 너를 바로에게 보내어 너로 내 백성 이스라엘 자손을 애굽에서 인도하여 내게 하리라"(출애굽기 3:10). 이 말에 모세는 틀림없이 의아해 했을 것입니다. 마음속에는 이런 질문이 생겼을 것입니다. "그렇지만 주님, 주님께서 친히 내려오셔서 그들을 구원하시겠다고 말씀하셨지 않았습니까? 왜 제가 바로에게 가야 하며, 왜 제가 이스라엘 백성을 애굽에서 구출해 내야 한단 말입니까? 주님께서 친히 그들을 구원하시면 됐지 제가 나서야 할 필요는 뭐가 있습니까?"

우리들에게도 이 질문은 각자 스스로 답해야 할 중요한 질문입니다. 하나님께서 그의 계획과 목적을 이루시는 방법이 바로 사람입니다. 하나님께서 사람을 통해서 그의 일을 이루어 가신다는 사실을 깨닫게 될 때 비로소 우리는 하나님 나라에서의 우리의 역할에 눈을 뜨게 됩니다.

그것은 모세에게도 마찬가지였습니다. 하나님께서는 그에게 할 일을 주셨습니다. 하지만 그는 자신이 그 일을 할 만한 그릇이 못 된다고 생각했습니다. 그래서 모세는 "내가 누구관대?" 하면서 하나님께 자신의 부족함을 토로했습니다.

사실 모세가 제기한 질문은 하나님께서 답하시기에 그렇게 어려운 질문이 아니었습니다. 그저 간단히 "너는 모세니라"라고 답하실 수도 있었습니다. 그러나 그의 질문이 적절하지 않았기에 하나님께서는 굳이 답하려고 하지도 않으셨습니다.

바로 여기에 영적 리더십에 관한 놀라운 비밀이 들어 있습니다. 하나님께서는 "내가 정녕 너와 함께 있으리라"고 말씀하셨습니다. 이 말씀을 통해 하나님께서 모세에게 알려 주고 싶어 하신 한 가지 강력한 진리는 다음과 같습니다. "모세야, 네가 누구냐 하는 것은 중요한 것이 아니다. 네가 자격을 갖추었건 못 갖추었건, 또 그 일을 감당할 능력이 있건 없건, 그 자체는 문제가 되지 않는다. 정말로 중요한 것은 내가 너와 함께 갈 것이라는 것이다. 내가 네게 '내가 내려와서 그들을 애굽인의 손에서 건져 내리라'고 한 약속은 여전히 변함이 없다. 나는 그 일을 반드시 이룰 것이며, 나는 네게 나와 함께 그 일을 이룰 특권을 주겠다. 너는 나의 구원 사역에 귀한 도구로 사용될 것이다."

하나님의 사역을 위해 하나님께서 당신을 지도자로 부르실 때 반드시 이 사실을 기억하십시오. 하나님께서는 결코 스스로 '충분한' 자격이 있다고 느끼는 자들을 부르시지 않으십니다. 바울은 다음과 같이 말했습니다. "우리가 무슨 일이든지 우리에게서 난 것같이 생각하여 스스로 만족할 것이 아니니, 우리의 만족은 오직 하나님께로서 났느니라"(고린도후서 3:5).

부족하고 부적합하다는 생각이 약점이라기보다는 오히려 자산이 될 수 있다고 확신합니다. 다음과 같은 바울의 간증은 이것을 입증해 주고 있습니다. "내게 이르시기를, '내 은혜가 네게 족하도다. 이는 내 능력이 약한 데서 온전하여짐이라' 하신지라. 이러므로 도리어 크게 기뻐함으로 나의 여러 약한 것들에 대하여 자랑하리니 이는 그리스도의 능력으로 내게 머물게 하려 함이라. 그러므로 내가 그리스도를 위하여 약한 것들…을 기뻐하노니, 이는 내가 약할 그때에 곧 강함이니라"(고린도후서 12:9-10).

많은 사람들이 이 사실에 놀라움을 금치 못하여 다음과 같이 말합니다. "위대한 사도 바울도 그렇게 느꼈다는 말씀입니까?" 예, 그렇습니다. 그리고 바울의 그러한 태도가 오히려 그를 더욱 위대하게 만들었던 것입니다.

모세의 부르심을 통해 얻을 수 있는 그 다음 교훈 역시 중요합니다. 우리가 합당치 못하다고 느끼는 데는 잘못이 없습니다. 하지만 거기에서 멈춰서는 안 됩니다. 하나님께서 모든 일에 충분하신 분이심을 확신해야 합니다. 그것이 바로 하나님께서 모세에게 알려 주시고자 했던 다음 단계의 진리입니다.

모세는 또 다른 질문이 떠올랐습니다. "내가 이스라엘 자손에게 가서 이르기를, '너희 조상의 하나님이 나를 너희에게 보내셨다' 하면, 그들이 내게 묻기를, '그의 이름이 무엇이냐?' 하리니, 내가 무엇이라고 그들에게 말하리이까?"(출애굽기 3:13).

이에 대해 하나님께서 놀라운 답변을 해주셨습니다. "하나님이 모세에게 이르시되, '나는 스스로 있는 자니라.' 또 이르시되, '너는 이스라엘 자손에게 이같이 이르기를, "스스로 있는 자가 나를 너희에게 보내셨다" 하라.' 하나님이 또 모세에게 이르시되, '너는 이스라엘 자손에게 이같이 이르기를, "나를 너희에게 보내신 이는 너희 조상의 하나님 곧 아브라함의 하나님, 이삭의 하나님, 야곱의 하나님 여호와라" 하라. 이는 나의 영원한 이름이요 대대로 기억할 나의 표호니라'"(출애굽기 3:14-15).

그리스도인이 된 지 얼마 안 되었을 당시 나는 이 말씀에 대해 의문을 가지게 되었습니다. 하나님께서 자신을 '스스로 있는 자'로서 나타내신 의미가 무엇이었을까? 그러다 어느 날 깨닫게 되었습니다. 하나님께서는, "너에게 무엇이든 필요한 것이 있다면, 그것은 바로 내 자신이다"라고 말씀하고 계셨던 것입니다.

그 당시 모세의 삶에는 격려와 힘이 필요했습니다. 당신도 어떤 특별한 일에서 주님을 섬기도록 부르심을 받게 된다면 바로 모세처럼 힘과 격려가 필요할 것입니다.

우리의 필요는 끝이 없습니다. 그렇기에 우리는 하나님이 우리의 필요가 되신다는 진리에 초점을 맞추어야 합니다. 위로가 필요합니까? 스스로 있는 자, 바로 그분이 당신의 위로가 되십니다. "너희 염려를 다 주께 맡겨 버리라. 이는 저가 너희를 권고(眷顧)하심이니라"(베드로전서 5:7). 우리를 항상 괴롭히는 어떤 죄로부터 승리할 필요가 있습니까? 스스로 있는 자, 그분이 당신의 승리가 되십니다. "우리 주 예수 그리스도로 말미암아 우리에게 이김을 주시는 하나님께 감사하노니"(고린도전서 15:57). 사랑이 필요합니까? "하나님은 사랑이심이라"(요한일서 4:8). 이런 식으로 우리의 필요를 계속해서 나열한다 할지라도, 하나님께서는 어떤 필요든지 완전하게 충족시키실 수 있는 분이십니다. 그분은 말씀하시기를, '나는 내 백성들이 필요로 하는 모든 것'이라고 하셨습니다.

그러므로 우리는 우리 자신의 부족을 인정해야 하지만 그 부족을 인정하는 것으로 그쳐서는 안 됩니다. 그렇게 해서는 곤경에서 벗어날 길이 없습니다. 우리는 범사에, 우리의 모든 필요를 채우실 뿐만 아니라 모든 문제를 해결해 주시고 결국엔 승리로 이끌어 주시는 하나님을 계속적으로 인정해야 합니다. 하나님 자신이 모든 필요를 위한 충분한 자원이시며 제반 문제의 완전한 해결책이십니다. 이 진리를 깨닫기까지 시간이 좀 걸리긴 했지만 모세는 결국 하나님께 크게 쓰임받는 지도자가 되었습니다.

기드온을 부르심

하나님께서 충분한 자원이 되신다는 진리는 또 다른 신앙의 인물 기드온의 부르심을 통해서도 알 수 있습니다. 기드온이 전격적으로 승리를 거두었던 위대한 전투를 생각해 보십시오. 기드온은 소수의 사람들을 데리고 그들의 적 미디안을 무찔렀습니다. 이 전투에서처럼 그는 언제나 용감하고 대담무쌍한 용사였습니까?

천만에요!

이스라엘 백성은 미디안 족속에게 짓밟혀 신음하고 있었습니다. 그들은 토굴 속이나 산속 동굴 속에 숨어 목숨을 연명해야 했습니다. 미디안 족속은 그들의 농작물을 탈취하고 가축을 모두 빼앗아 갔습니다. 그들은 시도 때도 없이 황충처럼 도처에 나타나 이스라엘을 괴롭혔습니다. 이스라엘이 이러한 곤경에 처한 이유는 물론 그들 자신의 죄 때문이었습니다. "이스라엘 자손이 또 여호와의 목전에 악을 행하였으므로 여호와께서 7년 동안 그들을 미디안의 손에 붙이시니"(사사기 6:1).

어느 날 기드온은 미디안 족속의 눈을 피해 몰래 곡식을 타작하고 있었습니다. 그때 하나님의 사자가 나타나, 하나님께서 이스라엘 백성을 미디안의 손에서 구출하는 일에 기드온을 부르셨다고 말했습니다.

이때 기드온이 보인 반응은 무엇이었습니까? "주여, 내가 무엇으로 이스라엘을 구원하리이까? 보소서. 나의 집은 므낫세 중에 극히 약하고 나는 내 아비 집에서 제일 작은 자니이다"(사사기 6:15). 하나님께서는 그가 이런 대답을 할 것이라고 예상하셨을지도 모르겠습니다.

모세에게 말씀하셨던 것과 같이 하나님께서는 기드온에게도 문제의 핵심을 친히 말씀해 주셨습니다. "내가 반드시 너와 함께

하리니 네가 미디안 사람 치기를 한 사람을 치듯 하리라"(사사기 6:16).

하나님께서 모세에게 떨기나무 불꽃 가운데서 친히 말씀하셨던 상황과 비슷한 점을 주목하십시오. 사실 하나님의 말씀은 다음과 같은 것이었습니다. "기드온아, 네가 므낫세의 비천한 가정에서 태어난 것은 문제가 안 된다. 또한 네가 네 아비 집에서 제일 작은 자라는 것도 문제 될 것이 없다. 중요한 것은, 너의 신분이 아니라, 내가 너와 함께할 것이라는 사실이다. 내가 너를 통하여 반드시 이 일을 이룰 것이다."

그러므로 하나님께서 어떤 일에 당신을 부르셨을 때, 당신은 약하고 부족하며 또 부적합하다는 생각이 엄습한다 할지라도 오히려 기뻐하십시오! 과거 역사 속의 하나님의 사람들도 누구나 그러한 두려움을 가지고 있었습니다. 그러나 그들은 거기서 포기하지 않았습니다. 그들은 하나님께서 그분의 사역을 위해 그들을 부르시되 친히 필요한 모든 것을 넉넉하게 공급해 주시는 분이시라는 사실을 굳게 믿었습니다.

예레미야를 부르심

이어서 우리가 살펴보아야 할 사람이 한 사람 더 있습니다. 예레미야는 하나님의 위대한 선지자들 중의 하나였습니다. 하나님의 부르심에 충성되었던 관계로 그는 많은 고난을 겪어야만 했던 선지자였습니다. 그러면 하나님의 부르심이 그에게 어떻게 임했으며, 그 부르심에 예레미야는 어떻게 반응했는지 말씀에 나타난 기록을 통해 살펴봅시다. "여호와의 말씀이 내게 임하니라. 이르시되, '내가 너를 복중에 짓기 전에 너를 알았고, 네가 태에서 나오기 전에 너를 구별하였고, 너를 열방의 선지자로 세웠노라' 하시기로"(예레미야 1:4-5).

선지자의 기본 임무는 하나님의 말씀을 하나님의 백성들에게 선포하는 것입니다. 이러한 도전에 예레미야는 어떠한 반응을 보였습니까? 즉시 일어나 믿음과 열정을 가지고 나아갔습니까? 아닙니다. 그가 보인 반응도 모세나 기드온의 경우와 똑같았습니다. "내가 가로되, '슬프도소이다, 주 여호와여. 보소서. 나는 아이라. 말할 줄을 알지 못하나이다'"(예레미야 1:6). 그의 첫 반응은 역시 자신이 부족하다는 것이었습니다. 그는 그 부르심을 도무지 감당할 수 없을 것처럼 느꼈습니다.

이에 대한 하나님의 답변을 봅시다. "너는 아이라 하지 말고, 내가 너를 누구에게 보내든지 너는 가며, 내가 네게 무엇을 명하든지 너는 말할지니라. 너는 그들을 인하여 두려워 말라. 내가 너와 함께하여 너를 구원하리라. 나 여호와의 말이니라"(예레미야 1:7-8). 하나님께서 하신 약속, 즉 "내가 너와 함께하리라" 하신 말씀을 주목해 보십시오. 거듭 말씀드리지만, 중요한 것은 하나님께서 함께해 주신다는 것입니다. 지혜와 능력이 충만하시고 모든 것을 가지신 하나님께서 그와 함께해 주시겠다는 약속입니다. 어떤 상황에서나 계속해서 하나님은 함께해 주실 것을 약속하고 계십니다.

예레미야의 경우, 하나님께서 그에게 장미화원을 주시겠다는 약속을 하신 것이 아니고, 어디 있든지 함께하셔서 보호해 주시고 인도해 주시겠다는 약속을 거듭해서 주셨습니다. "그들이 너를 치나 이기지 못하리니, 이는 내가 너와 함께하여 너를 구원할 것임이니라. 여호와의 말이니라"(예레미야 1:19. 15:20, 20:11 참조).

기타 부르심의 예들

당신은 주 예수 그리스도께서 그분의 제자들에게 주셨던 마지막 명령을 기억하십니까? 주님께서는 그들에게 "너희는 가서 모든 족속으로 제자를 삼으라"는 명령과 함께 다음의 약속을 주셨습니다. "내가 세상 끝 날까지 너희와 항상 함께 있으리라"(마태복음 28:19-20). 하나님께서는 과거 믿음의 사람들에게 말씀하셨던 것처럼 지금도 마찬가지로 그분을 따르는 사람들에게 "내가 너와 함께하리라" 약속하십니다.

이전에 나는 어느 주일학교의 수양회 강사로 초빙을 받게 되었습니다. 그 교회는 영라이프 운동의 창시자인 짐 레이번이 수년 동안 장년부 교사로 일하고 있는, 콜로라도스프링스의 제일장로교회였습니다. 그곳에서는 매년 수양회를 개최해 왔는데 그때마다 네비게이토 선교회에서 강사들을 초청하곤 했습니다. 처음에 부탁을 받은 사람은 로드 싸전트였지만, 일이 생겨 그가 갈 수 없게 되었습니다. 그래서 그는 나를 자기 사무실로 불러서 자기 대신 가줄 수 없겠느냐고 물었습니다.

나는 바짝 긴장이 되었습니다. 짐 레이번이 가르치고 있는 장년부에 내가 가다니? 그런 위대한 사람이 가르치고 있는 곳에 가서 내가 도대체 무엇을 더 가르칠 수 있단 말인가? 나는 스스로 생각에 잠겨 마음속으로 부르짖을 수밖에 없었습니다. "오, 주님! 저는 할 수 없습니다. 저는 어린아이에 불과합니다." 그 당시 나는 주님을 믿은 지 육칠 년밖에 되지 않았습니다. 그리고 대부분의 사람들이 실제, 연령으로나 영적인 상태로나 나보다 훨씬 앞선 분들이었습니다. 그래서 나는 로드에게 이것저것 이유를 대며 이 일을 다른 사람에게 맡기도록 이야기했습니다.

로드는 물끄러미 나를 바라보더니 잠시 동안 아무 말도 하지 않았습니다. 그러더니 갑자기, "리로이, 자네에게서 발견한 사실 한 가지가 있네. 자네는 말일세, 장애물이 없는 편한 길만 택하고 싶어 하는 것 같아. 좀 어려워 보이거나 진정한 믿음이 요구되는 일은 피하고자 하니 말이야"라고 말하는 것이었습니다. 그러고 나서 그는 나에게 좀 더 기도하며 생각해 보라고 했습니다.

결국, 나는 그의 제의를 받아들였습니다. 비록 내 자신은 여전히 그 일에 합당치 못하다고 느꼈지만 주님께서는 나에게 그 일을 받아들이도록 분명히 말씀해 주셨습니다. 말할 필요도 없이 그때로부터 나는 간절히 기도하며 많은 시간을 들여 부지런히 연구하고 준비했습니다.

수양회가 은혜 속에 잘 진행되어 가자 내 마음은 무척 기뻤습니다. 나는 하나님께서 인도하시며 넘치는 능력으로 함께해 주심을 확신할 수 있었습니다. 이를 통해 주님께서는 내게 매우 유익한 교훈을 가르쳐 주셨습니다. 일반적으로 우리는 누구나 평탄하고 안일한 길을 택하려고 하는 경향이 있는데, 이것은 주님의 뜻이 아니라는 것입니다. 그것이 당시엔 물론 감당하기 쉽지 않은 경험이었으나, 해를 거듭할수록 더욱 귀중한 교훈으로 내게 다가오고 있습니다.

하나님의 부르심에 대해 믿음으로 나아가는 일을 방해하는 사탄의 또 다른 계책은, 우리의 불미스러운 과거를 들추어내어 훼방하는 것입니다. 그래서 자신의 약점이 너무 커서 부르심을 감당할 수 없다고 느끼게 만들거나, 주님의 일에 너무 큰 장애가 될 것이라고 생각하게 만듭니다. 그러나 다시 말하지만, 성경은 우리의 생각이 얼마나 잘못된 것인가를 분명히 보여 주고 있습니다.

당신도 아시다시피, 사도 바울은 하나님의 교회를 핍박하는 일에 엄청난 시간과 노력을 들였던 살인자였습니다. 후에 그는 심한 수치감 속에서 다음과 같이 고백하고 있습니다. "주여, 내가 주 믿는 사람들을 가두고 또 각 회당에서 때리고 또 주의 증인 스데반의 피를 흘릴 적에 내가 곁에 서서 찬성하고 그 죽이는 사람들의 옷을 지킨 줄 저희도 아나이다"(사도행전 22:19-20).

바울은 자기 자신을 다음과 같이 묘사하고 있습니다. "나는 사도 중에 지극히 작은 자라. 내가 하나님의 교회를 핍박하였으므로 사도라 칭함을 받기에 감당치 못할 자로라"(고린도전서 15:9). 그러나 그는 또한, "나를 능하게 하신 그리스도 예수 우리 주께 내가 감사함은 나를 충성되이 여겨 내게 직분을 맡기심이니, 내가 전에는 훼방자요 핍박자요 포행자이었으나, 도리어 긍휼을 입은 것은 내가 믿지 아니할 때에 알지 못하고 행하였음이라"(디모데전서 1:12-13)라고 기록하고 있습니다.

도저히 하나님께 쓰일 수 없을 거라고 생각될 만한 사람이 혹 있을 수 있다면, 바로 바울이었습니다. 그러나 그는 이방인을 위한 위대한 사도로서 하나님께 놀랍게 쓰임을 받았고, 신약성경의 많은 책을 기록하는 일에도 쓰임을 받았습니다.

과거에 많은 오점을 지녔던 사람이 위대한 하나님의 종으로 쓰인 경우가 허다합니다. 요한 마가를 생각해 봅시다. 그는 바울과 바나바를 따라 첫 선교 여행을 함께 떠났지만 도중에 그만두고 일행을 떠났던 충성스럽지 못한 자였습니다. 그래서 바울과 바나바가 두 번째 선교 여행을 계획할 때, 바울은 그의 과거 행적을 문제 삼아 그를 데려가려고 하지 않았습니다(사도행전 15:36-38 참조).

그러나 하나님께서는 바로 그러한 자를 택하여, 하나님의 아들을 충성스런 종으로 묘사하고 있는 마가복음을 기록하게 하셨습니다. 우리가 단지 마가의 과거만을 보게 되면, 하나님께서 그를 택하여 쓰실 만한 그 어떠한 근거도 찾아보기 힘들 것입니다.

다윗의 경우도 이스라엘 백성들을 위한 주권자와 지도자로서 하나님의 택하심을 받아 이스라엘을 다스리는 왕이 되었습니다. 자라 온 배경을 보면, 그는 유대 땅 광야의 한낱 양 치는 목동에 불과했습니다. 그렇지만 하나님께서는 그를 부르셨고, 그는 하나님의 부르심에 응했습니다. 그의 빈약한 가족 배경이나 약점들은 전혀 문제가 되지 않았습니다.

그러므로 하나님의 일에 부르심을 받을 때, 결코 부족하다는 생각이나 '보잘것없는 배경'을 가졌다는 것을 이유로 하나님의 부르심을 거부해서는 안 됩니다. "너희 안에서 행하시는 이는 하나님이시니, 자기의 기쁘신 뜻을 위하여 너희로 소원을 두고 행하게 하시나니"(빌립보서 2:13).

2

지도자의 힘의 원천

정전 사태가 한 번 발생하면 실로 많은 문제가 야기됩니다. 그러므로 큰 병원이나 다른 중요한 건물들에는 이를 대비한 자가발전 시설이 되어 있습니다. 수많은 인명이 달려 있는 설비이기 때문에 이것은 어느 때라도 금세 가동할 태세가 갖추어져 있어야 합니다. 오늘날 산업사회에서는 전력과 이 전력의 활용 수단이 너무나 중요합니다.

오늘날 연료난은 세계 도처에서 큰 골칫거리가 되어 있습니다. 연료를 절약하기 위하여 감속운행을 한다든지 여름철과 겨울철에 냉난방 장치를 약하게 가동하기도 합니다. 또 치솟는 연료비 때문에 항공회사가 감축 운항을 단행해 운항을 멈춘 747 점보제트기들이 사막에 줄지어 있는 것도 보게 됩니다. 불과 몇 시간이면 대륙과 대양을 횡단하던, 우주 시대의 거대한 기적들이 이렇듯 멈춰 서 있는 것입니다. 에너지원으로서의 연료가 고갈되면 모든 기계들 역시 멈춰 설 수밖에 없습니다.

하나님이 쓰시는 지도자는 이러한 원리를 정확하게 인식하고 있어야 합니다. 프로그램과 멤버들, 그리고 자기 자신을 멈추지 않고 항시 가동할 수 있어야 합니다. 그러기 위해 지도자에게 필요한 모든 힘의 원천은 무엇입니까? 바로 하나님 자신입니다.

하나님과의 교제

사도 바울은 그가 도왔던 교회의 하나인 빌립보 교회의 성도들에게, "내게 능력 주시는 자 안에서 내가 모든 것을 할 수 있느니라"(빌립보서 4:13)고 말했습니다. 또한 일찍이 다윗은, "하나님은 나의 견고한 요새시며 나를 온전한 곳으로 인도하시며"(사무엘하 22:33)라고 찬양했습니다. 흠정역에는 "하나님은 나의 힘과 능력이시며, 나의 길을 온전케 하신다"라고 되어 있습니다. 하나님 자신이 우리의 모든 힘의 원천이 되십니다. 하지만 전원을 연결시켜 주는 스위치와도 같이, 실제 하나님의 무한한 힘의 원천을 우리의 삶에 끌어 쓸 수 있도록 해주는 것은 우리 자신과 하나님 사이의 교제입니다. 다윗이 위대한 지도자가 될 수 있었던 것도 유대 언덕에서 목동 일을 하며 하나님과 함께했던 시간들이 풍성했기 때문입니다.

하나님과 개인적으로 교제하며 보냈던 수년의 기간은 다윗으로 하여금 하나님께 쓰임받는 지도자가 되게 하는 중요한 준비 기간이 되었습니다. 물론 그가 궁중에서 수금을 타며 직접 사울 왕이 통치하는 것을 볼 기회도 있었지만, 그에겐 하나님과 보냈던 시간이 그 어떤 사람과의 시간보다 훨씬 더 중요했던 것입니다. 인간적인 면으로 볼 때 그는 군대를 지휘한 경험도 없었고 나라를 통치해 본 경험도 없었습니다. 더군다나 한 민족을 통치하기 위해 어떤 수련을 받아 본 적도 없었습니다. 그는 학군단 훈련을 받은 적도 없었고 행정이나 경영에 대해 배운 적도 없었습니다. 하지만 그는 하나님을 잘 알고 있었습니다.

사탄이 가장 맹렬한 공격을 퍼붓는 영역이 바로 이것입니다. 사탄은 당신이 지도자를 위한 세미나에 참석하는 일이나 잡지 등을 구독하는 일에 대해서는 관대한 여유를 보입니다. 하지만 당신이 하나님과의 생명력 있는 교제를 통해 하나님을 더 알아 가고자 하면, 사탄은 총력을 기울여 방해 공작을 펴기 시작합니다. 그 결과, 주님과의 교제 계획은 엉망이 되어 버리고, 매일과 같이 발등의 불을 끄기에 급급한 삶을 살게 되며, 급기야는 시간이 없다는 핑계로 주님과의 교제는 점점 더 등한시하게 됩니다.

왜 사탄은 그렇게도 맹렬하게 하나님과의 교제를 방해합니까? 그는 우리 영혼의 적이며, 주님과의 교제는 지도자의 삶에서 생명줄이기 때문입니다. 그렇다면 우리가 주님과의 충실한 교제를 통해 얻을 수 있는 영적인 유익은 무엇입니까? 이 질문에 답하기 전에 먼저 다음 질문을 해보도록 하십시오. 이 땅에서 인간의 삶의 궁극적인 목적은 무엇입니까? 이사야 43:7에서 그 답을 찾아 볼 수 있습니다. "무릇 내 이름으로 일컫는 자 곧 내가 내 영광을 위하여 창조한 자를 오게 하라. 그들을 내가 지었고 만들었느니라." '사람의 제일 되는 목적은 하나님을 영화롭게 하는 것과 영원토록 그를 즐거워하는 것이니라.' 종종 사람들은 웨스트민스터 소요리 문답에 나오는 이 말을 암송은 하나, 그 말이 실제 우리의 삶에 어떤 의미가 있는지는 진정 깨닫지 못하고 있습니다.

나는 일전에 신학교 학생들과의 모임에서 이 주제를 가지고 토론한 적이 있습니다. 그들은 인간의 삶의 궁극적인 목적이 하나님을 영화롭게 하는 것임을 누구보다도 잘 알고 있었습니다. 그때 나는 그들 중 한 사람에게 다음과 같은 질문을 해보았습니다. "그렇다면 당신은 어떻게 하나님을 영화롭게 할 수 있겠습니까?" 그러자 그 학생은 어색한 표정으로, 부끄럽다는 듯이 쓴웃음을 짓더니, 이렇게 답변했습니다. "글쎄요, 전혀 생각해 본 일이 없는데요." 상상해 보십시오. 장차 영적 지도자의 위치에 서게 될 신학교 학생이 자신의 인생에서 가장 중요한 목표를 성취하기 위해서 무엇을 어떻게 해야 할는지 전혀 생각해 보지 않았다니 말이 됩니까?

하나님께서는 자신의 이름을 영화롭게 하기 위하여 태초에 인간을 지으셨습니다. 그는 자신과 교제할 수 있도록 자신의 형상을 좇아 인간을 창조하셨던 것입니다. 그 당시 하나님과 인간은 에덴동산에서 친밀한 교제를 즐기고 있었습니다. 그러나 얼마 안 있어 인간은 하나님께 불순종함으로 범죄하고 말았습니다. 인간은 하나님의 이름을 더럽히게 되었고 하나님의 형상을 상실하였으며 자연적으로 그 친밀한 교제도 단절되고 말았습니다. 그렇지만 하나님께서는 그의 경륜을 따라 자신의 이름을 영화롭게 할 수 있도록 인간을 재창조하기 위한 단호한 조처를 취하셨습니다.

과거에 살았던 자 중에 생각, 말, 그리고 행동의 모든 면에서 평생 동안 매일 매 순간마다 하나님을 영화롭게 하였던 의인이 있겠습니까? 예, 단 한 분! 예수 그리스도였습니다. 예수님께서는 아버지 하나님께 드렸던 기도 가운데 자신에 대해 다음과 같이 말씀하셨습니다. "아버지께서 내게 하라고 주신 일을 내가 이루어 아버지를 이 세상에서 영화롭게 하였사오니"(요한복음 17: 4). 그러므로 우리의 궁극적인 목표인 하나님을 영화롭게 하는 삶을 살려면 우리도 하나님의 형상으로 변화되어 가야 합니다. 그리스도와 같이 되어야 합니다.

하나님께서 그 마음에 원하시는 바는 우리가 그의 아들 예수 그리스도를 닮는 것입니다. "하나님이 미리 아신 자들로 또한 그 아들의 형상을 본받게 하기 위하여 미리 정하셨으니, 이는 그로 많은 형제 중에서 맏아들이 되게 하려 하심이니라"(로마서 8: 29). 이것이 곧 하나님을 영화롭게 하는 것입니다.

그렇다면 어떻게 그리스도를 닮을 수 있겠습니까? 나의 인격이 다른 사람의 인격으로 변화되는 것이 가능합니까? 그것은 그 사람과 늘 함께하며 같이 이야기하고 같이 일하는 것을 통해서만 가능합니다. 당신은 50년 동안 동고동락하며 금혼식을 맞게 된 부부의 모습을 본 일이 있습니까? 그 두 사람은 행동이 서로 비슷할 뿐만 아니라 즐기는 취미도 거의 같고 기호도 비슷합니다. 심지어는 얼굴 모습까지도 서로 닮아 있음을 보게 됩니다.

나는 미국 해병대에 근무하던 알 베일 중위가 마지 이고 양과 결혼하던 때를 기억합니다. 마지는 명문 대학인 스탠포드 졸업생으로 아름답고 매력적이며 이지적인 여자였습니다. 그들은 콜로라도의 어느 수양회에서 처음 만나게 되었는데 마지를 보는 순간 알은 깊은 사랑에 빠지게 되었습니다. 그는 전형적인 미 해병의 기질을 살려 즉각적인 작전을 개시하였습니다. 마음을 사기 위해 그는 편지도 쓰고 전화도 걸고 꽃과 선물을 보내기 시작했습니다.

처음에는 마지가 이런 것들에 당황하였으나 몇 개월 뒤에 그녀는 알이 하나님께서 허락하신 사람이라는 것을 확신하게 되었습니다. 그래서 결국 그들은 결혼을 하게 되었고 그 후 1년 뒤 나는 버지니아에 있는 그들을 방문하였습니다.

내가 그 집에 도착하자 마지는 방을 치울 동안 잠깐만 기다려 달라며 미안해했습니다. 그녀의 말인즉 군대 용어로 방이 아직 '각이 잡히지' 않았다는 것입니다.

'각이 잡히지 않다니!' 잠시 나는 생각에 잠겼습니다. '스탠포드 대학 졸업생이 이런 말을 다 할 수 있단 말인가?' 그러나 사람이건 사물이건 늘 '각이 지게' 정돈되어야 한다는 미 해병대 출신 알 베일 중위와 일 년 동안 함께 살아온 그녀로서 그렇게 말하는 것도 무리가 아니었습니다. 그녀는 점차 남편의 말투를 배우기 시작했던 것입니다. 그러자 알이 돌아왔는데 그 역시 아내의 영향을 많이 받은 사실에 또 한 번 놀라게 되었습니다. 그들은 그 동안 서로 깊은 교제 가운데 살았기에 서로를 깊이 닮게 된 것입니다.

우리와 주님과의 관계도 마찬가지입니다. 우리가 '예수 그리스도의 형상을 본받으려면' 우리는 그분과의 개인 교제를 위해 많은 시간을 투자해야 합니다. 그리하여 주님과 생명력 있는 교제를 유지하고 있어야 합니다. 이렇게 할 수 있는 지도자, 즉 주님과의 교제를 '가까스로 연명하는' 자가 아니라, 그 교제에 '뿌리를 깊이 내린' 지도자만이 주님께 귀히 쓰임받게 됩니다. 하나님께서는 바로 이러한 사람들을 찾고 계십니다. "이 땅을 위하여 성을 쌓으며 성 무너진 데를 막아서서 나로 멸하지 못하게 할 사람을 내가 그 가운데서 찾다가 얻지 못한 고로"(에스겔 22:30). 하나님께서는 태초부터 지금까지 누구를 막론하고, 자신과 긴밀히 교제하고자 힘쓰는 자들을 찾으셨습니다. 앞으로도 그러실 것입니다. 일단 자신과의 친밀한 교제의 삶에 최고의 우선순위를 두고 사는 사람을 발견하게 되면, 하나님께서는 그에게 능력과 지혜를 풍성히 베풀어 주시며, 그의 삶을 친히 인도하실 뿐만 아니라, 그를 통해 역사를 일으켜 주십니다. 하나님께서는 그를 통해 세계를 변화시키기를 원하십니다.

하나님의 말씀

주님과 교제하는 삶을 특징짓는 세 가지 기본 요소 중의 하나는 하나님의 말씀입니다. 하나님께서는 그의 말씀을 통해 우리에게 말씀해 주십니다. "모든 성경은 하나님의 감동으로 된 것으로 교훈과 책망과 바르게 함과 의로 교육하기에 유익하니, 이는 하나님의 사람으로 온전케 하며 모든 선한 일을 행하기에 온전케 하려 함이니라"(디모데후서 3:16-17).

우리는 말씀 안에 거해야 되고 말씀은 우리 안에 거해야 합니다. 우리는 말씀을 듣고, 읽고, 공부하며, 암송하는 것을 통하여 말씀 안에 거하게 됩니다. 또한 묵상을 통해 말씀이 우리 안에 거하도록 해야 합니다. 즉, 묵상을 함으로써 하나님의 말씀을 소화하여 우리의 영적인 삶에 흡수할 수 있습니다. 우리가 음식물을 그저 많이 먹는다고 좋은 것이 아니라 먹은 것을 소화하고 체내에 흡수해야만 유익이 되는 것처럼 영적으로도 양식인 말씀을 소화하고 흡수해야만 됩니다. 묵상이란 바로 이러한 소화 및 흡수 작용을 말합니다. 그리고 하나님의 말씀을 마음속으로 곰곰이 되새기며 그 말씀에 깊숙이 잠기는 것을 의미합니다. "내가 주의 법을 어찌 그리 사랑하는지요. 내가 그것을 종일 묵상하나이다"(시편 119:97).

1963년 나는 설교차 런던을 방문하게 되었습니다. 그때 하루 동안 관광할 기회가 있었는데, 우리의 안내를 맡은 사람은 대학팀에 속해 있던 데이비드라는 청년이었습니다. 그는 우리에게, 자신이 너무도 사랑하는 그 도시의 모든 것을 보여 주고 싶은 욕심에 모든 관광 명소의 목록과 지하철 시간표를 준비해 가지고 아침 일찍 우리 앞에 나타났습니다. 그는 각 장소마다 거기에 도착하는 시간과 머무는 시간, 그리고 다음 장소로 이동할 시간 등을 훤히 꿰고 있었습니다. 그 덕분에 우리는 가는 곳마다 정확한 시각에 도착해서 정해진 시간만큼 구경한 다음 정확하게 다음 목적지를 향해 출발했기 때문에 한 군데도 빠짐없이 모두 구경할 수 있었습니다.

나는 그때 마치 시골구석의 작은 마을에서 도시에 구경을 나온 어린 소년처럼 마음이 들떠 있었습니다. 그런데 운동선수처럼 건장한 체격을 가진 데이비드는 우리를 쉴 새 없이 몰아갔습니다. 우리들은 거의 뛰어다니다시피 해야 했고, 공원에서는 마치 단거리 경주라도 하듯이 뛰어야 했습니다. 동상 앞에서도 극히 한순간만 머물 수 있었고, 역사와 전통이 서린 장엄한 건물들마저도 수박 겉핥기 식으로 지나쳐야 했습니다. 우리가 런던을 전부 관광한 것은 사실입니다. 그렇지만 진정으로 런던을 봤다고는 할 수 없었습니다.

몇 년이 지난 뒤 나는 설교할 일이 있어서 아내와 함께 또 다시 런던을 찾게 되었습니다. 마지막 날에는 몇몇 사람들과 함께 런던 관광을 나섰는데, 이번에는 매우 여유 있게 걸으면서 감상을 할 수가 있었습니다. 몇 년 전 뛰어다니느라 보는 둥 마는 둥 지나쳤던 건물들을 이젠 천천히 걸으면서 그 아름다움과 장엄함을 만끽했습니다. 그야말로 깊은 감명을 받았고 마음이 흡족했습니다. 진정으로 런던을 보는 시간을 가졌습니다. 런던을 피부로 경험하고 느낄 수 있었으며, 곳곳에 깃들어 있는 역사의 참뜻과 교훈을 음미할 수 있었습니다.

하나님의 말씀을 볼 때도 마찬가지입니다. 말씀을 볼 때 정해진 분량을 채우기에 급급하거나 성경공부를 준비하기 위해 시간에 쫓기면서 가까스로 몇 구절 찾아보는 정도로 말씀을 보지는 않습니까? 또 주일 예배 시간조차도 다른 급한 일에 대한 생각으로 마음을 졸이며 시계를 자꾸 바라보는 일은 없습니까? 그래 가지고서는 우리 삶의 변화를 기대할 수 없습니다. 그것은 마치 유서 깊은 사적을 급히 뛰어다니며 수박 겉핥기 식으로 돌아보는 것과 다름없습니다. 보기는 보아도 진정으로 보았다고 할 수 없습니다. 그러나 성경을 펴서, 말씀을 깨달으며 그 말씀이 우리의 삶과 영혼을 변화시킬 수 있게 해주시도록 성령께 기도하며, 여유 있게 말씀을 보면서 묵상함으로 깊고 오묘한 진리들을 캐내는 기쁨이 있을 때, 우리는 하나님과 진정한 교제를 즐기고 있다고 말할 수 있습니다.

하나님께서는 그분의 말씀을 통해 우리와 교제하기를 원하시므로 우리가 말씀을 묵상하는 일에 시간을 투자한다면 우리는 그 말씀의 깊이와 위대함을 경험하게 되며 성령께서 주시는 깨달음으로 우리의 삶은 변화될 것입니다. 여기서 중요한 것은 성경에 인쇄된 글 자체가 우리를 변화시키는 것이 아니라 하나님께서 친히 우리를 변화시켜 주신다는 사실입니다. 또한 하나님께서는 그분의 말씀을 우리에게 자신을 계시하시는 도구로 사용하십니다. "내 영혼이 진토에 붙었사오니 주의 말씀대로 나를 소성케 하소서"(시편 119:25). 여기서 시편 기자에게 소성하는 생명을 불어넣어 주신 분은 하나님 자신이셨으며, 그분은 자신의 말씀을 그 수단으로 사용하신 점을 주목하시기 바랍니다.

우리는 하나님의 말씀에 대한 사랑을 키워 나갈 필요가 있습니다. "내가 주의 법을 어찌 그리 사랑하는지요. 내가 그것을 종일 묵상하나이다"(시편 119:97). 시편 기자로 하여금 말씀을 종일 묵상하도록 만든 것은 하나님의 말씀에 대한 그의 뜨거운 사랑이었습니다. 이것이 바로 말씀을 통한 교제의 출발점입니다. 하나님께서 당신에게 말씀에 대한 사랑과 즐거움을 주시도록 기도하십시오. "나로 주의 계명의 첩경으로 행케 하소서. 내가 이를 즐거워함이니이다"(시편 119:35). "할렐루야, 여호와를 경외하며 그 계명을 크게 즐거워하는 자는 복이 있도다"(시편 112:1). "나의 사랑하는바 주의 계명을 스스로 즐거워하며"(시편 119:47).

유능한 지도자, 다른 사람을 영적으로 이끌 수 있는 참다운 지도자가 되려면 먼저 말씀의 사람이 되어야 합니다.

기 도

　교제의 두 번째 요소는 기도입니다. 하나님께서는 그의 말씀을 통해 우리에게 말씀하시고 우리는 기도를 통해 하나님께 말씀드리게 됩니다. 기억해야 할 것은 하나님의 손을 움직일 수 있는 능력의 기도가 있는가 하면, 전혀 효력이 없는 기도가 있다는 사실입니다. 무엇이 그런 차이를 가져옵니까?

　예수님께서 기도의 두 가지 유형에 대해 비유로 말씀하신 적이 있습니다. "두 사람이 기도하러 성전에 올라가니 하나는 바리새인이요, 하나는 세리라. 바리새인은 서서 따로 기도하여 가로되, '하나님이여, 나는 다른 사람들 곧 토색, 불의, 간음을 하는 자들과 같지 아니하고 이 세리와도 같지 아니함을 감사하나이다. 나는 이레에 두 번씩 금식하고, 또 소득의 십일조를 드리나이다' 하고, 세리는 멀리 서서 감히 눈을 들어 하늘을 우러러보지도 못하고 다만 가슴을 치며 가로되, '하나님이여, 불쌍히 여기옵소서. 나는 죄인이로소이다' 하였느니라. 내가 너희에게 이르노니, 이 사람이 저보다 의롭다 하심을 받고 집에 내려갔느니라. 무릇 자기를 높이는 자는 낮아지고 자기를 낮추는 자는 높아지리라"(누가복음 18:10-14).

　어느 여름날 나는 워싱턴의 포토맥 강변에서 있었던 음악회에 참석할 수 있는 특별한 기회를 얻었습니다. 그때 오케스트라의 연주곡은 차이코프스키의 '1812년 서곡'이었는데 연주 도중 대포 소리가 났습니다. 실제 상황이 아니라 단지 '효과음(效果音)'이었습니다. 그 소리로 말미암아 연주는 극적 효과와 열기가 더해졌습니다.

이와는 대비되는 예를 하나 들어 보겠습니다. 제2차 세계대전 중 나는 포병 중대의 관측병으로 근무했습니다. 나의 임무는 포탄이 발사되면 그것이 목표에 명중되었는지의 여부를 관측해서 빗나갔을 경우에는 상하좌우로 얼마만큼 빗나갔는지를 무전으로 알려 주는 역할이었습니다. 포탄이 발사될 때마다 나는 새로운 관측 보고를 무전으로 연락해 주어야 했는데, 마침내 표적에 명중을 하게 되면 '효력사(效力射)'를 요청하였습니다.

단지 녹음된 소리를 틀어 주었든 실제 대포를 쏘았든, '효과음'이나 '효력사'나 효과 또는 효력이 있었다는 면에서는 비슷할 수도 있습니다. 그러나 이 둘은 서로 엄청난 차이가 있습니다. 후자의 경우는 전 포병 중대가 한 표적을 향해 일제히 발포함으로 실제 엄청난 파괴력을 행사하기 때문입니다. 당신의 기도는 '효과음'입니까, '효력사(실제 상황)'입니까?

예수님께서 사용하신 비유에서도 마찬가지입니다. 바리새인은 그저 기도를 하되 다른 사람에게 잘 나타내 보이고자 하는 효과를 노렸습니다. 즉 그는 자기 자신에게 기도를 한 셈입니다. 이와는 반대로 세리는 자신의 모습을 그대로 노출시키며 하나님께 진정한 기도를 드렸습니다. 그의 기도는 하나님의 마음을 움직이는 효력이 있었습니다. 세리의 기도야말로 우리가 하나님께 드려야 할 기도의 유형입니다.

"이러므로 너희 죄를 서로 고하며 병 낫기를 위하여 서로 기도하라. 의인의 간구는 역사하는 힘이 많으니라"(야고보서 5:16). 의인의 간구는 역사하는 힘이 많다고 했습니다. 간구란 말 그대로 간절히 구하는 기도입니다. 간구는 역사하는 힘이 있습니다.

큰 능력과 효과가 있습니다. 기도가 효과 또는 효력이 있으려면 간절히 구해야 합니다.

초대교회 시대에 있었던 한 사건은 이 사실을 잘 보여 줍니다(사도행전 12:1-12). 헤롯 왕이 전제 권력을 휘두를 당시 기독교인들에 대한 박해가 매우 심했습니다. 그는 요한의 형제 야고보를 이미 처형했고 뒤이어 베드로도 죽일 작정이었습니다. 베드로는 감옥에 갇히게 되었고 무려 16명의 군사가 그를 든든히 지키고 있었습니다. 한편 교인들은 열심히 그를 위해 기도하고 있었는데, 주님께서 바로 그들의 기도를 들으시고 천사를 보내셔서 베드로를 구출하셨습니다.

"이에 베드로는 옥에 갇혔고 교회는 그를 위하여 간절히 하나님께 빌더라"(사도행전 12:5). 그들의 기도에 대하여 '간절히' 기도하였다고 표현하고 있습니다. 열심히, 열렬히, 쉬지 않고, 몰두하여 기도했다는 의미가 들어 있습니다. 그런데 그 표현은 본래 고문대에서 고문을 당할 때 느끼는 고통과 같은 격렬한 감정을 표현하는 데 사용되는 말이라고 합니다.

이렇게 간절한 기도를 드릴 수 있었던 데에는 분명한 이유가 있었습니다. 우선, 인간적으로 볼 때, 베드로가 옥에서 나올 가망이 전혀 없는 상황이었기 때문입니다. 그러나 그들로 하여금 간절히 기도하게 만든 중요한 이유는 베드로가 과거의 실수를 답습하지 않도록 하기 위함이었습니다. 그에게는 이전에 주님께서 잡히시고 자신의 처지가 위태롭게 되자 세 번이나 주님을 부인했던 전력이 있었기 때문입니다. 하나님께서 그들의 기도를 응답하셨습니까? 물론입니다. 그들이 구한 이상으로 풍성하게 응답해 주셨습니다. 베드로가 처형되기 전날 밤 그는 쇠사슬에 매여 두 군사 틈에 끼어 세상모르고 자고 있었고, 그의 소식을 들은 성도들은 그를 위해 열심히 기도했습니다. 그들의 간절한 기도는 대단한 효력을 나타냈습니다. 베드로가 변절치 않은 것은 물론이고 하나님께서 그를 가장 놀라운 방법으로 감옥에서 구출해 주셨습니다. 하나님께서 그들의 기도를 들으시고 응답하신 것입니다.

몇 년 전 내가 아는 사람의 집에서 의사를 부른 적이 있었습니다. 의사는 도착하여 진찰을 마친 뒤, "이 사람의 심장에 이상이 있습니다"라고 말했습니다. 나는 의사가 그것을 어떻게 알아낼 수 있었을까 하고 생각해 보았습니다. 왜냐하면 환자는 의사에게 자기는 심장뿐만이 아니라 모든 기관이 다 좋다고 주장했기 때문입니다. 그때 그 의사는 환자의 말을 다 들어 주었지만 그의 이야기에 상관없이 심장에 이상이 있다고 진단한 것입니다. 어떻게 알았습니까? 그것은 간단합니다. 의사는 환자의 주장에 의존해서 진단을 한 것이 아니라, 직접 청진기를 통해 그의 심장 소리를 들었기 때문입니다.

하나님께서 우리를 진단하실 때도 마찬가지입니다. 우리는 하나님께서 들으실 수 있도록 마련된 송화기에 대고 기도를 하는 것이 아닙니다. 우리가 기도할 때 하나님께서는 직접 영의 청진기를 가지고 우리를 진찰하시는 것입니다. "이 백성이 입술로는 나를 존경하되 마음은 내게서 멀도다. 사람의 계명으로 교훈을 삼아 가르치니 헛되이 나를 경배하는도다"(마태복음 15:8-9). "네 마음을 주의 얼굴 앞에 물 쏟듯 할지어다"(예레미야애가 2:19)라고 한 예레미야의 외침은 오늘날에도 깊이 새겨들어야 할 필요가 있습니다.

당신은 그리스도인들이 서로 헤어질 때 "당신을 위해서 기도해 드리겠습니다"라고 말하는 것을 들어 본 적이 있습니까? 실제 그렇게 기도한다면 대단히 훌륭한 일입니다. 그렇지만 종종 그러한 말이 그저 작별 인사로 끝나 버리는 경우가 많습니다. 다음과 같은 사도 바울의 간증과는 엄청난 차이가 있습니다. "내가 그의 아들의 복음 안에서 내 심령으로 섬기는 하나님이 나의 증인이 되시거니와 항상 내 기도에 쉬지 않고 너희를 말하며"(로마서 1:9).

기도가 간절해지려면 기도 내용이 구체적이어야 합니다. 너무나 자주 우리는 "하나님, 우리 교회를 축복하소서!" 혹은, "하나님, 선교사님들을 격려해 주소서!" "하나님! 우리 성경공부반을 도와주소서!" 식의 틀에 박힌 기도를 일삼고 있습니다. 참다운 지도자의 기도는 다음 두 가지 영역에서 구체적이어야 합니다.

첫째로, 그가 이끌고 있는 사람들 각자의 영적 성장과 발전을 위해 집중적으로 기도해야 합니다. 사도 바울은 이러한 면에서 좋은 본을 보여 주고 있습니다. "이로써 우리도 듣던 날부터 너희를 위하여 기도하기를 그치지 아니하고 구하노니, 너희로 하여금 모든 신령한 지혜와 총명에 하나님의 뜻을 아는 것으로 채우게 하시고, 주께 합당히 행하여 범사에 기쁘시게 하고, 모든 선한 일에 열매를 맺게 하시며, 하나님을 아는 것에 자라게 하시고"(골로새서 1:9-10). 이와 똑같은 본을 보여 주고 있는 에바브라의 기도를 살펴봅시다. "그리스도 예수의 종인 너희에게서 온 에바브라가 너희에게 문안하니, 저가 항상 너희를 위하여 애써 기도하여 너희로 하나님의 모든 뜻 가운데서 완전하고 확신 있게 서기를 구하나니"(골로새서 4:12).

둘째로, 지도자는 그가 이끄는 사람들의 영적인 성숙을 위해 기도할 뿐만 아니라, 그 사람들 중에서 세계 각처의 영적 추수터에 가서 추수에 참여할 일꾼들을 세워 주시도록 기도해야 합니다. 예수님께서 이 면에 좋은 가르침을 주셨습니다. "무리를 보시고 민망히 여기시니 이는 저희가 목자 없는 양과 같이 고생하며 유리함이라. 이에 제자들에게 이르시되, '추수할 것은 많되 일꾼은 적으니, 그러므로 추수하는 주인에게 청하여 추수할 일꾼들을 보내어 주소서 하라' 하시니라"(마태복음 9:36-38).

순 종

교제의 마지막 요소는 순종입니다. 높으신 이에게 순종함이 없이 그와의 교제는 불가능합니다. 우리가 기억해야 할 것은 우리와 교제하기 원하시는 예수 그리스도께서는 지극히 높으신 분이라는 사실입니다.

내가 그리스도를 믿기 전의 일입니다. 제2차 세계대전 도중, 나는 해병 제1연대에 소속되어 남태평양의 솔로몬 제도에 있는 어느 섬에서 얼마 동안 지낸 적이 있었습니다. 우리는 다음 작전을 개시하기까지 잠시 휴식을 취하고 있었는데, 말이 휴식이지 도저히 휴식을 취할 수 있는 곳이 아니었습니다. 그 섬에는 쇠파리, 붉은 개미 그리고 모기떼가 온통 난리를 쳤습니다. 텐트는 구멍이 나서 물이 샐 정도였고, 아침에 기상하여 군화를 신으려고 보면 그 속에 참게들이 우글거리곤 했습니다. 사납게 내리쬐는 한낮의 태양 빛은 우리들을 못 견디게 만들었고, 하루도 거르지 않고 아침저녁으로 내리는 비는 우리를 심란하게 만들었습니다. 그리고 먹을 거라고는 질리도록 먹은, 매끼 똑같은 전투식량뿐이었습니다.

그나마 이런 따분한 생활에 그래도 위로가 되는 것이 있었다면 그것은 매달 일인당 한 깡통씩 지급되는 맥주였습니다. 이러한 호사가 맥주 애호가인 우리에게 크나큰 즐거움이긴 했지만, 맥주를 일상 음료수처럼 마셔 오던 우리의 욕구를 충족시켜 줄 리는 만무했습니다. 그래서 내가 부린 한 가지 잔꾀는 맥주가 지급될 때마다 몇몇 동료들과 함께 맥주를 마시지 않는 병사들의 맥주를 사들이기로 한 것입니다. 물론 엄격히 말하면 이것은 군법을 어기는 행위임에 틀림없었습니다. 그래도 우리들은 4년 동안 군법을 위반한 일이 없는 모범 사병임을 뜻하는 메달을 군복 위에 넉살 좋게 달고 다녔습니다.

나는 항상 따뜻한 맥주 12-15깡통을 텐트 속에 감춰 두었다가 바닥 한복판에 앉아 녹슨 일제(日製) 총검으로 뚜껑을 따고 하나하나 마셔 대기 시작했습니다. 그러다가 8-10깡통을 비울 때쯤에는 뚜껑을 따기 전에 깡통을 마구 흔들어 대곤 했습니다. 하루는 깡통 하나를 들고 몇 번씩이나 바닥에 떨어뜨린 뒤 겨우 바로 세워 놓고 총검으로 뚜껑을 찔렀습니다. 공교롭게도 그 순간 직속상관이 텐트 속으로 들어왔는데, 기세 좋게 뿜어져 나온 맥주 한 줄기가 상관의 몸에 온통 맥주 세례를 주고 말았습니다. 난데없는 날벼락에 머리끝부터 발끝까지 미지근한 맥주를 뒤집어 쓴 채 어처구니가 없어 서 있는 상관 꼴이 말이 아니었습니다. 그 다음 몇 주간 동안 그 장교와는 더 이상 이전처럼 가깝게 지낼 수 없었던 기억이 납니다.

순종함이 없이 높은 이와의 교제를 기대할 수 없습니다. 예수님께서는 "나의 계명을 가지고 지키는 자라야 나를 사랑하는 자니, 나를 사랑하는 자는 내 아버지께 사랑을 받을 것이요, 나도 그를 사랑하여 그에게 나를 나타내리라"(요한복음 14:21)고 말씀하셨습니다.

다음의 말씀 가운데서 주님께서는 불순종의 위험에 대해 분명히 지적하고 계십니다. "너희는 나를 불러 '주여, 주여' 하면서도 어찌하여 나의 말하는 것을 행치 아니하느냐? 내게 나아와 내 말을 듣고 행하는 자마다 누구와 같은 것을 너희에게 보이리라. 집을 짓되 깊이 파고 주초를 반석 위에 놓은 사람과 같으니, 큰물이 나서 탁류가 그 집에 부딪히되 잘 지은 연고로 능히 요동케 못하였거니와, 듣고 행치 아니하는 자는 주초 없이 흙 위에 집 지은 사람과 같으니, 탁류가 부딪히매 집이 곧 무너져 파괴됨이 심하니라"(누가복음 6:46-49).

지도자의 순종의 삶은 그를 따르는 자들에게 커다란 영향을 미치게 됩니다. 따르는 자는 지도자의 순종의 삶을 보고 도전을 받아 스스로 자신의 헌신과 순종의 수준을 더욱더 높이 끌어올리려는 각오를 하게 됩니다.

교제의 세 가지 요소는 말씀과 기도와 순종입니다. 이 세 가지는 지도자에게 있어서 없어서는 안 될 삶의 요소입니다. 지도자는 매일의 삶과 사역 속에서 역사하시는 하나님의 능력을 체험해야 할 필요가 있습니다. 이때 주님과의 교제는 하나님의 능력의 전원을 사용할 수 있도록 연결시켜 주는 스위치와도 같은 역할을 합니다. 주님과의 생명력 있는 교제가 없는 지도자는 한낱 인간적인 자기 노력과 활동으로 사람들을 끌고 나가는 것에 불과합니다. 반면 주님과의 풍성한 교제를 누리는 지도자는 전능하신 하나님의 손에 들린 병기와도 같아 이 땅에서 하나님의 뜻을 성취하는 자로서 귀히 쓰임받게 될 것입니다.

3

지도자의 내면생활

바벨론 사람들은 잔인한 민족이었습니다. 그들 사회의 도덕과 법은 당시 포로로 잡혀 온 히브리 사람들에게는 무척 낯설고 이질적인 것이었습니다. 그들은 한 사람 죽이는 것을 파리 한 마리 죽이는 것과 다를 바 없이 여겼습니다. 이러한 나라에 포로로 잡혀 온 히브리인들은 자신들이 어려서부터 몸에 밴 모든 것과는 정반대의 규율과 사회적 요구에 직면해야 했습니다. 이러한 곤경 중에도 그들 중 한 사람이 폭력과 우상 숭배가 난무하는 바벨론 제국에서 왕 다음의 높은 지위에 오르게 되었습니다. 포로로 잡혀 왔지만 그는 바벨론 왕에 의해 발탁되어 가장 높은 관직인 총리 자리에 오른 것입니다. 참으로 놀라운 사실은 어떤 위협에도 굴하지 않고 그는 끝까지, 살아 계시고 참되신 하나님을 경외하는 삶을 살았다는 것입니다. 이제 우리는 이 뛰어난 지도자의 내적 삶을 통해 어떤 교훈을 얻을 수 있는지 살펴보도록 하겠습니다.

느부갓네살 왕에게 발탁되어 특별한 직책을 맡게 되었을 때, 다니엘은 젊은 청년에 불과했습니다. 그는 갈대아인의 학문과 방언을 가르침받았던 몇 안 되는 사람 가운데 하나였습니다(다니엘 1:4). 그는 세 친구와 더불어 뛰어난 재능을 구비한 엘리트 집단에 속해 있었습니다. "곧 흠이 없고 아름다우며 모든 재주를 통달하며 지식이 구비하며 학문에 익숙하여 왕궁에 모실 만한 소년을 데려오게 하였고, 그들에게 갈대아 사람의 학문과 방언을 가르치게 하였고"(다니엘 1:4). 요즈음 말로 하자면, 그들은 준수한 용모에 다재다능한 자질을 겸비한 수재들이었습니다. 또한 그들은 예리한 지성에 최고 수준의 교육을 받아 말솜씨도 뛰어난 자들이었습니다.

어느 대학의 학장이라도 그들의 이력을 보고는 즉시 입학을 허락했을 것이며, 대기업의 중역이라면 이런 젊은이들은 두말 않고 채용하려 들었을 것입니다. 그런데 한 가지 재미있는 사실은, 하나님께서는 그들 중 유독 한 사람만을 높은 지도자의 위치에 세우셨다는 것입니다. 왜 그렇습니까? 그것은 바로 그의 삶 속 깊숙이 자리 잡고 있는 내적 자질 때문이었습니다. 그 가운데 가장 중요한 세 가지 요소만 살펴보기로 합시다.

순결한 삶

다니엘의 삶에서 찾아볼 수 있는 으뜸가는 특성은 순결한 삶이었습니다. "다니엘은 뜻을 정하여 왕의 진미와 그의 마시는 포도 주로 자기를 더럽히지 아니하리라 하고, 자기를 더럽히지 않게 하기를 환관장에게 구하니"(다니엘 1:8). 하나님께서 천지 창조 시 행하셨던 최초의 역사 중의 하나가 빛을 어둠에서 분리하신 것이었음을 주목해 볼 만합니다. 여기에서 우리는 위대한 영적 진리 하나를 발견할 수 있습니다. 즉 우리는 항상 어느 한쪽, 이쪽 아니면 저쪽을 선택해야지 양다리를 걸칠 수는 없다는 것입니다.

지옥에는 빛이 없습니다. 반면 하늘나라엔 어둠이 없습니다. 그리스도께 헌신한 우리는 주님의 사랑과 용서를 체험한 자들이므로 언젠가는 주님과 함께 하늘에 있는 영원한 집에서 주님의 임재를 맛보며 살게 될 것입니다. 그러므로 우리는 감격스런 그 날을 맞이할 준비를 하기 위하여, 이 땅에 사는 동안 빛 가운데 행하는 연습을 부지런히 해야 합니다.

사도 바울은 그의 서신서에서 우리가 이러한 삶의 연습에 착념할 것을 계속해서 권면하고 있습니다. "너희는 믿지 않는 자와 멍에를 같이하지 말라. 의와 불법이 어찌 함께하며, 빛과 어두움이 어찌 사귀며, 그리스도와 벨리알이 어찌 조화되며, 믿는 자와 믿지 않는 자가 어찌 상관하며, 하나님의 성전과 우상이 어찌 일치가 되리요? 우리는 살아 계신 하나님의 성전이라"(고린도후서 6:14-16).

바울은 하나님과 그 대적을 명확히 구분하기 위하여 방금 인용한 말씀에서 다섯 가지 질문을 던지고 있습니다. 그는 한쪽 편에 의와 빛, 그리스도, 믿음, 그리고 하나님의 성전을 나열하고 있고, 다른 편에는 불법, 어두움, 사탄, 불신앙, 그리고 우상 등을 열거하고 있습니다. 사도 바울은 이 양편의 것들이 절대로 섞일 수 없음을 강조했습니다. 당신 역시 이쪽 아니면 저쪽, 어느 한 편을 선택해야 합니다. 이것이 너무나도 확실한 진리인데도 불구하고 흔히 우리들은 양쪽을 타협시키려 듭니다. 그러나 지도자는 말씀에서 보여 주는 수준을 따르는 본이 되는 삶을 살아야 합니다. "그러므로 감독은 책망할 것이 없으며"(디모데전서 3:2).

주님께서는 언제나 지도자의 내면생활을 주목하시며, 그것은 지금까지 늘 그랬습니다. 하나님께서 사울 왕을 버리시고 그의 후계자를 택하실 때 사무엘에게 다음과 같이 말씀하셨습니다. "그 용모와 신장을 보지 말라. 내가 이미 그를 버렸노라. 나의 보는 것은 사람과 같지 아니하니 사람은 외모를 보거니와 나 여호와는 중심을 보느니라"(사무엘상 16:7). 우리에게는 그저 겉으로 드러나 보이는 외모로만 사람을 평가하려는 경향이 있습니다. 그러나 하나님께서는 사람의 중심을 보십니다.

몇 달 전 우리가 사는 도시에, 시내 한가운데 있는 상점과 은행의 두꺼운 유리창들을 날려 버릴 정도로 심한 폭풍우가 몰아친 적이 있습니다. 우리 교회의 주일학교 교사인 허브 로키어 씨와 그의 부인 아디스가 차를 타고 집으로 가던 도중 부인의 마음을 덜컹 놀라게 한 일이 있었습니다. 이 도시에서 가장 아름다운 나무 하나가 폭풍으로 뿌리째 뽑혀 넘어져 있는 광경이 목격된 것입니다. 그녀는 그 광경을 가리키며 남편에게 놀란 목소리로 말했습니다. "여보! 저것 좀 봐요. 저 나무뿌리가 썩었네요."

그건 사실이었습니다. 그 장려함과 우아한 자태로 수많은 사람들의 사랑을 받아 왔던 나무가 완전히 썩은 속 뿌리를 드러내 놓은 채 누워 있었던 것입니다. 속이 썩어 있었기 때문에 폭풍우를 만나자 더 이상 버틸 수가 없었던 것입니다. 결국 나무는 쓰러졌고 그 장대한 크기와 아름다운 이파리를 감탄해 마지않던 수많은 행인들에게 큰 실망과 함께 귀한 교훈을 남겨 주었습니다. 그 나무는 겉으로는 그렇게도 아름다웠지만 그 속은 썩어 있었던 것입니다.

우리의 삶에서도 그러한 예는 얼마든지 찾아볼 수 있습니다. 지도자라는 사람이 내적으로 하나님 앞에서 순결하고 거룩한 삶을 사는 데는 관심이 없고 그저 외면적인 삶에만 신경을 쓴다면, 얼마 안 가 시련에 부딪힐 때 그의 초라한 본 모습이 드러나고야 맙니다. 그러므로 지도자는 순결한 삶을 살아야 합니다.

바울은 디모데에게 도덕적으로 순결해야 하는 또 다른 이유를 다음과 같이 말해 주고 있습니다. "그러나 하나님의 견고한 터는 섰으니 인침이 있어 일렀으되, '주께서 자기 백성을 아신다' 하며, 또 '주의 이름을 부르는 자마다 불의에서 떠날지어다' 하였느니라. 큰 집에는 금과 은의 그릇이 있을 뿐 아니요 나무와 질그릇도 있어, 귀히 쓰는 것도 있고 천히 쓰는 것도 있나니, 그러므로 누구든지 이런 것에서 자기를 깨끗하게 하면 귀히 쓰는 그릇이 되어 거룩하고 주인의 쓰심에 합당하며 모든 선한 일에 예비함이 되리라"(디모데후서 2:19-21).

이 말씀은 우리네 가정에서도 금방 이해가 되는 진리를 말해 주고 있습니다. 집집마다 용도에 따라 다른 여러 종류의 다양한 그릇이 있습니다. 우리 집에는 쓰레기를 담아 두는 데 쓰는 그릇이 있고, 샐러드를 담아내는 데 사용하는 그릇이 있습니다. 아내는 절대로 그 두 그릇을 바꿔 사용하는 일이 없습니다. 마찬가지로 하나님의 집에서 내가 어떤 종류의 그릇이 될 것인가 하는 것은 결국 내 자신의 선택에 달려 있음을 알 수 있습니다. 하나님의 영광을 드러내는 그릇이 되느냐, 아니면 그분의 이름을 욕되게 하는 그릇이 되느냐는 바로 그 사람 자신에게 달려 있는 것입니다. 하나님께 귀히 쓰이는 그릇이 되는 비결은 21절 하반절에 나와 있습니다. 즉 누구든지 더러운 것들에서 자신을 깨끗이 하면 하나님의 영광을 위해 쓰임받는 귀한 그릇이 된다는 말씀입니다.

몇 년 전 아내는 그녀의 숙부로부터 매우 귀한 크리스털 컵 한 세트를 선물로 받았습니다. 아내는 그 컵들을 애지중지해 특별한 경우가 아니면 꺼내 놓고 사용하지를 않습니다. 여기서 이런 가정을 한번 해봅시다. 당신이 오랜만에 우리 집에 들렀는데 마침 목이 몹시 말랐습니다. 그래서 나는 당신을 부엌으로 데려가 찬장에 있는 아무 컵이나 사용해 물을 따라 마시라고 말하며 냉장고에서 시원한 물을 꺼내 놓았습니다. 찬장을 열자 곧 당신 눈에 들어온 컵이 바로 그 크리스털 컵 세트였습니다. 그런데 자세히 보니 그 컵들에는 얼룩이 져 있었습니다. 바로 그 옆에는 생긴 게 좀 투박스럽긴 했지만 깨끗하게 닦인 컵이 놓여 있었습니다. 자, 당신은 어느 컵에 물을 따라 마시겠습니까?

답은 들어 볼 필요도 없을 것입니다. 하물며 우리보다 훨씬 지혜로우신 하나님께서 어떤 그릇을 사용하실지는 너무나 자명합니다. 하나님은 우리의 중심을 살피셔서 깨끗하고 순결한 자들을 들어 쓰시기 원하십니다. 그러한 자들은 '귀히 쓰는 그릇이 되어 거룩하고 주인의 쓰심에 합당하며 모든 선한 일에 예비함'이 될 것입니다.

'거룩하다'는 말에 유의해 보십시오. 이 말에 대해서는 견해가 서로 다른 부분도 있지만, 다들 '분리되다' 또는 '구별되다'라는 의미에는 동의합니다. 내게는 해병대 고급 장교로 복무하는 친구가 한 명 있습니다. 어디에서 근무하든지 그에게는 개인용 지프 한 대가 지급됩니다. 그 차는 전적으로 그에게 속해 있으며 그가 원하면 언제든지 사용할 수 있습니다. 만약 애송이 소위가 겁도 없이, 그것도 순전히 사적인 용도로 그 차를 타고 나갔다가는 큰일 나게 됩니다. 왜냐하면 그 차는 특별히 '구별된' 것입니다. 내 친구에게 속한 것으로, 그 친구만을 위해서 사용되도록 주어진 차입니다.

지도자 역시 주님만을 위해 구별된 삶을 살아갈 때라야 사탄의 유혹에 흔들리지 않고 오히려 주위 세상 사람들에게 놀라운 영향을 미칠 수 있게 됩니다. 하나님께서는 바로 그러한 지도자를 쓰셔서 자신의 영광을 온 세상에 나타내실 것을 약속하셨습니다. "열국 가운데서 더럽힘을 받은 이름 곧 너희가 그들 중에서 더럽힌 나의 큰 이름을 내가 거룩하게 할지라. 내가 그들의 목전에서 너희로 인하여 나의 거룩함을 나타내리니 열국 사람이 나를 여호와인 줄 알리라. 나 주 여호와의 말이니라"(에스겔 36:23).

종종 사람들은 구체적인 문제들을 들고 지도자를 찾아와 어떤 것이 옳고 그른지를 알려 달라고 요청합니다. 순결한 삶을 살고 싶어도 어떤 것들은 솔직히 뭘 어떻게 해야 할지 잘 모르겠다고 말합니다. 성경은 구체적인 문제에 대한 답은 물론, 옳고 그름을 분별하는 영원한 원리까지도 제시해 주고 있습니다. 여기에 나의 삶 가운데 적용하고 있는, 주님께서 주신 네 가지 원리를 소개합니다.

주님을 믿고 난 직후 나는 나의 삶 가운데 버려야 할 습관이나 행동이 몇 가지 있음을 깨닫게 되었습니다. 그것들은 내가 보기에도 잘못되었고 주님을 영화롭게 하지 못하는 것들이었습니다. 그러나 어떻게 하는 것이 옳은지 잘 알 수 없는 문제들도 많았습니다. 맹세나 도둑질, 거짓말에 대해서는 성경에 구체적으로 언급되어 있지만, 분명한 언급이 없는 문제들에 대해서는 어떻게 해야 할 것인가? 얼마 지나지 않아 주님께서는 나에게 세 구절의 말씀을 통해 깨달음을 주셨고, 그것들은 지금까지 나의 삶에 계속해서 큰 도움을 주고 있습니다. 그 말씀들은 '옳고 그름을 분별하는 방법'을 보여 줍니다. 나는 그것을 6-8-10 원리라고 부르는데, 그 이유는 고린도전서 6장, 8장, 10장의 말씀들로부터 나온 원리이기 때문입니다.

1. 이것은 유익한 것인가?

"모든 것이 내게 가하나 다 유익한 것이 아니요, 모든 것이 내게 가하나 내가 아무에게든지 제재를 받지 아니하리라"(고린도전서 6:12). 이 말씀을 기초로 자신에게 스스로 질문해 봅니다. 이것은 유익한 것인가? 내가 하고자 하는 이것이 내 건강에 도움이 되는가? 해가 되지는 않는가? 내 정신 건강에는 어떤가? 혹시 내 마음을 사로잡아 죄에 빠지게 만들지는 않을 것인가? 스스로 이러한 질문들을 던지고 답해 봄으로써 영화 프로나 텔레비전 프로, 혹은 책이나 잡지를 선택하는 데 실제적인 도움을 얻었습니다. 또한 영적인 질문을 해보는 것이 필요합니다. 이것은 영적으로 유익한 것인가?

이것이 나의 영적 성장에 도움이 되는가? 아니면 해를 끼치지는 않는가?

2. 이것이 나를 지배하지는 않는가?

이것이 나를 노예로 만들지는 않는가? 나는 고린도전서 6:12을 통해 무엇이든지 나를 노예 되게 하는 것은 훌훌 털어 버려야 한다는 사실을 깨달았습니다. 무슨 버릇이건 사로잡히면 헤어 나오기가 어렵습니다. 담배나 술, 그리고 마약의 노예가 되어 있는 사람들이 오늘날 얼마나 많습니까? 바울은 "나는 그 어느 것의 제재도 받지 않겠다"고 말했습니다.

3. 이것이 다른 사람에게 걸림이 되지는 않는가?

"이같이 너희가 형제에게 죄를 지어 그 약한 양심을 상하게 하는 것이 곧 그리스도에게 죄를 짓는 것이니라. 그러므로 만일 식물이 내 형제로 실족케 하면 나는 영원히 고기를 먹지 아니하여 내 형제를 실족치 않게 하리라"(고린도전서 8:12-13). 내가 이것을 하게 되면 다른 사람에게 걸림이 되지는 않을까? 내 자신에게는 문제 될 것이 없지만 다른 사람에게도 그런가? 어떤 문제를 일으킬 소지는 없는가? 우리는 섬과 같이 바다 위에 홀로 떠 있는 존재가 아닙니다. 나의 행동을 사람들은 다 보고 있으며, 누군가 그것을 따라 합니다. 무심코 내뱉은 말 한 마디가 어떤 사람에게는 덕이 될 수도 있고 또 어떤 사람에게는 독이 될 수도 있습니다. 나의 일거수일투족은, 좋은 본으로든 나쁜 본으로든, 주위 사람들에게 어떤 형태로든 영향을 미치게 되어 있습니다. 그러므로 어떤 행동거지를 하든 항상 다른 사람들을 염두에 두고 해야 합니다.

4. 이것은 하나님을 영화롭게 하는 것인가?

"그런즉 너희가 먹든지 마시든지 무엇을 하든지 다 하나님의 영광을 위하여 하라"(고린도전서 10:31). 나는 이것을 하나님의 영광을 위하여 하고자 하는가? 웨스트민스터 소요리문답서의 첫 질문과 답을 주목해 봅시다. '사람의 제일 되는 목적은 무엇입니까?' '사람의 제일 되는 목적은 하나님을 영화롭게 하는 것과 영원토록 그를 즐거워하는 것이니라.' 우리는 하나님의 영광을 위해 지으심을 받았으며 그분의 영광을 찬양하도록 부르심을 받았습니다. 그러므로 스스로 다음과 같은 질문을 던져 봐야 합니다. "이것이 참으로 하나님께 영광이 되는가?"

이 세 성경 말씀이 그동안 여러 시험들로부터 나를 건져 주었습니다. 이 네 가지 원리는 전지전능하시고 영원한 사랑의 근원되시는 하나님께서 주신 변치 않는 원리입니다.

하나님께서 보시는 것은 우리의 중심 곧 우리의 마음입니다. 우리 마음속에 있는 것이 밖으로 나타나 보이는 것이 바로 우리의 행위입니다. 그러므로 지도자는 무엇보다도 요한일서 1:9 말씀을 늘 주장함으로 마음을 깨끗하고 경건하게 지킬 수 있어야 합니다. "만일 우리가 우리 죄를 자백하면 저는 미쁘시고 의로우사 우리 죄를 사하시며 모든 불의에서 우리를 깨끗케 하실 것이요."

겸손

지도자의 내적 자질 가운데 또 한 가지 중요한 요소는 겸손입니다. 그저 목숨을 부지하는 것만으로도 다행으로 여겨야 할 상황 속에서 다니엘은 왕 다음으로 높은 지위에 올랐습니다. 그는 왕에게 시의 적절한 국가 정책과 방향을 제시해 줌으로써 바벨론 왕국을 크게 번성케 한 유능한 인물이었습니다. 높은 지위와 권세에도 불구하고 그는 시종일관 겸손한 종으로서 하나님을 섬겼습니다. 그는 자신이 영광을 받을 수 있는 상황에서도 모든 공로를 항상 하나님께 돌렸습니다. "다니엘이 왕 앞에 대답하여 가로되, '왕의 물으신바 은밀한 것은 박사나 술객이나 박수나 점쟁이가 능히 왕께 보일 수 없으되, 오직 은밀한 것을 나타내실 자는 하늘에 계신 하나님이시라. 그가 느부갓네살 왕에게 후일에 될 일을 알게 하셨나이다. 왕의 꿈 곧 왕이 침상에서 뇌 속으로 받은 이상은 이러하니이다. 왕이여, 왕이 침상에 나아가서 장래 일을 생각하실 때에, 은밀한 것을 나타내시는 이가 장래 일을 왕에게 알게 하셨사오며, 내게 이 은밀한 것을 나타내심은 내 지혜가 다른 인생보다 나은 것이 아니라, 오직 그 해석을 왕에게 알려서 왕의 마음으로 생각하던 것을 왕으로 알게 하려 하심이니이다"(다니엘 2:27-30).

겸손은 하나님께서 쓰시는 사람의 중요한 특징입니다. 하나님께서는 그분의 종들에게 겸손을 요구하셨습니다. "나는 여호와니 이는 내 이름이라. 나는 내 영광을 다른 자에게, 내 찬송을 우상에게 주지 아니하리라"(이사야 42:8). 만일 하나님의 일꾼이 정도에서 벗어나 교만에 빠지게 되면 하나님께서는 즉시 그를 대적하시며 낮추십니다.

어느 여름날, 나는 해외 선교지 한 곳을 방문한 적이 있는데, 그곳 선교사로부터 흥미 있는 이야기를 하나 들었습니다. 처음 선교지를 향해 떠날 당시, 그는 자신을 하나님께서 보내시는 특별한 선물이라고 생각했습니다. 그는 "내가 도착할 때까지만 기다리십시오. 뭔가 보여 드릴 것입니다. 많은 사람을 주님께 돌아오게 하며 다채로운 프로그램으로 풍성한 결실을 맺을 것입니다"라고 장담했습니다. 드디어 임지에 도착해 그는 선교를 시작했습니다. 그러나 그의 거만한 태도로 인해 주위 동역자들이 마음을 닫고 그에게 등을 돌렸습니다. 그의 모든 수고는 물거품이 되었습니다. 무엇보다 그를 비참하게 한 것은 하나님께서 그를 대적하신 것이었습니다. 모든 것이 어긋나기 시작해 그의 꿈은 무산되고 말았습니다. 베드로전서 5:5-6은 다음과 같이 말해 주고 있습니다. "젊은 자들아, 이와 같이 장로들에게 순복하고 다 서로 겸손으로 허리를 동이라. 하나님이 교만한 자를 대적하시되 겸손한 자들에게는 은혜를 주시느니라. 그러므로 하나님의 능하신 손 아래서 겸손하라. 때가 되면 너희를 높이시리라." 하나님께서는 교만한 자에게 축복을 주시지 않는 정도가 아니라 그를 '대적'하신다고 말씀하십니다. 교만할 때 누구보다도 무섭게 대적하시는 분은 하나님이십니다. 두말할 필요 없이 그는 선교사로서 실패했습니다.

그러나 그의 실패는 전화위복이 되어 좋은 결말로 끝을 맺게 됩니다. 그가 자신의 교만을 깨닫고 스스로 뉘우치며 주님께 자백한 뒤 겸손히 하나님과 동행하는 삶을 살기 시작했기 때문입니다. "사람아, 주께서 선한 것이 무엇임을 네게 보이셨나니, 여호와께서 네게 구하시는 것이 오직 공의를 행하며 인자를 사랑하며 겸손히 네 하나님과 함께 행하는 것이 아니냐?"(미가 6:8).

성경의 많은 부분이 겸손을 주제로 다루고 있습니다. 다음 구절들은 겸손에 관한 중요한 말씀들입니다.

잠언 6:16-17. "여호와의 미워하시는 것 곧 그 마음에 싫어하시는 것이 육칠 가지니 곧 교만한 눈과 거짓된 혀와 무죄한 자의 피를 흘리는 손과." 하나님께서 싫어하시는 것 가운데 가장 먼저 열거된 것이 무엇인지 유의해 보십시오.

잠언 8:13. "여호와를 경외하는 것은 악을 미워하는 것이라. 나는 교만과 거만과 악한 행실과 패역한 입을 미워하느니라." 역시 가장 먼저 등장하는 악을 주의하시기 바랍니다.

하나님께서는 왜 그토록 교만을 싫어하십니까? 대수롭지 않은 문제를 괜히 문제 삼으신다고 생각하십니까? 절대로 그렇지 않습니다. 성경에 나오는 모든 교훈들이 그렇듯이, 주님께서는 우리로 하여금 그분의 형상을 닮도록 하시려고, 즉 우리의 축복을 위해 겸손을 강조하시는 것입니다. 성령이 충만하고 기쁨이 넘치는 삶을 살려면 우리의 시선을 자신으로부터 다른 사람들에게로 돌려야 합니다. 그럴 때라야 지도자로서 형통할 수 있습니다. 교만은 사탄이 애용하는 주된 공격 무기로서 우리의 시야를 우리 자신에게만 머물게 만듭니다.

자신을 바라보고 있는 동안엔 다른 사람들의 필요에 그만큼 둔해집니다. 그렇게 되면 자기도 모르는 사이에 다른 사람의 마음을 상하게 하거나 해를 끼치고 헐뜯기도 하며 심지어는 교묘히 이용하기도 합니다. 그러면서도 막상 자신은 그것을 전혀 의식하지 못합니다. 나는 그동안 지도자의 위치에 있는 사람들이 이런 죄를 저지르는 것을 종종 목격해 왔습니다. 그때마다 그들의 영적 삶은 점점 퇴보해 가는 것을 지켜보게 되는데 정말로 가슴 아픈 일이 아닐 수 없습니다.

빌립보서 2:3-4. "아무 일에든지 다툼이나 허영으로 하지 말고 오직 겸손한 마음으로 각각 자기보다 남을 낫게 여기고 각각 자기 일을 돌아볼 뿐더러 또한 각각 다른 사람들의 일을 돌아보아 나의 기쁨을 충만케 하라."

교만이 끼치는 해독에 관하여 잘 보여 주고 있는 예는 유다 왕 중의 하나였던 웃시야 왕의 생애입니다. "웃시야가 위에 나아갈 때에 나이 16세라. 예루살렘에서 52년을 치리하니라. 그 모친의 이름은 여골리아라. 예루살렘 사람이더라"(역대하 26:3). 처음 그의 마음의 태도는 근본적으로 순수했습니다. "하나님의 묵시를 밝히 아는 스가랴의 사는 날에 하나님을 구하였고, 저가 여호와를 구할 동안에는 하나님이 형통케 하셨더라"(5절). 그의 명성은 널리 알려졌고 그가 하는 모든 일은 성공적으로 진행되었습니다. "암몬 사람이 웃시야에게 조공을 바치매 웃시야가 심히 강성하여 이름이 애굽 변방까지 퍼졌더라"(8절). 그는 막강한 군사력을 소유하게 되었으며, 하나님의 축복을 풍성히 누렸습니다.

그러던 그가 내리막길을 걷기 시작했습니다. "저가 강성하여지매 그 마음이 교만하여 악을 행하여 그 하나님 여호와께 범죄하되 곧 여호와의 전에 들어가서 향단에 분향하려 한지라"(16절). 무엇이 문제였습니까? 왜 그토록 강성하던 자가 패망의 길을 걸게 되었습니까? 그의 형통한 삶에 종지부를 찍게 한 가장 큰 적은 바로 그 자신의 교만이었습니다. 결국 하나님께서 그를 문둥병으로 치셨습니다.

지도자는 목표를 확실히 정할 수 있어야 하며, 또한 그것을 남에게 알릴 수 있는 전달 능력과 그 목표를 이루는 데 필요한 최선책을 취하는 일에서 결단력이 있어야 합니다. 그러한 과정에서 가장 심각한 적은 교만입니다. 사람이 교만으로 가득 차 있으면 그 목표를 성취할 수 있는 가장 좋은 방법이 바로 코앞에 있어도 그것을 볼 수 없게 됩니다. 왜냐하면 그는 '자기'에게 영광과 찬사를 가져다주는 것에만 눈이 멀어 있기 때문입니다. 어쨌든 교만은 사람의 눈을 멀게 하여 최선의 길을 발견하지 못하게 합니다. 교만한 사람이 올바른 분별력을 갖지 못하는 이유가 여기에 있습니다. 그는 자기가 보고 싶어 하는 것만 봅니다. 자신의 만족을 추구하는 데 모든 초점을 맞춥니다. 그러나 그 결과는 너무나 비참하고 치명적입니다.

느부갓네살 왕도 교만 때문에 몰락했습니다. "그가 마음이 높아지며 뜻이 강퍅하여 교만을 행하므로 그 왕위가 폐한 바 되며 그 영광을 빼앗기고"(다니엘 5:20).

한편 이사야는 하나님께서 어떤 사람을 사용하시는가에 대하여 다음과 같이 이야기하고 있습니다. "여호와께서 이같이 말씀하시되, '하늘은 나의 보좌요 땅은 나의 발등상이니 너희가 나를 위하여 무슨 집을 지을꼬? 나의 안식할 처소가 어디랴? 나 여호와가 말하노라. 나의 손이 이 모든 것을 지어서 다 이루었느니라. 무릇 마음이 가난하고 심령에 통회하며 나의 말을 인하여 떠는 자, 그 사람은 내가 권고하려니와'"(이사야 66:1-2). 나는 빌리 그래함이 여러 집회에서 모든 영광은 오직 하나님께 돌린다고 말하는 것을 종종 들었습니다. 사람이 하나님의 영광을 조금이라도 넘보는 순간 모든 것은 끝이 난다는 사실을 그는 잘 알고 있었습니다.

교만한 마음은 누구보다 더 특히 지도자에게 치명타를 가합니다. 영혼에 두 가지의 무서운 병을 일으켜 급기야는 하나님의 일꾼으로서의 삶을 마비시키고 맙니다. 그 첫 번째 증상은 다른 사람을 '무시하는' 것입니다. 교만한 사람은 자기만족에 빠져 가르치려고만 들지 겸손히 배울 생각은 하지 않습니다. 자신의 부족을 깨닫지 못하기 때문에 주위에서 아무리 좋은 충고와 상담을 해줘도 귀를 닫고 들으려 하지 않습니다.

하나님께서는 성경 곳곳에서 다른 사람의 말에 귀를 기울여 듣는 것이 얼마나 중요하고 가치 있는 일인지 말씀해 주고 계십니다. "의논이 없으면 경영이 파하고 모사가 많으면 경영이 성립하느니라"(잠언 15:22).

그러나 영적인 상담은 주님을 기쁘시게 하는 것이어야 하며 하나님의 나라를 구하는 것이 되어야 합니다. 많은 사람들이 자기 마음에 드는 충고만을 들으려고 합니다. 그런가 하면 어느 한쪽에 치우친 충고로 말미암아 실망하는 사람도 많습니다. 모든 충고가 다 유익한 것은 아닙니다. 왜냐하면 당신을 진정으로 사랑하고 당신을 위해 주는 사람의 충고조차도 크게 잘못될 수 있기 때문입니다.

나는 G. 크리스천 와이쓰와 이 문제에 대하여 토의했던 기억이 있습니다. 그는 Back to the Bible 방송 선교 책임자로서 존경받고 있는 분입니다. 그는 친구나 친척의 충고를 들었더라면 이처럼 선교 활동을 할 수 없었을 것이라고 말했습니다. 그가 선교를 한다고 하자 그들은 시간을 낭비하는 일이라고 극구 말렸기 때문입니다. 물론 그들은 그를 사랑했을 뿐만 아니라 그가 잘되기를 누구보다도 바라는 사람들이었습니다.

지도자는 상담을 하거나 받을 때에 반드시 다음과 같은 것들을 항상 염두에 두어야 합니다. 겸손한 태도를 잃지 않되 속임수에 빠지는 일이 없도록 해야 합니다. 성경 말씀과 하나님의 나라를 확장하는 관점과 시야에서 보고, 주의 깊게 검토해야 합니다. 물론 마음은 늘 다른 사람들에게 열려 있어야 하며 겸손히 경청하는 태도를 잃지 않아야 합니다. "도략이 없으면 백성이 망하여도 모사가 많으면 평안을 누리느니라"(잠언 11:14).

교만으로 인한 두 번째 병은 '불안정'입니다. 자기 자신을 바라보는 지도자는 항상 다른 사람들의 눈에 자신이 어떻게 비칠까에 대하여 지나치게 민감해집니다. 그는 끊임없이 다른 사람의 행동을 재어 보며 또한 그 줄자를 가지고 자신을 재어 봅니다. 그러나 하나님의 말씀은 그러한 행동이 얼마나 어리석고 미련한 것인가를 가르쳐 주고 있습니다. "우리가 어떤 자기를 칭찬하는 자로 더불어 감히 짝하며 비교할 수 없노라. 그러나 저희가 자기로써 자기를 헤아리고 자기로써 자기를 비교하니 지혜가 없도다"(고린도후서 10:12).

이런 사람은 '하나님께서는 모든 지체에게 그 기쁘신 뜻을 따라 각자에게 맞는 역할을 주셨다'는 사실에 안심하고 감사하기보다는 항상 다른 사람들이 자기를 어떻게 생각하는가 하는 문제로 노심초사합니다. 결국 그는 주님의 일에서 목표의식을 잃게 되고 따라서 사역의 열매도 얻을 수 없게 됩니다. 동역자들마저도 이제는 그에게 도움이 되지 못하고 오히려 위협적인 존재들로만 여겨지게 됩니다.

이로 인해 두 가지의 극단적인 결과가 초래됩니다. 항상 '다른 사람에게 자신이 할 수 있다는 것을 과시하기 위한' 야심 찬 계획과 거창한 프로그램을 가지고 남들에게 좋은 인상을 주려고 애쓰든가 아니면 정체 상태에 주저앉아 버립니다. 프로그램은 그럴듯하지만 육신적인 힘으로 밀고 나가려 들기 때문에 결국 실패로 끝나게 됩니다. 나는 이처럼 결말이 초라했던 한 사람을 알고 있습니다. 그는 겉으로는 대단해 보이는 공장과도 같았습니다. 먼지를 날리면서 끊임없이 기계가 돌아갔고, 사람들은 이리저리 쉴 새 없이 움직였습니다. 그러나 그 공장에서 생산되어 나오는 제품은 하나도 없었습니다. 이처럼 불안정한 지도자는 그저 활동에 바쁠 뿐 진정 하나님의 축복은 누리지 못하는 자입니다.

또 하나의 극단적인 결과는 위에서 말한 바와 같이 실패에 대한 두려움 때문에 정체 상태에 머물러 있는 것입니다. 겸손히 자신의 약점을 인정하고 믿음으로 나아가기보다는 아무런 시도도 하지 않고 뒤로 물러서려고만 합니다. 그러나 사도 바울을 보십시오. 그는 자신의 약점을 겸손하게 받아들이고 주님께 맡기고 나아갔을 때 그의 약한 것이 오히려 그리스도의 사역을 위한 촉진제가 되는 것을 경험했습니다. "이것이 내게서 떠나기 위하여 내가 세 번 주께 간구하였더니, 내게 이르시기를, '내 은혜가 네게 족하도다. 이는 내 능력이 약한 데서 온전하여짐이라' 하신지라. 이러므로 도리어 크게 기뻐함으로 나의 여러 약한 것들에 대하여 자랑하리니, 이는 그리스도의 능력으로 내게 머물게 하려 함이라"(고린도후서 12:8-9). 겸손한 사람에게는 전능하신 하나님의 손을 움직이는 놀라운 비밀이 있습니다.

그러면 지도자가 주님 앞에서 겸손한 마음을 유지해 나갈 수 있기 위해서는 어떻게 해야 합니까? 여러 가지를 생각해 볼 수 있겠으나, 순전한 마음으로 하나님을 찬양하는 삶을 사는 것이 무엇보다도 중요합니다. 하늘에서는 천군천사들이 하나님의 보좌를 둘러싸고 찬양합니다. "거룩하다, 거룩하다, 거룩하다, 주 하나님 곧 전능하신 이여"(요한계시록 4:8). 항상 하나님을 찬양하는 태도로 살아갈 때 자신의 허물과 약점을 잊지 않을 수 있게 됩니다. 그렇다고 물론 병적인 자기분석에 빠지라는 말은 아닙니다. 오직 하나님의 거룩하심과 전능하심에 대한 찬양이 넘칠 때 자신의 참모습을 볼 수 있게 됩니다. 이렇게 자신의 부족을 깨달음으로써 도리어 하나님께 쓰임받게 되며, 빌립보서 4:13의 약속을 따라 믿음으로 담대히 나아가는 삶을 살 수 있게 됩니다. "내게 능력 주시는 자 안에서 내가 모든 것을 할 수 있느니라."

믿음

지도자의 내적 자질 가운데 세 번째 요소는 믿음입니다. "믿음이 없이는 기쁘시게 못하나니, 하나님께 나아가는 자는 반드시 그가 계신 것과 또한 그가 자기를 찾는 자들에게 상 주시는 이심을 믿어야 할지니라"(히브리서 11:6). 우리는 하나님께서 믿는 자들에게 어린애와 같은 믿음을 요구하신다는 사실을 너무나도 자주 들어 왔습니다. 어린애와 같은 믿음이란 어떠한 믿음을 뜻합니까? 이에 대해 네 가지 면을 함께 생각해 보기로 합시다.

첫째로, 믿음은 '하나님의 공급하심을 믿는' 것을 의미합니다. "나의 하나님이 그리스도 예수 안에서 영광 가운데 그 풍성한 대로 너희 모든 쓸 것을 채우시리라"(빌립보서 4:19). 전임사역자로서 처음으로 내가 파송된 곳은 피츠버그였습니다. 그곳에 도착했을 때 내가 가진 거라곤 등에 걸친 셔츠밖에 없었습니다. 사야 할 것은 많았지만 동전 한 닢 없는 처지였습니다.

주님의 일을 하자면 집에 드나드는 사람들을 위한 최소한의 가구는 있어야 하는데, 거실 창문 앞에 침대 겸용의 큰 소파 하나만 달랑 놓여 있었습니다. 그래서 나와 아내는 켄 스미스라는 젊은 목사와 함께 거실에 필요한 물품들을 적어 놓고 기도하기로 했습니다. 우리는 두 개의 작은 테이블과 커피 테이블 하나, 그리고 구석에 놓을 의자 하나를 위해 기도했습니다.

그런데 그 다음날 켄에게 전화가 걸려 왔습니다. "목사님, 저를 기억하실지 모르겠습니다. 요 전날 시내에서 목사님께 복음을 들었던 사람입니다. 다름이 아니라 제가 일자리를 얻어 갑자기 버펄로로 이사를 하게 되었습니다. 가구들을 대부분 다 처리하고 몇 가지 남은 것이 있는데, 실례가 될지 모르겠지만 혹시 목사님이 필요하시다면 드릴까 해서요. 두 개의 작은 테이블과 커피 테이블 하나, 그리고 의자 하나인데 사용하시겠습니까?"

켄은 너무 놀란 나머지 수화기를 떨어뜨렸다가는 다시 집어 들어 곧장 그리로 가겠다고 말한 뒤 전화를 끊었습니다. 그날 오후 우리는 트레일러 한 대를 빌려 그것들을 운반해 와 거실에 배치하였습니다.

우리는 도시 북쪽에 살고 있었기 때문에 동쪽 끝에 있는 캠퍼스에 가기가 무척 힘들었습니다. 더군다나 그 대학에서 매일 8시간 정도 학생들을 만나 복음도 전하고 가르치기도 한 후 집에 돌아오려면 차가 꼭 필요했습니다. 그때 나는 레이 조셉이라는 젊은 신학생과 매주 수요일 새벽 5시에 만나서 함께 기도해 오고 있었습니다. 어느 수요일 아침, 우리는 하나님께 차 한 대를 공급해 주시도록 구체적으로 기도하게 되었습니다.

그 다음 주 수요일 밤에 전화가 걸려 왔습니다. 제일 장로교회 장년부 교사인 한 부인으로부터 걸려 온 전화였습니다. 그 부인은 장년부 멤버 중에 빌 뉴턴이라는 형제가 이번에 새 차를 사게 되어 전에 쓰던 차를 처분하려고 하는데 중고로 팔아 봐야 제값을 받지 못할 것이 뻔하므로 필요한 사람에게 주고 싶어 한다는 것이었습니다. 마침 내가 캠퍼스에서 선교 활동을 하고 있다는 소식을 듣고 혹시 차가 필요하지 않을까 해서 전화를 한 것이라고 말했습니다. 사실은 내가 차를 위해 기도하고 있는 중이라고 했더니, 그 부인은 "당신의 기도가 응답되었군요"라고 말하며 매우 기뻐했습니다.

빌 뉴턴 부부는 자기들의 차를 우리에게 주었고, 그들 교회 장년부에서는 차를 전면 수리할 비용과 일 년간의 보험료, 그리고 명의 변경에 필요한 비용 125불을 선물해 주었습니다. 여기에 연료비 50불까지 챙겨 주었습니다.

서부 해안에서 피츠버그로 옮겨 온 터라 내가 입고 다니는 옷에는 문제가 있었습니다. 내 옷차림이 권위와 전통을 자랑하는 동부의 명문 대학을 드나들기엔 촌스러울 정도로 낡고 구식이었기 때문입니다. 그곳 학생들은 짙은 회색 싱글 상의에 잿빛이 도는 검은 넥타이를 매고 까만 구두와 까만 양말을 신고 다녔습니다. 당시 우리는 매주 월요일마다 남학생 휴게실에서 식사를 하고 거기서 복음을 전하고 있었습니다. 그럴 때면 나는 마치 검은 바다 한가운데 우뚝 솟은 화려한 꽃불처럼 금방 튀어 보이곤 했습니다. 연녹색 더블 상의와 현란한 꽃무늬 넥타이 차림에 인조 창을 댄 노란 구두 탓이었습니다. 그래서 나는 옷과 신발을 위해 기도하기 시작했습니다. 일주일도 채 못 되어 하나님께서는 나에게 꼭 맞는 짙은 회색 상의를 공급해 주셨습니다. 그 다음 주 나는 켄 스미스와 함께 교회 장로님 댁에 들러 자잘한 일들을 도와드렸습니다. 일을 마친 뒤 나오는 길에 사모님께서 종이 상자 하나를 건네주었습니다. 돌아오는 길에 열어 보니 내 발에 꼭 맞는 까만 구두 한 켤레였습니다.

　당시 나에게 또 필요했던 것 한 가지는 시계였습니다. 고향인 아이오와 주 네올라에서 여름 성경 학교를 지도할 때 아이들과 장난하다 그만 시계를 망가뜨리고 말았기 때문입니다. 시계가 없어 모임에 늦곤 하는 일이 종종 있었습니다. 나는 이것이 주님과 모두에게 누가 된다는 것을 알고 기도했습니다.

　얼마 후 나는 도널드 반하우스 박사에 의해 시작된 토요 성경 공부 모임에 나가서 설교를 할 기회가 있었습니다. 그 다음 수요일 밤, 모임에 참석했던 사람 중 하나가 고맙다는 표시로 선물 상자를 들고 찾아왔습니다. 그 할레이 성서핸드북만한 상자를 받고 나는 굉장히 기뻤습니다. 그런데 그 상자를 열어 보니 성서핸드북이 아니라 오메가 자동 손목시계가 나오지 않겠습니까? 나는 지금도 그 시계를 차고 다닙니다. 경험도 없는 젊은 나이에, 그것도 낯선 도시에서 주님의 일을 하려고 애쓰던 나에게 하나님께서는 나의 모든 필요를 언제 어디서나 충분히, 그리고 계속해서 공급하신다는 사실을 실감 나게 깨닫게 해주셨습니다.

두 번째로 믿음은 또한 '**우리가 하고 있는 주님의 일이 형통할 것을 굳게 믿는**' 것을 의미합니다. "저는 시냇가에 심은 나무가 시절을 좇아 과실을 맺으며 그 잎사귀가 마르지 아니함 같으니 그 행사가 다 형통하리로다"(시편 1:3).

우리가 소유하고 있는 땅 한가운데로 조그마한 개울이 흐르고 그 주변에는 잡초와 나무들, 그리고 야생화들이 무성합니다. 바로 그 부근에 아내가 늘 자랑하고 즐기는 정원이 있습니다. 아내는 정성을 들여 그 정원을 가꿉니다. 화초 하나라도 시들지 않도록 물과 비료와 거름을 주곤 합니다. 그렇지만 흐르는 개울물에 들어가 그 속에서 자라는 나무나 야생 초목들을 돌보지는 않습니다. 그녀의 눈은 항상 '자신이' 정성들여 심고 가꾸는 식물들에가 있습니다.

성경은 우리를 여기저기 아무 데나 마구 떨어져 자라고 있는 야생 초목과 같다고 하지 않습니다. 우리는 포도원 농부이신 하나님 아버지께서 손수 '심으신 나무'들로서 그분의 넘치는 사랑과 은혜 안에서 끊임없는 보살핌과 보호를 받고 있는 자들입니다.

시편 기자는 이 사실을 다음과 같이 강조하고 있습니다. "여호와께서 너로 실족지 않게 하시며 너를 지키시는 자가 졸지 아니 하시리로다. 이스라엘을 지키시는 자는 졸지도 아니하고 주무시지도 아니하시리로다. 여호와는 너를 지키시는 자라. 여호와께서 네 우편에서 네 그늘이 되시나니"(시편 121:3-5).

최근 나는 어느 유명한 선장이 거대한 크기의 선박을 이끌고 항해하던 도중 벌어진 사건에 대해 읽게 되었습니다. 그가 리버풀에서 뉴욕으로 가려고 대서양을 횡단하고 있었을 때 갑자기 격렬한 폭풍이 불어 왔습니다. 집채만 한 파도가 금방이라도 집어삼킬 듯이 덮쳐 오고 폭풍이 쉴 새 없이 몰아쳐 배가 심하게 흔들리기 시작했습니다.

배에 타고 있던 승객들은 모두 구명조끼를 입고 공포에 질린 채 최악의 사태에 대비하고 있었습니다. 그때 그 배에 함께 타고 있던 선장의 여덟 살 난 딸이 소란스러운 소리에 잠이 깨었습니다. 뭔가 심상치 않은 일이 일어난 것을 알아챈 그 꼬마가 사람들에게 무슨 일이냐고 물었습니다. 그들은 폭풍우로 배가 위험에 처해 있다고 대답해 주었습니다.

이야기를 듣고 나더니 아이는 갑자기 "아빠는 갑판에 계세요?" 하고 묻는 것이었습니다. 그렇다고 대답해 주자 아이는 곧 미소를 띠고 다시 베개를 베더니 이내 잠이 들어 버렸습니다.

이것이 바로 아버지 하나님을 기쁘게 해드릴 수 있는, 어린아이와 같은 믿음입니다. 하나님께서는 졸거나 주무시지도 않으시며 항상 우리를 지켜 주시겠다고 굳게 약속하셨습니다. 주님께서는 우리가 주님을 위하여 하는 모든 일을 지켜 주셔서 형통하며 번성케 해주실 것입니다.

세 번째로 믿음은 더 나아가 '하나님은 절대적으로 신뢰할 만한 분이심을 믿는' 것을 의미합니다. 이에 대해서 나의 막내아들이 보여 준 좋은 예가 하나 있습니다. 그 아이가 자라서 더 이상 조그만 자전거를 탈 수 없게 되자 더 큰 자전거를 무척 갖고 싶어 했습니다. 그래서 우리는 함께 가게에 들러 여러 종류의 자전거를 죽 살펴보았습니다. 아내와 함께 상의하고 있는 동안 그는 전혀 조르거나 보채지 않았습니다. 얌전히 기다리고 있는 그의 태도는 마치 "아빠가 제일 좋은 것을 사주시겠지"라고 말하는 것 같았습니다.

"여호와여, 주는 의로우시고 주의 판단은 정직하시니이다. 주의 명하신 증거는 의롭고 지극히 성실하도소이다"(시편 119:137-138). 하나님께서는 단 한 가지라도 실수하시는 때가 없으십니다. 그분이 우리로 하여금 믿고 행하도록 부르신 일은 무엇이든지 절대적으로 옳습니다. 그분의 말씀은 절대적으로 신뢰할 만하며, 그분의 결정이나 인도하심은 언제나 옳습니다. 그분의 약속은 확실합니다. 그분의 뜻은 선하시고 기뻐하시고 온전하십니다(로마서 12:2).

우리는 하나님의 약속과 보호하심, 그리고 신실하심을 의뢰할 수 있을 뿐 아니라, 또한 우리의 믿음과 연관해 하나님의 속성으로부터 흘러나오는 한 줄기의 또 다른 빛을 볼 수 있습니다. 그것은 바로 하나님의 능력입니다. 지난여름 나는 마가복음 9장에 나오는 아버지와 아들에 관한 이야기를 묵상한 적이 있었습니다. 예수님께서 세 제자들과 변화산에서 내려오신 후 실망스런 장면 하나를 목격하셨습니다. 어느 아버지가 벙어리 귀신 들린 자기 아들을 제자들에게 데려와 고쳐 주기를 요청했으나, 그들은 아무런 도움을 주지 못하고 있었습니다. 그것을 보신 예수님께서 직접 나아오셔서 그 아비에게 아들이 언제부터 그렇게 되었느냐고 물으셨습니다.

그 아버지가 "어릴 때부터니이다"라고 답했습니다(21절). 그는 계속해서 말했습니다. "귀신이 저를 죽이려고 불과 물에 자주 던졌나이다. 그러나 무엇을 하실 수 있거든 우리를 불쌍히 여기사 도와주옵소서"(22절). 여기에서 '무엇을 하실 수 있거든'이라는 말을 주의하여 보십시오. 그때 상황으로 그 아버지는 어떤 종류의 도움이건 받기만 할 수 있다면 만족했을 것입니다.

그러나 예수님께서는 "할 수 있거든이 무슨 말이냐? 믿는 자에게는 능치 못할 일이 없느니라"(23절)라고 도전하셨습니다. 흠정역에는 이 구절이 "네가 믿을 수만 있다면, 믿는 사람에게는 모든 것이 가능하니라"고 되어 있습니다.

주님의 대답은 참으로 놀라운 것이었습니다. 그 아버지는 "무엇을 하실 수 있거든"이라고 말한 반면, 예수님께서는 "할 수 있거든이 무슨 말이냐? 믿는 자에게는 능치 못할 일이 없느니라"고 말씀하셨습니다. 그는 "선생님, 선생님께서 만일 뭐라도 하실 수 있는 게 있으면 좀 해주십시오"라고 말한 것입니다. 그런 그에게 예수님께서는 "네가 믿을 수만 있다면, 믿는 사람에게는 모든 것이 가능하니라"고 말씀하셨습니다. 그 아비의 초점은 예수님이 하실 수 있는가에 있는 반면, 예수님의 초점은 그가 믿을 수 있는가에 있었습니다. 그는 예수님의 능력에 관심이 있었고, 예수님은 그의 믿음에 관심이 있으셨습니다. 하지만 예수님께는 능치 못하신 일이 없습니다. 예수님은 모든 것을 하실 수 있는 분이십니다. 그러므로 문제는 예수님이 무엇을 얼마나 하실 수 있느냐에 있지 않고, 예수님이 능히 그 일을 하실 줄을 우리가 믿느냐에 있습니다. 관건은 예수님이 아니라 우리인 것입니다.

예수님께서는 마태복음 9:27-29에서도 동일한 교훈을 가르쳐 주십니다. 소경 둘이 예수님을 따라오면서 눈을 뜨게 해달라고 소리 질러 구했습니다. 예수님은 그들에게 "내가 능히 이 일 할 줄을 믿느냐?"고 물으셨습니다. 그들이 그렇다고 대답하자, 예수님은 그들의 눈을 만지시며 "너희 믿음대로 되라" 하셨고, 그들의 눈이 밝아졌습니다.

예수님께는 능치 못한 일이 없으십니다. 예수님께서는 모든 일을 하실 수 있으십니다. 지도자로서 주님의 일을 하면서 당신은 진정으로 이 사실을 믿고 있습니까? 당신의 믿음대로 될 것입니다.

지도자로서 당신의 내적 자질에 따라 지도자로서 성공하느냐 실패하느냐가 좌우됩니다. 순결, 겸손, 믿음을 키워 나가는 일에 조금이라도 소홀히 하게 되면 지도자로서 더 이상 쓰임을 받지 못하게 됩니다. 그러나 누구든지 하나님의 사람으로 부단히 자신을 계발해 나가면, 역대하 16:9의 말씀처럼 하나님의 능력을 경험하게 될 것입니다. "여호와의 눈은 온 땅을 두루 감찰하사 전심으로 자기에게 향하는 자를 위하여 능력을 베푸시나니." 하나님의 은혜로 말미암아 바로 당신은 그러한 지도자가 될 수 있습니다.

4

다른 사람에 대한 지도자의 태도

앞서 설명한 대로 지도자의 외적인 성취와 성공 여부는 대부분 그의 내적인 삶에 달려 있습니다. 이기적이고, 교만하며, 게으르고, 위선적인 지도자를 따를 사람은 없습니다. 그러면 이제 지도자의 내적인 삶에 속하는 또 다른 영역, 즉 다른 사람에 대한 지도자의 기본적인 태도에 대하여 살펴보기로 합시다.

사도 바울은, "경계의 목적은 청결한 마음과 선한 양심과 거짓이 없는 믿음으로 나는 사랑이거늘"(디모데전서 1:5)이라고 말했습니다. 그가 각 사람에게 궁극적으로 가르치고자 했던 것은 선한 양심과 다른 사람에 대한 사랑과 하나님을 향한 진실한 믿음이었습니다. 이것이 기쁨을 누리는 삶의 기초입니다. 삶 가운데 첫자리에는 예수님(Jesus), 그 다음 자리에는 다른 사람들

(Others), 그리고 당신 자신(Yourself)은 마지막 자리에 둘 때, 비로소 기쁨(JOY)은 당신의 것이 될 수 있습니다.

그러면 다른 사람들과의 원만한 관계를 발전시키기 위해 필요한 지도자의 내적 자질에 대해 살펴보도록 하겠습니다.

종의 태도

예수님께서는 자신의 삶을 단적으로 다음과 같이 요약하고 있습니다. "인자의 온 것은 섬김을 받으려 함이 아니라 도리어 섬기려 하고, 자기 목숨을 많은 사람의 대속물로 주려 함이니라"(마가복음 10:45). 그는 온전히 섬기는 자로서 우리들 가운데 거하셨습니다(누가복음 22:27 참조).

오늘날 우리는 산에 올라가 짐승을 잡아 희생 제물을 드리는 식으로 하나님을 섬길 수는 없습니다. 하나님을 섬기기 위해서는 예수님처럼 다른 사람들을 섬겨야 합니다. 지도자는 다른 사람들을 섬기기 위해 하나님의 사랑의 불꽃으로 자신을 태워서 희생 제물로 드리는 사람입니다. "그가 우리를 위하여 목숨을 버리셨으니 우리가 이로써 사랑을 알고 우리도 형제들을 위하여 목숨을 버리는 것이 마땅하니라"(요한일서 3:16).

이것은 물론 대부분의 세상 지도자들과는 거리가 먼 이야기입니다. 어느 회사를 가든지 조직표가 걸려 있는데 거기엔 반드시 지도자의 이름이 맨 위에 적혀 있고 아래로 내려가면서 직위를 따라서 사원들의 이름이 차례대로 적혀 있습니다. 그리고 대부분의 경우 지위가 높은 사람이 낮은 사람의 섬김을 받게 되어 있습니다.

그러나 예수님께서는 이 땅에 지도자로 오셨지만 섬김을 받기보다는 섬기는 삶을 사셨습니다. 섬김에 대한 세상의 개념을 바꾸어 놓으셨습니다. 그분은 제자들에게 다음과 같이 말씀하셨습니다. "이방인의 집권자들이 저희를 임의로 주관하고 그 대인들이 저희에게 권세를 부리는 줄을 너희가 알거니와, 너희 중에는 그렇지 아니하니, 너희 중에 누구든지 크고자 하는 자는 너희를 섬기는 자가 되고, 너희 중에 누구든지 으뜸이 되고자 하는 자는 너희 종이 되어야 하리라. 인자가 온 것은 섬김을 받으려 함이 아니라 도리어 섬기려 하고, 자기 목숨을 많은 사람의 대속물로 주려 함이니라"(마태복음 20:25-28).

그리스도의 가르침은 그 당시 듣는 자들에게 혁신적이고 이색적인 것들이 많았습니다. 지도자에 대한 주님의 가르침은, 모든 수단과 방법을 동원하여 으뜸이 되며 정상에 오르라고 자꾸만 우리를 부추기는 지금 세대에 있어서는 더욱 낯선 경종이 될 것입니다. 성경에서는 지도자를 섬기는 자로 가르치고 있습니다. 영적으로 성숙해 감에 따라서 우리는 이 말씀이 참진리임을 깨닫고 더욱 적극적인 태도로 이 진리를 따라 순종해야 할 것입니다. 그러나 문제는 매일 그것을 어떻게 실천하는 삶을 사느냐 하는 것입니다. 후덥지근하고 푹푹 찌는 여름날이면 누군가 시원한 보리차를 좀 가져다줬으면 하고 바라는 것이 인지상정입니다. 다른 사람을 섬기기보다는 섬김을 받는 것이 훨씬 쉽습니다. 발을 씻겨 주는 것은 고사하고 다른 사람의 구두를 닦아 준 일이 몇 번이나 있습니까?

어느 날 저녁 아내와 나는 약 20명쯤 되는 형제들에게 생선 요리를 대접한 일이 있습니다. 생선은 형제들 몇 사람이 직접 호수에서 낚아 올린 싱싱한 무지개 송어 40마리였습니다. 우리는 그것을 모두 깨끗이 먹어 치운 뒤 디저트로 집에서 만든 아이스크림을 먹었습니다. 모두 기분 좋게 먹고 나서 한 친구가 청소를 돕겠다고 나섰습니다. 참으로 고마운 일이었습니다!

그래서 우리는 가구 정리하는 일, 마룻바닥 닦는 일, 쓰레기 버리는 일, 설거지 등의 일을 서로 나누어 분담했습니다. 그런데 내 눈을 의심할 만한 광경이 우연히 목격되었습니다. 먹을 때는 가장 열심히 먹고 즐기던 한 친구가 자리에서 일어나더니 슬그머니 창가 커튼 뒤로 사라지는 것이었습니다. 믿지 않을지 모르겠지만, 커튼 뒤에 몸을 숨겨 버린 것입니다!

일이 척척 진행되어 다 끝나 가자 이번에는 슬그머니 커튼 뒤에서 나오더니 다시 의자에 가 앉아 태연하게 잡지를 보는 것이었습니다. 주님께서 하신 말씀을 생각해 보십시오. "그러나 나는 섬기는 자로 너희 중에 있노라"(누가복음 22:27). 이 친구의 이러한 행동은 주님의 말씀을 완전히 무시한 것이었습니다.

섬기고자 하는 사람에게는 언제든지 섬길 수 있는 기회가 주어집니다. 각광을 받는 자리는 늘 많은 사람들로 북적거리지만, 빛이 없는 그늘은 언제나 섬기려는 열망을 가진 사람들의 차지입니다.

스데반은 믿음과 성령이 충만한 사람이었습니다. 그리스도를 대적하던 무리까지도 그가 가진 지혜나 성령의 능력을 당할 도리가 없었습니다. 그는 하나님의 말씀에 온전히 사로잡혀 능히 확신 있게 말씀을 증거할 수 있는 사람이었습니다. 하루는 사도들이 그에게 찾아와, 헬라파 유대인 과부들이 번번이 구제 대상에서 제외돼 문제가 되고 있으니, 이 구제하는 일을 맡아 잘 처리해 달라고 요청했습니다.

스데반은 물론 다음과 같이 말할 수도 있었습니다. "내가요? 구제하는 일을 맡으라고요? 당신들은 나의 지혜, 능력, 믿음 그리고 설교 실력을 아직 모르시는 것 같군요. 무대에 서서 많은 사람들을 상대로 주님을 섬기는 일이 내가 해야 할 일이라고 믿습니다. 뒤에서 섬기는 일은 내가 아닌 다른 사람을 찾아보는 게 낫지 않을까요?"

그러나 감사하게도 그는 사도들의 제의를 거절하지 않았습니다. 그는 다른 여섯 명과 함께 집사로서의 위치를 기꺼이 받아들였습니다. 하나님의 위대한 인물로 그가 지금껏 각광을 받아 온 이유가 바로 여기에 있다고 확신합니다. 그리스도를 위해서 첫 번째로 순교할 수 있었던 사람은 오직 하나, 바로 그가 스데반이었습니다. 아무도 그의 위치를 대신할 수 없습니다.

성경은 분명히 자기를 높이는 자는 낮아질 것이라고 가르쳐 줍니다. "너희 중에 큰 자는 너희를 섬기는 자가 되어야 하리라. 누구든지 자기를 높이는 자는 낮아지고 누구든지 자기를 낮추는 자는 높아지리라"(마태복음 23:11-12).

민감한 마음

두 번째로 지도자가 다른 사람에 대하여 가져야 할 것은 민감한 마음입니다. 예수님께서는 이 면에서도 역시 우리에게 최고의 본을 보여 주셨습니다. 무리들의 필요에 대한 그분의 태도를 주의 깊게 살펴보십시오. "그 즈음에 또 큰 무리가 있어 먹을 것이 없는지라. 예수께서 제자들을 불러 이르시되, '내가 무리를 불쌍히 여기노라. 저희가 나와 함께 있은 지 이미 사흘이매 먹을 것이 없도다. 만일 내가 저희를 굶겨 집으로 보내면 길에서 기진하리라. 그중에는 멀리서 온 사람도 있느니라'"(마가복음 8:1-3).

예수님께서는 사람이 먹지 않고 얼마나 견딜 수 있는지를 잘 아셨습니다. 주님은 광야에서 40주야를 금식하신 적이 있습니다. 그러나 주님은 무리의 배고픔을 아시고도, 제자들에게 설교를 강행하겠다고 하시지 않았습니다. 물론 주님은 제자들에게 다음과 같이 말씀하실 수도 있었을 것입니다. "내 앞에서 굶주림에 관해서는 언급하지 말라. 굶주림에 대해서는 누구보다 더 잘 알고 있다. 나는 먹지 않고 40일도 견뎠다. 이 무리가 굶은 것은 이제 겨우 사흘이다. 그러니 그들에게 불평하지 말라고 이르라. 우리의 모임은 이제 시작한 것에 불과하다."

이것이 지도자의 위치에 있는 사람들이 흔히 저지르는 실수입니다. 누구나 다 자기와 같은 역량을 가진 줄 알고 다른 사람에게도 자기와 같은 수준을 요구합니다. 그러나 그래서는 안 됩니다. 주님을 향해 열린 마음을 가진 성실한 그리스도인이라 할지라도 역량이 미치지 못하는 사람이 많습니다. 이들을 위해서는 보조를 늦추고 행군 거리를 줄여야 할 필요가 있습니다. 지도자는 열심히 지속적으로 일하며 기도도 많이 하고 말씀도 더 많이 섭취함으로써 다른 사람보다 더 앞서 나갈 수 있습니다. 그것이 바로 그로 하여금 지도자가 되게 한 이유이기도 합니다.

그러므로 지도자는 다른 사람들의 필요에 민감할 뿐만 아니라 그들과 함께하며 사랑으로 대해 주는 것이 필요합니다. 무엇보다도 중요한 것은 그들을 개인적으로 아는 것입니다.

어느 날 나는 학교에서 공부를 마치고 돌아온 아들을 붙잡고 그날 하루 내게 무슨 일이 있었으며 또 어떻게 지냈는지 이야기했습니다. 그랬더니 아들도 질세라 자기 이야기를 하는데, 자기는 특별히 어느 선생님을 좋아하고 있다고 고백했습니다. 이유를 물었더니 그의 대답은 너무나 간단했습니다. "아빠, 그 선생님이 제 이름을 알고 계시거든요." 신기하게도 그는 그 교사의 능력이나 배경에 대해서는 아무런 말도 하지 않았습니다. 성격에 대해서도 말하지 않았습니다. 단지 그 교사가 '랜디'라는 자기의 이름을 안다는 것, 그것이 전부였습니다.

나는 이 하찮은 일을 통해서 주님의 음성을 들을 수 있었습니다. 사람들은 누구나 자신을 알아주기를 몹시 원한다는 것입니다. 꼭 그 이유 때문만은 아니지만 참다운 지도자가 되려면 각 사람을 개인적으로 잘 알아야 합니다. 그렇지 않고는 그들을 효과적으로 돕거나 이끌 수 없습니다.

성경은 거듭해서 각 사람을 반드시 각자의 특성에 따라 개인적으로 권면하고 가르쳐야 할 것을 강조합니다. "또 형제들아, 너희를 권면하노니, 규모 없는 자들을 권계하며, 마음이 약한 자들을 안위하고, 힘이 없는 자들을 붙들어 주며, 모든 사람을 대하여 오래 참으라"(데살로니가전서 5:14).

이 말씀에는 세 종류의 사람이 언급되어 있습니다. 첫 번째 종류는 '규모 없는 자들'입니다.

어수룩한 양들을 다치지 않도록 보호하고 길을 잃지 않도록 인도하는 목자라면 지도자로서의 이러한 면을 충분히 이해할 것입니다. "또 그 종 다윗을 택하시되 양의 우리에서 취하시며, 젖양을 지키는 중에서 저희를 이끄사, 그 백성인 야곱, 그 기업인 이스라엘을 기르게 하셨더니, 이에 저가 그 마음의 성실함으로 기르고 그 손의 공교함으로 지도하였도다"(시편 78:70-72). '규모가 없이 행하는' 사람은 어떤 난관에 부딪치면 쉽게 포기하려 듭니다. 참고 견디기보다는 어려움은 무조건 피하고 싶어 합니다. 또한 규모 없는 자는 마음 상하는 일이 있을 때면 즉시 보따리를 싸 집에 돌아가 버릴 수도 있습니다. 요는 성숙하지 못한 탓입니다. 그러므로 이러한 사람은 어린아이를 대하듯 해야 합니다. 영적으로 아직 어린아이이기 때문입니다. 따라서 그는 계속적으로 도움을 받을 필요가 있고, 지도자는 그를 끝까지 도와줄 책임이 있습니다. 많은 기도와 인내의 수고가 없이는 불가능한 일입니다.

두 번째 부류의 사람들은 '마음이 약한 자들'로서 소심한 자들이라는 표현이 더욱 적합할 것입니다. 이들은 제 그림자에도 놀랄 정도로 극히 겁이 많은 사람들입니다. 그러한 자들에게는 담대한 믿음이 필요합니다. 지도자는 그러한 자들로 하여금 믿음의 삶을 통해 하나님의 신실하심을 맛볼 수 있도록 도와줄 필요가 있습니다.

이러한 자들을 도울 수 있는 최선의 방법은 과거에 믿음으로 살았던 사람들의 간증을 들려주는 것입니다. 믿음의 사람들을 통해 하나님께서 역사하신 이야기는 마음이 약한 자들의 삶에 커다란 용기를 불어넣어 줄 것입니다.

모리나 다우닝 여사는 부인들을 대상으로 매주 성경공부를 해 오고 있습니다. 모리나는 오랜 세월 동안 주님과 동행해 온 사람으로서 그녀의 아름다운 간증과 하나님께 대한 깊은 믿음은 나를 비롯한 수많은 사람들에게 커다란 감명을 주어 왔습니다. 이제는 그 성경공부 모임이 상당히 커져서 수십 명에 이르고 있는데, 그들은 모두 이구동성으로 모리나의 도움으로 '옛사람을 벗어 버리게' 되었다고 간증합니다.

이제는 그들 중 많은 사람들이 확신 있게 전도를 하게 되었다고 합니다. 이들은 사람들의 반응에 얽매이지 않고 진리와 정의 편에 담대히 설 수 있게 되었다고 말합니다. 결과적으로 이들을 통해 수많은 영혼들이 주님께로 돌아오는 역사가 일어났습니다. 모리나는 진정 '마음이 약한 자들'에게 용기를 불어넣어 준 지도자였습니다.

하비 오슬런드는 워싱턴에서 주님의 일을 하고 있으며 하나님께 큰 축복을 받고 있는 사람입니다. 바로 이 한 사람의 삶을 통하여 오늘날 수많은 사람들이 주님께로 돌아옴은 물론 훈련을 받고 선교사로 파송되어 세계 도처에서 주님의 사역을 감당하고 있습니다. 그가 지닌 장점 중의 하나는 사람들을 격려하여 그들로 하여금 자원하는 심령으로 하나님께 산제사로 자신을 드릴 수 있도록 동기력을 불러일으켜 주는 것입니다.

하지만 그 위력은 하비가 하는 말에 있는 것이 아니라 그의 인격에 있습니다. 그는 자신의 삶, 재물, 즉 그가 가진 모든 것을 하나님께 드린 사람입니다. 그는 내가 지금까지 만나 본 사람들 가운데 가장 후히 드리는 사람 중의 하나입니다. 헌신적으로 드리는 그의 삶의 본을 통하여 비로소 드리는 기쁨을 맛보게 되었다고 간증하는 사람들을 나는 많이 만나 보았습니다. 하비를 만나기 전에는 드리는 삶에 대한 확신이 없어서 그들은 많은 돈을 가지고 있으면서도 동전 한 닢 헌금하는 것조차 대단히 망설일 정도였습니다. 그러나 하비의 삶에 크게 감명을 받아 그들의 삶에는 변화가 일어났습니다. 요즈음에는 그들 역시 희생과 후히 드림으로 충만한 삶을 살게 되었습니다. 이제 그들은 어떤 특별한 필요가 있으면 믿음 가운데서 희생적으로 드리는 삶을 살게 되었으며, 이를 통해 드리는 삶의 축복을 누리고 있습니다.

"주는 것이 받는 것보다 복이 있다"(사도행전 20:35)라고 하신 주님의 말씀을 기억하십시오. 전에는 드리는 일이라면 겁부터 내고 주저하며 인색했던 사람들이 이제는 담대하게 기쁜 마음으로 드리는 자들이 되었습니다. 어떻게 그럴 수 있습니까? 전에는 비록 '마음이 약한 자들'이었지만 본을 보여 준 한 사람의 생애로 말미암아 큰 감명과 변화를 받게 된 것입니다. 한 사람의 삶의 간증은 그들에게 자극을 주었고 용기를 북돋아 주었으며 그들의 삶에 놀라운 변화를 가져다주었습니다.

성경에 언급된 마지막 부류의 사람들은 '힘이 없는 자들'입니다. 이들은 늘 고질적인 죄로 말미암아 괴로워하는 자들입니다. "힘이 없는 자를 도우라"는 것은 주님의 명령입니다. 이들에게는 특별한 관심을 기울여 줄 뿐 아니라 실제적이고 개인적인 도움을 주는 것이 필요합니다. 자신이 신뢰할 만한 사람이나 비밀을 보장해 줄 수 있는 사람을 만나게 되면 대개 그들은 마음을 열고 솔직하게 자신의 허물과 약점을 나눔으로써 문제가 해결되기도 합니다. 만약 지도자가 당신이 그에게 나눈 개인적인 이야기를 많은 사람들 앞에 공개하면, 비록 비밀을 존중해 당신의 이름을 밝히지는 않는다고 해도, 당신은 상당히 곤혹스러울 것입니다.

물론 어떤 사람이 그를 괴롭히는 죄로 오랫동안 갈등하고 있다고 해서 주님께 효과적으로 쓰임받을 가능성이 없다는 것은 아닙니다. 네비게이토 선교회의 창시자인 도슨 트로트맨은 영적으로 어렸을 때 툭하면 욕설을 퍼붓고 남을 저주하곤 했는데, 이로 인해 겪은 갈등과 어려움을 이따금 우리에게 들려주었습니다. 그는 몇 번이나 이 죄를 벗어 보려고 노력했으나 번번이 실패하고 말았습니다. 그러나 결국 경건한 주일학교 교사의 끈질긴 기도와 변함없는 사랑에 힘입어 그는 주님의 도우심으로 그 지긋지긋한 죄에서 승리할 수 있었습니다.

로드 싸전트는 오늘날 전 세계적으로 하나님께 크게 쓰임을 받고 있는 사람입니다. 그러나 그도 갓 구원받았을 때 알코올 중독으로 인해 많은 어려움이 있었습니다. 주님을 믿기 전에는 로스앤젤레스의 술집에서 밤을 새워 술을 마시고 다음날 아침에는 심한 두통에 시달리며 의식까지 잃었던 적이 한두 번이 아니었습니다. 그러던 중 패서디나에서 어떤 그리스도인을 만나 그리스도를 영접하고 다른 사람들과 함께 성경공부와 기도를 계속해 나가게 되었습니다. 그러나 때때로 술 생각이 고개를 쳐들고 유혹을 해 올 때면 그는 다시금 술집으로 달려가 술을 들이키곤 했습니다.

이러한 이중적인 삶 속에서 그는 함께 성경공부를 하고 있는 사람들이 이것을 알아차리고 자기를 따돌리면 어쩌나 하는 생각에 항상 불안해했습니다. 그러나 그를 도와주는 리더는 이 사실을 알고도 계속 그를 만나 함께 성경공부와 기도를 했습니다. 그 리더는 성경의 "힘없는 자를 도우라"는 말씀을 실천한 자였습니다. 그 결과, 로드는 오늘날 존경받는 영적 지도자가 되었습니다. 로드를 도왔던 그 리더는 민감하게 로드의 필요를 알아차리고 지혜롭게 채워 주었던 것입니다.

당신이 이끄는 사람들을 개인적으로 깊이 알아 가십시오. 용기를 북돋아 줌으로 잠재적인 역량을 발휘할 수 있도록 도와야 할 사람이 있는가 하면, 어떤 경우엔 제재를 가해야 할 필요가 있는 사람도 있습니다. 다시 말하면, 훌륭한 재능을 묵히고만 있는 사람은 그것을 발휘할 수 있도록 격려해 줄 필요가 있고, 자기의 능력이나 분수를 넘어서 행하려 하는 사람은 적절한 제지가 필요합니다. 그냥 내버려두게 되면 이런 사람은 자신의 힘에 부치는 책임과 기대로 말미암아 넘어질 가능성이 많습니다.

지금까지 살펴본 두 가지, 즉 종의 태도와 민감한 마음은 훌륭한 지도자가 되는 데 있어서 극히 중요한 것들입니다. 따라서 다른 사람을 이끄는 지도자가 되고자 한다면 이 두 가지의 성품이 당신의 삶에 전반적으로 자연스럽게 인격화되어야 합니다. "'누가 주의 이 많은 백성을 재판할 수 있사오리까? 지혜로운 마음을 종에게 주사 주의 백성을 재판하여 선악을 분별하게 하옵소서.' 솔로몬이 이것을 구하매 그 말씀이 주의 마음에 맞은지라"(열왕기상 3:9-10).

5

탁월한 수준의 지도자

차선은 최선의 적입니다. 사람들은 어떤 성경공부나 일련의 모임 혹은 프로그램이 끝난 후 어떠했느냐는 질문에 흔히 "예, 좋았어요"라고 대답합니다. 간혹 "아주 형편없었어요"라는 반응을 보이는 사람들도 있습니다. 하지만 좋았다는 대답은 거의 격려의 말이나 다름없습니다. 왜냐하면 사람들은 그저 적당히 감싸 주고 넘어가 버리려는 경향이 다분하기 때문입니다. 우리가 알아야 할 것은 현재의 수준에 그저 적당히 만족하려는 태도는 뭔가 문제점이 있다는 사실입니다. 더군다나 지도자가 사람들의 미지근한 반응을 알고도 그저 그 정도로 만족하려 들 때는 더욱 문제가 심각해집니다.

한편, 어떤 프로그램들은 눈에 띄게 돋보입니다. 그러한 모임들을 살펴보면 생기와 활력이 넘치고 참석자 모두가 열심 있고 의욕적이며 생산적입니다. 그 배후를 살펴보면 우리는 분명, 보통 사람들에게서는 찾아볼 수 없는 자질을 가지고 있는 유능한 지도자가 있음을 발견하게 됩니다. 그러한 사람이 바로 탁월한 지도자입니다.

탁월성

뛰어난 지도자가 되기 위해 필요한 자질 중 으뜸가는 것은 바로 '탁월성'입니다. 아무나 탁월한 수준에 이르려고 모든 노력을 경주하지는 않는 것이 현실입니다. 그러면 이러한 탁월성을 계발하려는 노력은 어디서부터 시작되어야 합니까? 그저 웬만하면 눈감고 넘어가는 세태에서 어떻게 하면 지도자로서의 탁월성을 계발할 수 있겠습니까? 하나님으로부터 출발해야 한다는 것이 그 해답입니다. 지도자는 하나님과 하나님의 속성들에 대하여 먼저 깊이 생각해야 합니다.

※ 하나님의 성호가 탁월합니다.
"여호와 우리 주여, 주의 이름이 온 땅에 어찌 그리 아름다운지요. 주의 영광을 하늘 위에 두셨나이다"(시편 8:1).
"다 여호와의 이름을 찬양할지어다. 그 이름이 홀로 높으시며 그 영광이 천지에 뛰어나심이로다"(시편 148:13).

※ 하나님의 인자하심이 탁월합니다.
"하나님이여, 주의 인자하심이 어찌 그리 보배로우신지요. 인생이 주의 날개 그늘 아래 피하나이다"(시편 36:7).

※ 하나님의 광대하심이 탁월합니다.
"그의 능하신 행동을 인하여 찬양하며 그의 지극히 광대하심을 좇아 찬양할지어다"(시편 150:2).
"여호와는 광대하시니 크게 찬양할 것이라. 그의 광대하심을 측량치 못하리로다"(시편 145:3).

※ 하나님의 구원하심이 탁월합니다.
"보라. 하나님은 나의 구원이시라. 내가 의뢰하고 두려움이 없으리니, 주 여호와는 나의 힘이시며 나의 노래시며 나의 구원이심이라. 그러므로 너희가 기쁨으로 구원의 우물들에서 물을 길으리로다. 그날에 너희가 또 말하기를, '여호와께 감사하라. 그 이름을 부르며 그 행하심을 만국 중에 선포하며 그 이름이 높다' 하라. 여호와를 찬송할 것은 극히 아름다운 일을 하셨음이니 온 세계에 알게 할지어다"(이사야 12:2-5).

※ 하나님의 행사가 탁월합니다.
"하늘이여, 귀를 기울이라. 내가 말하리라. 땅은 내 입의 말을 들을지어다. 나의 교훈은 내리는 비요, 나의 말은 맺히는 이슬이요, 연한 풀 위에 가는 비요, 채소 위에 단비로다. 내가 여호와의 이름을 전파하리니 너희는 위엄을 우리 하나님께 돌릴지어다. 그는 반석이시니 그 공덕이 완전하고 그 모든 길이 공평하며 진실무망하신 하나님이시니 공의로우시고 정직하시도다"(신명기 32:1-4).

※ 하나님의 도가 탁월합니다.
"하나님의 도는 완전하고 여호와의 말씀은 정미하니 저는 자기에게 피하는 모든 자에게 방패시로다"(사무엘하 22:31).

※ 하나님의 뜻이 탁월합니다.
"그러므로 형제들아, 내가 하나님의 모든 자비하심으로 너희를 권하노니 너희 몸을 하나님이 기뻐하시는 거룩한 산제사로 드리라. 이는 너희의 드릴 영적 예배니라. 너희는 이 세대를 본받지 말고 오직 마음을 새롭게 함으로 변화를 받아 하나님의 선하시고 기뻐하시고 온전하신 뜻이 무엇인지 분별하도록 하라"(로마서 12:1-2).

다른 여러 곳에서도 이 같은 내용의 말씀들을 찾아볼 수 있습니다. 주의 깊게 살펴보면 한 영적 지도자의 탁월성은 다름 아닌 하나님의 탁월성을 반영하는 것이라는 것을 알 수 있습니다. 그러나 흔히 우리는 이 하나님의 탁월성을 강조하면서 육신적인 노력이나 세상적인 야망과 혼동하곤 합니다. 그래서는 안 됩니다. 성경 전체를 통해 강조되고 있는 바는 단지 하나님이 탁월하신 분이기 때문에 우리도 하나님을 본받아 탁월하기를 힘써야 한다는 것입니다.

다윗이 그의 생애 말기에 성전 건축과 관련하여 한 말이 우리의 관심을 끕니다. "다윗이 가로되, '내 아들 솔로몬이 어리고 연약하고 여호와를 위하여 건축할 전은 극히 장려하여 만국에 명성과 영광이 있게 하여야 할지라. 그러므로 내가 이제 위하여 준비하리라' 하고 죽기 전에 많이 준비하였더라"(역대상 22:5). 다윗이 무엇 때문에 성전 건축에 대하여 그토록 강한 열망을 다지고 있었으며, 왜 하나님의 전이 '극히 장려(壯麗)'해야 한다고 주장했습니까? 그 이유는 성전이 온 우주 만물 위에 홀로 뛰어나신 하나님의 성호를 그대로 반영하기 때문이었습니다. 이 성경 말씀은 지도자들에게 큰 도전이 됩니다. 만일 지도자가 주님의 이름으로 어떤 일을 하고 있다면, 그는 극히 장려하신 주님의 이름을 잘 반영할 수 있도록 탁월하게 해야 마땅할 것입니다.

그리스도께서도 매사에 탁월한 수준으로 행하신 것을 볼 수 있습니다. "그가 다 잘하였도다. 귀머거리도 듣게 하고 벙어리도 말하게 한다"(마가복음 7:37). 많은 지도자들이 그리스도의 긍휼과 사랑은 본받으려고 그렇게 애쓰면서도 주님의 이 탁월성에 대해서는 너무도 무관심한 것을 볼 때 안타까움을 금할 길이 없습니다. 나는 일전에 어느 교회 게시판에 '주님을 더욱더 닮아 가자'라는 설교 제목이 붙어 있는 것을 보았습니다. 그런데 어찌나 지저분하게 붙어 있던지 수치스럽다 못해 불쾌한 생각까지 들었습니다. 이 얼마나 모순된 일입니까?

뉴질랜드 네비게이토 선교회 대표로 수고했던 존 크로포드로부터 들었던 이야기가 있습니다. 한번은 그가 로스앤젤레스에서 네비게이토 선교회에서 사용할 건물을 짓는 일을 책임 맡게 되었습니다. 모든 공사가 거의 다 마무리되고 마지막으로 뒷골목으로 통하는 뒷문을 만들고 있는데, 네비게이토 창시자인 도슨 트로트맨이 곧 로스앤젤레스에 도착할 것이라는 연락이 왔습니다. 그래서 그들은 그가 도착하기 전까지는 일을 마치려고 서둘렀습니다.

도슨은 대단히 철저한 사람이었기 때문에 그 사무실 건물을 짓는 일에 대해서도 늘 완벽한 수준을 강조하곤 했었습니다. 그러나 뒷문 쪽은 사람들이 별로 드나들 일이 없을 것이라는 생각과 더불어 급히 서두르는 바람에 대충 작업을 마쳐 버렸습니다.

드디어 도슨이 도착하였습니다. 그는 완성된 사무실을 보고 무척 기뻐하면서 구석구석을 살펴보기 시작했습니다. 물론 작업자들의 노고에 대해서도 칭찬을 아끼지 않았습니다. 마지막으로 뒷문 앞에 이르러 발을 멈췄습니다. 아니나 다를까, "존, 이 문은 다시 달아야겠는데요."라고 말하는 것이었습니다.

"그렇지만 도슨, 그 문은 뒷골목으로 통하는 문인데요."

"물론 나도 잘 압니다. 그러나 주님을 위해 하는 일이라면 아무리 뒷문이라도 앞문처럼 완벽하게 할 필요가 있습니다."

나는 종종 도슨의 말을 기억하면서 '무엇이 그로 하여금 그러한 생각을 하게 해주었을까?' 하고 곰곰이 자문해 봅니다. 아마도 그는 사람은 그렇지 않을지라도 하나님께서는 앞문을 보시듯 똑같이 뒷문도 보신다고 굳게 믿고 있었기 때문이라고 생각합니다.

도슨 트로트맨의 비서들은 도슨이 편지 겉봉 하나 쓰는 데도 모든 정성을 들여 완벽한 수준을 추구했다고 합니다. 전국 각지에서 많은 목사님들이 네비게이토 선교회에서 온 편지를 받을 때면 그 봉투가 눈에 확 들어올 만큼 뛰어나 큰 감명을 받았다는 내용의 회신을 보내왔다고 합니다. 몇몇 목사님들은 이제부터는 교회 게시판도 정성을 들이고 수준을 높여 준비하기로 했다는 소식을 전해 왔다고 합니다.

네비게이토 선교회의 국제 본부가 있는 콜로라도의 글렌에리에서는 매년 여름 수양회가 열립니다. 분주한 가운데 일주일을 보내고 수양회가 거의 끝날 무렵이 되면 나는 종종 참석자들에게 다음과 같이 질문하곤 합니다. "여러분들이 수양회 기간 중에 가장 인상 깊게 배운 사실은 무엇입니까?" 그때마다 흔히 다음과 같은 답을 듣게 됩니다.

"젊은 청년들이 땀을 뻘뻘 흘리며 열심히 마룻바닥을 닦는 것을 보고 참으로 놀랐습니다."/ "앞마당을 얼마나 깨끗하게 청소해 놓았는지 참 인상적이었습니다."/ "몇몇 젊은이들이 유리창을 열심히 닦는 모습을 보고 크게 도전받았습니다."

무슨 일이든 탁월한 수준으로 하라고 늘 강조하던 한 사람의 영향력이 그가 세상을 떠난 이후 지금까지도 우리들을 일깨워 주고 있습니다.

성경에 나오는 달란트의 비유에서, 충성된 종은 칭찬을 받으나, 게으른 종은 꾸중을 들은 정도가 아니라 악한 자로 취급당한 것을 볼 수 있습니다(마태복음 25:14-30 참조). 또한 로마서 12:11에서 "부지런하여 게으르지 말고 열심을 품고 주를 섬기라"고 한 바울의 권고를 기억하시기 바랍니다.

하나님께서는 적어도 아래 7가지 방법으로 우리로 하여금 탁월한 삶을 살아가게 해주십니다.

1. 우리 자신이 약한 존재임을 깨닫게 하신다.

"내게 이르시기를, '내 은혜가 네게 족하도다. 이는 내 능력이 약한 데서 온전하여짐이라' 하신지라. 이러므로 도리어 크게 기뻐함으로 나의 여러 약한 것들에 대하여 자랑하리니,

이는 그리스도의 능력으로 내게 머물게 하려 함이라"(고린도후서 12:9).

2. 다른 사람들의 기도를 힘입게 하신다.
"그리스도 예수의 종인 너희에게서 온 에바브라가 너희에게 문안하니 저가 항상 너희를 위하여 애써 기도하여 너희로 하나님의 모든 뜻 가운데서 완전하고 확신 있게 서기를 구하나니"(골로새서 4:12).

3. 다른 사람과 말씀으로 교제케 하신다.
"주야로 심히 간구함은 너희 얼굴을 보고 너희 믿음의 부족함을 온전케 하려 함이라"(데살로니가전서 3:10).

4. 우리 스스로 성경 말씀을 공부하게 하신다.
"모든 성경은 하나님의 감동으로 된 것으로 교훈과 책망과 바르게 함과 의로 교육하기에 유익하니, 이는 하나님의 사람으로 온전케 하며 모든 선한 일을 행하기에 온전케 하려 함이니라"(디모데후서 3:16-17).

5. 고난을 통해 연단받게 하신다.
"모든 은혜의 하나님 곧 그리스도 안에서 너희를 부르사 자기의 영원한 영광에 들어가게 하신 이가 잠깐 고난을 받은 너희를 친히 온전케 하시며 굳게 하시며 강하게 하시며 터를 견고케 하시리라"(베드로전서 5:10).

6. 우리에게 거룩함에 이르고자 하는 열망을 주신다.
"그런즉 사랑하는 자들아, 이 약속을 가진 우리가 하나님을 두려워하는 가운데서 거룩함을 온전히 이루어 육과 영의 온갖 더러운 것에서 자신을 깨끗케 하자"(고린도후서 7:1).

7. 삶의 온전한 열매를 맺고자 하는 열망을 주신다.
"가시떨기에 떨어졌다는 것은 말씀을 들은 자니 지내는 중 이생의 염려와 재리와 일락에 기운이 막혀 온전히 결실치 못하는 자요"(누가복음 8:14).

이제 여기서 몇 가지 경고의 말씀에 귀를 기울일 필요가 있습니다. 첫 번째로, 우리 자신의 **동기**를 살펴보아야 합니다. 우리가 탁월한 삶을 살고자 할 때 그 동기와 기준은 탁월함 그 자체를 위한 것이 되어서는 안 되며 반드시 그리스도를 위한 탁월함이어야 합니다.

내가 아내와 결혼한 지는 수십 년이 흘렀습니다. 부끄러운 일이지만 나는 종종 결혼기념일을 잊어버리곤 합니다. 그날을 잊지 않고 기억할 때는 꼭 아내에게 장미를 선물하곤 합니다. 올해도 그날을 잊지 않고 장미꽃을 한 아름 안고 와서는 아내에게 이렇게 말했다고 합시다. "여보, 여기 장미를 가져왔소. 전보다 더 많은 장미요! 오늘 같은 날이면 늘 선물해 왔듯이 올해도 어김없이 장미 꽃다발을 가져왔소. 바로 오늘이 우리의 결혼기념일이잖소. 이것이 나의 의무가 아니겠소? 자! 마음껏 즐기기 바라오."

이런 경우, 장미 꽃다발이 무슨 의미가 있겠습니까? 꽃들은 마치 물 없는 샘이나 연료 없는 자동차처럼 아무짝에도 쓸모없는 것이 될 것입니다. 결혼기념일에는 장미를 선물해야 한다는 규정을 따라 선물한 장미는 더 이상 선물로서의 의미를 잃고 맙니다.

반대로 이번에는 불행히 기념일을 잊어버리고 지나갔다고 합시다. 사흘을 넘기고 나서야 비로소 이 사실을 알았습니다. 급히 꽃가게로 달려간 나는 장미를 한 아름 사들고 등 뒤에 숨긴 채 집에 들어섭니다. 슬그머니 아내에게 다가가 "여보! 틀림없이 당신은 잊지 않고 있었을 걸 아오. 이처럼 무심한 남편을 용서해 주기 바라오. 이 꽃다발을 받아 주겠소? 정말 당신을 사랑하오"라고 말합니다.

자! 이번엔 어떻게 되겠습니까? 장미꽃 한 다발은 마치 세상을 다 받은 것과 같은 황홀한 기쁨을 선사해 줄 것입니다. 실제론 기념일이 사흘씩이나 지났는데도 말입니다. 왜 그렇습니까? 첫 번째 경우는 제때 올바른 방법을 따르긴 했지만 선물로서의 효과가 없습니다. 하지만 두 번째 경우는 실수를 했음에도 불구하고 결과적으로는 좋은 선물이 되었습니다. 그 차이가 어디에 있습니까? 그 차이는 바로 동기에 있습니다.

둘째로 명심해야 할 것은, **모든 일에서 탁월하고 흠 없이 완전한 수준을 보여 주셨던 분은 이 세상에 단 한 분밖에 없었다는 사실입니다.** 그분은 바로 예수 그리스도였습니다. 이 사실을 염두에 두고 히브리서 13:20-21 말씀을 조심스럽게 읽어 보십시오. "양의 큰 목자이신 우리 주 예수를 영원한 언약의 피로 죽은 자 가운데서 이끌어 내신 평강의 하나님이 모든 선한 일에 너희를 온전케 하사 자기 뜻을 행하게 하시고, 그 앞에 즐거운 것을 예수 그리스도로 말미암아 우리 속에 이루시기를 원하노라. 영광이 그에게 세세무궁토록 있을지어다. 아멘." 이 말씀의 저자는 참으로 높은 수준을 제시하고 있습니다. "모든 선한 일에 너희를 온전케 하사 자기 뜻을 행하게 하시고!"

누구를 막론하고, 그 같은 수준에 이르려면 어떻게 해야 합니까? 답은 딱 한 가지, "예수 그리스도로 말미암아!"입니다. 전 생애를 통하여 모든 일에서 완전하셨던 예수 그리스도 한 분만을 통해서 가능합니다. 그러므로 그리스도의 탁월한 수준에 이르기 위해서는, 먼저 우리 자신이 그리스도의 품에서 쉼을 얻고, 그분으로 하여금 우리의 삶 속에서 역사하시도록 내어 맡겨야 합니다. 많은 땀을 흘리고 수고한다고 해서 가능한 일이 아니며, 아무리 애쓰고 굳은 의지를 동원해도 불가능한 일입니다. 오직 예수 그리스도를 통해서만이 탁월한 삶의 수준에 도달할 수 있습니다.

믿음의 주요 또 온전케 하시는 이인 예수님(히브리서 12:2)께서는 우리의 좌절과 실패의 짐까지도 대신 져주시고, 결국에는 우리를 온전케 하심으로써 주님을 영화롭게 하는 삶이 되기를 간절히 바라십니다. 지금도 여전히 모든 일을 탁월하게 이루시고 계시는 주님께서는 우리 삶 가운데 히브리서 13:21 말씀의 내용이 이루어지기를 바라십니다. 곧, 주님께서는 모든 선한 일에 우리를 온전케 하사 주님의 뜻을 행하게 하시고, 주님 앞에 즐거운 것을 우리 속에 이루시기를 간절히 원하시는 것입니다.

주도권

성공적인 지도자의 두 번째 특징은 '주도권'을 갖는 것입니다.

그는 가만히 앉아서 일이 잘되기만을 바라고 있는 사람이 아니라 적극적으로 나서서 일을 성사시키는 사람입니다. 그는 언제나 즉시 행동을 개시할 수 있는 준비 태세를 갖추고 있는 사람입니다. 이것이 바로 보통 사람들이 지도자로서의 책임을 회피하고자 하는 이유 중 한 가지이기도 합니다. 사람들은 '무리를 이끄는 지도자는 주도권을 가지고 어려움을 도맡아 헤쳐 나가야 한다'는 사실을 익히 알고 있습니다. 바로 이 어려움을 기꺼이 감당하고자 하는 것이 지도자에게 꼭 필요한 특성 중의 하나입니다.

우리는 성경에서 자원하는 태도로 하나님의 뜻에 순종했던 사람들의 예를 얼마든지 찾아볼 수 있습니다. 그 한 가지 예로 다윗이 이스라엘의 군대장관으로 요압을 택했던 이유를 살펴봅시다. "다윗이 가로되, '먼저 여부스 사람을 치는 자는 두목과 장관을 삼으리라' 하였더니, 스루야의 아들 요압이 먼저 올라갔으므로 두목이 되었고"(역대상 11:6). 이사야 역시 그 당시 이스라엘 백성들 가운데서 하나님의 말씀을 외치는 자의 소리로서 자청해 나섰던 사람입니다. "내가 또 주의 목소리를 들은즉 이르시되, '내가 누구를 보내며 누가 우리를 위하여 갈꼬?' 그때에 내가 가로되, '내가 여기 있나이다. 나를 보내소서'"(이사야 6:8).

주도권을 쥐는 것이 지도자의 기본적인 자질이라는 것은 두말할 필요도 없습니다. 한 가지 예를 들어 봅시다. 기도 모임이 있는 어느 금요일 밤에 거센 눈보라가 몰아쳤습니다. 신실한 몇몇 사람들이 눈보라를 무릅쓰고 교회를 향하여 발걸음을 옮겼습니다. 어렵사리 교회에 도착해 조심스럽게 문을 열고 들어가 캄캄한 어둠 속을 더듬어 불을 켰습니다. 그리고는 조용히 앉아서 목사님이 오시기만을 기다리고 있었습니다. 한편, 목사님은 달리던 차가 갑자기 멈춰 서 심한 눈보라 속에 꼼짝달싹 못하고 갇혀 버렸습니다. 시동이 걸리지 않아 쩔쩔매며 진땀을 흘립니다. 주위에서 삽을 빌려다가 눈을 파내기도 하고 지나가는 젊은 사람에게 밀어 달라고도 해보았지만 헛일이었습니다. 차는 여전히 꼼짝도 하지 않고 시간만 초조하게 흐를 뿐이었습니다.

　이처럼 딱한 사정을 알 턱이 없는 교인들은 무슨 일일까 의아해하면서 마냥 목사님이 오시기만을 앉아 기다리고 있을 뿐입니다. 마침내 회중 가운데 한 사람이 일어서더니 기다리는 동안 찬송을 하자고 제의했습니다. 그는 회중들에게 찬송가 몇 장을 부르자며 즉시 찬송을 인도하기 시작했습니다. 이 상황에서 그는 지도자가 되었습니다. 그가 찬송을 인도한 경험이나 음악적 재질이 있고 없고는 당장 문제가 되지 않습니다. 또한 찬송을 인도하는 법을 얼마나 잘 알고 있느냐 하는 것도 그렇게 문제 될 게 없습니다. 필요한 시점에 스스로 나서서 필요한 일을 했기 때문에 그는 그 상황에서 지도자가 된 것입니다. 찬송 인도를 잘했을 수도 있고 못했을 수도 있습니다. 잘하고 못하고에 상관없이 그는 무리를 이끈 지도자였습니다. 이렇듯 주도권을 갖는 태도는 지도자에게 없어서는 안 될 중요한 자질 중의 하나입니다.

　말할 것도 없이 모든 그리스도인들은 무엇보다도 자신을 영적 산제사로 드리는 일에 주도권을 쥐어야 합니다. 성경에는, 특별히 지도자로서 알려져 있지는 않지만, 단지 자원하여 기꺼이 섬김으로써 하나님께 쓰임받고 풍성한 축복을 누렸던 예들을 많이 찾아볼 수 있습니다.

리브가가 이삭의 아내요 또한 '천만 인의 어미'(창세기 24:60)가 될 수 있었던 것은 아브라함의 종을 자원하여 적극적으로 섬겼기 때문입니다. 그녀는 자진해서 우물물을 길어 그 종에게 주었을 뿐만 아니라 그 낙타까지도 돌아보는 수고를 마다하지 않았습니다. 이러한 적극적인 섬김은 그녀가 이삭의 신부로 택함을 받게 되는 중요한 계기가 되었습니다(창세기 24:14-21 참조).

수천 명의 무리가 굶주리고 있을 때, 어느 한 소년이 자기 점심으로 가져온 보리떡 다섯 개와 물고기 두 마리를 자원해서 내어놓음으로써 그 놀라운 오병이어의 기적도 가능하게 되었습니다(요한복음 6:9-11 참조).

그러나 가장 위대한 본을 보이신 분은 다름 아닌 하나님 자신이십니다. "하나님이 처음으로 이방인 중에서 자기 이름을 위할 백성을 취하시려고 저희를 권고하신 것을 시므온이 고하였으니"(사도행전 15:14). 이방인들을 그대로 내버려 둔다면 그들 자신의 힘으로는 도저히 하나님께 나아올 수가 없으므로 하나님께서 주도권을 쥐셨습니다. "우리가 아직 죄인 되었을 때에 그리스도께서 우리를 위하여 죽으심으로 하나님께서 우리에게 대한 자기의 사랑을 확증하셨느니라"(로마서 5:8). 주도권을 쥐는 것은 하나님을 닮은 성품입니다.

지도자는 여러 가지 면에서 주도권을 행사하는 일에 민감하게 깨어 있어야 합니다. 이미 앞에서 언급했듯이 그중 한 가지가 '섬기는' 영역입니다. 사도 바울은 이 면에서 우리에게 탁월한 본을 남겨 주었습니다. 로마로 호송되어 가던 중 배가 난파당해 일행은 멜리데라는 섬에 상륙해 가까스로 목숨을 건졌습니다. 섬의 원주민들은 살아남은 자들을 극진히 대접해 주었습니다. "토인들이 우리에게 특별한 동정을 하여 비가 오고 날이 차매 불을 피워 우리를 다 영접하더라. 바울이 한 뭇 나무를 거두어 불에 넣으니 뜨거움을 인하여 독사가 나와 그 손을 물고 있는지라"(사도행전 28:2-3). 바울은 배에 탔던 사람들 중에서도 연장자에 속하였지만 다른 사람들을 위하여 나뭇가지를 열심히 모았습니다. 다른 사람들과 똑같이 그도 틀림없이 기진맥진한 가운데 있었을 것입니다. 그렇지만 그는 자신의 몸 하나 가누기 힘든 상황에서도 그리스도께서 이 땅에서 보이셨던 본을 좇아 주도권을 발휘해 섬겼던 것입니다.

우리가 사는 동네에 마크 설서라는 한 젊은이가 있었습니다. 그는 십대들을 위한 성경공부 모임을 이끌었으며 자신의 모든 것을 드려 그들을 헌신적으로 도왔습니다. 그는 여러 가지 교회 행사나 학교 행사 때마다 아이들을 자기 차에 태워다 주곤 했습니다. 그리고 언제나 성경공부가 끝난 뒤에는 그들을 보내고 나서 정리 정돈을 하였습니다. 그는 또한 그들이 자신을 필요로 할 때는 밤낮을 가리지 않고 언제나 함께해 주었습니다. 이전에는 그와 같은 지도자를 만난 적이 없던 아이들은 그를 통해 깊은 감명을 받았습니다.

크리스마스 시즌이 되어 두 아이가 서로 머리를 맞대고 있었습니다. 자기들의 선생님 마크를 깜짝 놀라게 해줄 만한 선물로 뭐가 있을까를 궁리하던 중이었습니다. 아무에게도 알리지 않고 몰래 그들은 쇼핑센터에 가서 선물을 샀습니다. 드디어 크리스마스 이브가 되어 그들은 준비한 선물을 마크 선생님께 전달했습니다.

상자 안에는 놀라운 선물이 들어 있었습니다. 멋진 은제품 트로피였는데, 거기에는 다음과 같은 짧은 글귀가 새겨져 있었습니다. "이 세상에서 두 번째로 위대한 종에게."

마크의 삶과 본은 그를 따랐던 학생들의 마음에 깊이 새겨졌습니다. 지금 그들은 섬기는 삶에서 놀랍게 발전하는 모습을 보여 주고 있습니다. 한 사람의 자발적인 섬김은 결국 다른 사람들에게도 영향을 미쳐 값진 열매를 거두게 된 것입니다.

주도권을 행사해야 할 두 번째 영역은 '화해하는' 일입니다. 이에 관한 성경 말씀 두 구절을 찾아보기로 합시다. "그러므로 예물을 제단에 드리다가 거기서 네 형제에게 원망 들을 만한 일이 있는 줄 생각나거든 예물을 제단 앞에 두고 먼저 가서 형제와 화목하고 그 후에 와서 예물을 드리라"(마태복음 5:23-24). "네 형제가 죄를 범하거든 가서 너와 그 사람과만 상대하여 권고하라. 만일 들으면 네가 네 형제를 얻은 것이요"(마태복음 18:15). 만약 주님께서 당신에게 어느 형제의 마음을 상하게 한 사실을 기억나게 해주셨다면 지체하지 말고 당신이 그에게 먼저 가서 용서를 구하십시오. 반대로, 그 형제가 당신의 마음을 상하게 한 경우라 할지라도 당신이 먼저 그를 찾아가 당신의 마음을 나누고 화해할 수 있어야 합니다. 어느 경우나 당신이 먼저 움직이기 바랍니다.

때로는 세상에서 이것처럼 어려운 일이 없는 것처럼 생각되기도 합니다. 지도자의 경우는 더욱 그렇습니다. 몇몇 선교사들로부터 그들이 일선에서 선교하며 겪었던 몇 가지 고충을 들은 적이 있습니다. 그들의 말을 빌면, 대부분 자존심이 가장 큰 장애물이라고 합니다. 그러나 그 자존심을 버리고 자원하는 마음으로 먼저 화해의 손길을 내밀 때 주님 안에서 말할 수 없는 기쁨과 자유를 누릴 수 있었다고 합니다.

사탄이 쓰는 전략 중의 하나는 지도자로 하여금, '혹시 내가 겸손히 자신을 낮추고 용기 있게 다른 사람에게 나아가 용서를 구하고 화해를 요청하면, 그 사람이 나를 업신여기고 우습게 볼 거야'라는 염려를 하게 하는 것입니다. 그러나 그런 생각만큼 사실과 거리가 먼 것도 없습니다. 그러한 염려는 잘못된 것입니다. 오히려 겸손하게 자신을 낮추어 먼저 진심으로 용서와 화해의 발걸음을 내딛는 지도자는 형통한 삶을 살게 될 뿐만 아니라, 상대방으로부터도 존경을 받습니다. 또한 그러한 지도자는 충성된 디모데를 얻을 뿐 아니라 훌륭한 친구요 신실한 동역자가 될 사람을 얻게 됩니다.

주도권을 행사해야 되는 세 번째 영역은 '지식을 구하는' 일입니다. "사람의 마음에 있는 모략은 깊은 물 같으니라. 그럴지라도 명철한 사람은 그것을 길어 내느니라"(잠언 20:5). 지도자는 많은 일을 감당해야 하기 때문에 많은 지식이 필요합니다. 그렇다고 만물박사가 되어야 하는 것은 아닙니다. 필요한 지식은 그 분야의 전문가들을 찾아 그들로부터 배우면 됩니다.

그러나 우리의 자존심은 종종 이렇게 배우는 일에도 방해가 됩니다. 전에 이런 일이 있었습니다. 일선에서 사역을 하다가 책임이 바뀌어서 본부의 행정 일을 맡게 된 나는 본부에서 일한 경험이 별로 없었기 때문에 본부 일이 어떻게 돌아가는지 잘 알 수가 없었습니다. 그래서 회의석상에 앉아 있다 보면 내가 알아들을 수 없는 말들이 자주 오갔습니다. 그렇지만 나는 묻기가 망설여졌습니다. 다른 사람들은 내가 잠자코 있으니까 다 알아듣고 있다고 생각하는 것 같았습니다. 그렇게 되자 나중에는 뒤늦게 질문을 하기가 더욱 어려워졌습니다. 새삼스레 나의 무지함을 드러내기가 싫었던 것입니다. 결국 나는 계속 알아듣지 못한 채 꽤 많은 시간을 견뎌야 했습니다.

한 예를 들어 보면, 당시 나는 재무위원회의 모임에 출석해 달라는 부탁을 종종 받았습니다. 그런데 거기서 자주 언급되는 'I.R.S.'가 도대체 무엇을 뜻하는지 알 수가 없었습니다. 몇 달이 지나서야 그것이 '국세청'의 약자라는 것을 깨닫게 되었습니다. 그러니 내가 그 모임에 과연 얼마만한 기여를 했을까는 가히 짐작할 수 있을 것입니다. 일찌감치 자존심을 버리고 물었더라면 나는 그들에게 훨씬 더 도움을 줄 수 있었을 것입니다. 지도자는 절대로 자존심을 내세워서는 안 됩니다. 일을 효과적으로 수행하기 위해서는 여러 사람들로부터 정보를 얻기도 하고 배우기도 해야 합니다. 다른 사람들로부터 배우는 것을 주저해서는 안 됩니다.

지도자는 범사에 주도권을 발휘해야 합니다. 주도권을 발휘한다는 것은 남보다 앞장서서 먼저 행동하는 것입니다. 그러면 어떻게 그러한 정신 또는 태도를 가질 수 있겠습니까? 어떻게 남보다 앞서 행하는 사람이 될 수 있습니까? 한 가지 효과적인 방법은 다른 사람보다 항상 '한발 앞서 생각하는 훈련'을 하는 것입니다. 지도자는 다른 사람보다 더 많은 것을 보며, 더 멀리 내다보고, 먼저 볼 줄 아는 사람이라고 말할 수 있습니다.

스스로 한발 앞서 생각하는 훈련을 하면 범사에 다음 두 가지 유익한 효과를 거둘 수 있게 됩니다. 첫째로, 곤경에 빠지지 않게 해줍니다. 앞에 놓여 있는 올무나 함정에 빠지지 않을 수 있게 해줍니다. 스스로 다음과 같이 질문하고 그 답을 찾게 됩니다. "이것을 하게 되면 무슨 일이 일어날까? 그 다음엔 어떻게 되지? 이런 결과를 가져오지는 않을까? 그것은 우리가 바라는 결과인가? 그렇지 않다면 처음부터 그렇게 하지 말아야지." 둘째로, 자신과 그룹의 목표를 설정할 수 있게 해줍니다. 뿐만 아니라 그 목표를 달성하기 위한 최선의 방법들을 생각해 내고 그에 따라 행동에 옮길 수 있도록 도와줍니다.

물론 이 모든 것은 지도자 자신이 말씀과 기도를 통해 매일 주님과 생명력 있는 교제를 나누고 있다는 사실을 전제로 하는 것입니다. 그렇지 않으면 자신의 지혜나 세상의 지혜를 빌어 일을 계획하고 수행해 나가는 우를 범하게 됩니다. 지도자는 반드시 모든 진리가 예수 그리스도 안에서만 발견될 수 있음을 기억해야 합니다. 항간에 잘 알려진 리더십에 관한 책들이 도움이 될 수 있을지 모르나 근본적인 자원은 하나님이 되어야 합니다. "하나님의 미련한 것이 사람보다 지혜 있고 하나님의 약한 것이 사람보다 강하니라"(고린도전서 1:25).

창의성

훌륭한 지도자들에게서 발견되는 세 번째 특징은 '창의성'입니다. 그들은 새로운 일이나 접해 본 경험이 없는 일들에 대해서도 두려워하지 않고 시도합니다. 사도들의 삶을 살펴보면 오늘날 많은 사람들과는 달리, 단조롭고 무미건조한, 다람쥐 쳇바퀴 도는 식의 삶은 찾아볼 수가 없습니다. 이러한 차이는 인간의 본성과 하나님의 속성이 서로 다르다는 데에 기인합니다.

인간은 획일성과 무질서를 향해 달려가는 반면, 하나님께서는 다양성과 질서를 추구하십니다. 인간은 남들과 똑같이 하기를 좋아합니다. 어느 도시든 가서 그곳에 있는 집들을 한번 살펴보십시오. 같은 시대에 지어진 집들은 거의 다 비슷한 모양을 하고 있습니다. 일반적으로 사람들은 말이나 옷차림, 심지어는 물건을 구입하는 일에도 유행을 따르는 경향이 있습니다. 음악도 세대별로 비슷한 유형의 곡들이 유행하는 것을 볼 수 있습니다.

이와는 대조적으로 주님께서 하시는 일들은 얼마나 새롭고 창의적인지 모릅니다. 주님은 다양한 것을 좋아하십니다. 동물원에 가서 가지각색의 동물들을 바라볼 때면 절로 경탄이 나옵니다. 악어, 기린, 코끼리… 등이 바로 하나님께서는 다양한 것을 좋아하신다는 사실을 보여 줍니다. 꽃, 새, 나무들도 역시 마찬가집니다. 과학자들의 말에 의하면 다 같아 보이는 눈송이들조차 똑같은 것이 없다고 합니다. 이 모든 것을 생각해 볼 때, 우리가 주님을 위해서 한다고 하는 일들이 주님께서 손수 하신 일과는 비교도 되지 않음을 보고 큰 자극을 받기도 합니다. 일반적으로 우리는 해마다 똑같이 되풀이되는 그저 그런 프로그램들로 바쁩니다. 애석하게도 창의성이 너무나 결핍되어 있습니다.

나는 최근에 주님의 창의력을 매우 특이하고도 재미있는 방법으로 경험할 수 있는 기회가 있었습니다. 아내와 나는 소련(지금의 러시아)을 방문해 모든 일정을 마치고 출국하는 길이었습니다. 출국 수속을 하면서 우리는 절대로 그 나라 화폐인 '루불'을 국외로 반출하지 않는다는 각서에 서명을 해야 했습니다. 공항에서 기념품을 사고 난 뒤 거슬러 받는 동전은 괜찮지만 지폐가 발각될 경우에는 중범죄로 체포되어 엄중한 처벌을 받는다는 것이었습니다. 그래서 우리는 가지고 있던 소련 지폐들을 모두 달러로 바꾸고 그 각서에 서명했습니다. 모든 수속을 마친 뒤 우리는 헬싱키로 떠나는 비행기를 기다리느라고 휴게실에서 대기하고 있었습니다.

드디어 시간이 되어 탑승객들은 모두 검사대 앞에 줄을 섰습니다. 육중한 몸에 목소리가 큰 한 미국 관광객이 맨 앞에 섰습니다. 그가 두 손에 든 짐을 모두 검사한 뒤 탐지기를 통과하는 순간 벨소리가 요란스럽게 울렸습니다. 호주머니에 든 것을 다 꺼내고 나서 다시 해도 역시 마찬가지였습니다. 혹시 혁대에 문제가 있나 해서 이번엔 혁대를 풀고 다시 해봐도, 또 '봉!' 하고 벨이 울리는 것이었습니다. 그는 이것이 재미있기라도 하다는 듯이 웃기 시작했습니다. 웃는 소리가 하도 커서 대기실 전체에 울려 퍼졌습니다. 계속 반복해 봤지만 결과는 역시 마찬가지였고 그는 더욱더 크게 웃었습니다.

40명가량의 승객들은 자기 차례를 기다리며 손에 짐을 잔뜩 든 채 줄을 서 있었고, 그 뚱뚱하고 큰 목소리를 가진 미국 관광객은 꼭 끼는 팬티와 티셔츠만 걸친 채 탐지기 주위를 계속 맴돌았고 그때마다 벨은 연거푸 울려 댔습니다. 아무리 생각해도 벨이 울릴 만한 이유가 없는데 계속 울리자 검사원은 더욱 신경이 곤두서기 시작했고, 대기하고 있던 다른 승객들 역시 재미있다는 듯이 왁자지껄 떠들어 댔습니다. 이로 인해 시간이 상당히 지연

되었습니다.

공교롭게도 그 미국인 바로 뒤에 내 아내가 서서 기다리고 있었습니다. 그때 아내의 지갑 바닥에는 소련 지폐 8루불이 들어 있었는데, 이 사실을 우리는 전혀 모르고 있었습니다. 미처 환전하지 못한 그 지폐로 말미암아 아내는 당장 체포되어 소련에서 처벌을 받아야 할 처지에 직면해 있었습니다. 그러나 그 뚱뚱한 미국인을 주연으로 벌어진 쇼가 한바탕 계속되며 시간이 마냥 지체되었습니다. 그 사람은 연방 폭소를 터뜨렸고, 사람들은 모처럼 구경거리라도 생겼다는 듯이 재미있어 했습니다. 하지만 검사원에게는 결코 즐겁지 않은 일이었습니다. 그들이 우상시하는 자기네 기술로 만들어진 탐지기에 이상이 생겨 수많은 미국 관광객들에게 조롱을 받는 꼴이 되었으니 말입니다.

결국 검사원은 하는 수 없이 화가 잔뜩 난 채 "통과!" 하고 소리를 버럭 질렀습니다. 그러면서 나머지 승객들까지 검사 없이 통과시켰습니다. 덕분에 천만다행으로 조사를 면한 아내는 폭발물과도 같은 루불을 지갑에 넣은 채 무사히 비행기를 탈 수 있었습니다. 헬싱키에 도착한 다음 우리는 아내의 지갑 속에 루불이 있음을 발견하고는 얼마나 놀랐는지 모릅니다. 그제야 우리는 그처럼 계속해서 벨이 울려 댔던 이유를 깨닫게 되었습니다. 주님께서 곤경에 처해 있던 어리석은 두 자녀를 보시고는 구출해 내시기 위함이었던 것입니다. 주님께서는 이처럼 기묘한 방법으로 자신의 창의적인 속성을 우리에게 보여 주셨습니다. 창의성은 주님께 속한 속성입니다.

한번은 어느 국제적인 선교회 대표와 함께 그의 사무실에 앉아 세계 곳곳에서 진행되고 있는 주님의 사역에 대해 토의하고 있었습니다. 그는 나에게 일선에서 활동하고 있는 어느 한 형제로부터 방금 받은 편지를 보여 주었습니다. 그 편지는 온통 하나님의 축복과 그에 대한 감사로 가득 차 있었습니다. 그 선교회 대표는 다 좋은데 한 가지 마음에 들지 않는 게 있다는 것이었습니다. "우리는 5년 전부터 계속 똑같은 프로그램을 사용하고 있는데 여전히 큰 성과를 거두고 있습니다"라는 표현이었습니다.

그는 나를 바라보더니 다음과 같이 말했습니다. "그들이 과거 5년 동안 해왔던 프로그램을 똑같이 반복하고 있다는 것은 분명 문제가 있습니다. 분명히 더 나은 방법이 있을 텐데 말입니다."

나는 그의 말을 깊이 생각해 보았으며 그 말이 옳다고 확신했습니다. 좀 더 나은 방법은 '틀림없이' 있습니다! 잃어버린 영혼을 찾는 일이나 신자들을 제자로 훈련시키는 일에 우리는 언제나 가장 좋은 길을 모색해야 합니다. 우리가 하는 일에는 언제나 개선의 여지가 있게 마련입니다. 하나님께서는 틀림없이 그분의 나라를 위해 더 많은 추수를 할 수 있는 창의적인 생각과 방법을 보여 주실 줄 믿습니다.

이름은 나와 있지 않지만 병든 친구를 주님께 메고 온 네 명의 친구들이 보여 준 창의력은 오랫동안 내게 감명을 주어 왔습니다. "많은 사람이 모여서 문 앞에라도 용신할 수 없게 되었는데 예수께서 저희에게 도를 말씀하시더니, 사람들이 한 중풍병자를 네 사람에게 메워 가지고 예수께로 올새, 무리를 인하여 예수께 데려갈 수 없으므로 그 계신 곳의 지붕을 뜯어 구멍을 내고 중풍병자의 누운 상을 달아 내리니, 예수께서 저희의 믿음을 보

시고 중풍병자에게 이르시되, '소자야, 네 죄 사함을 받았느니라'
하시니"(마가복음 2:2-5).

　네 사람에게는 주님께 데려가 치료받게 하고 싶은 딱한 친구가 하나 있었습니다. 친구를 메고 오긴 했으나 주님께 데려가기는 도저히 불가능해 보였습니다. 성경은 "무리를 인하여 예수께 데려갈 수 없으므로"라고 말합니다. 어떻게 할 도리가 없는 상황이었습니다. 그때 그들은 "친구여, 미안하게 됐네. 여기까지 오긴 했지만 이젠 별 도리가 없는 것 같네" 하고 말할 수도 있었습니다. 그러나 그들은 포기하지 않았습니다. 친구를 향한 사랑과 어떻게 해서든지 주님께로 데려가야겠다는 열정은 대담하고도 창의적인 발상을 낳게 했습니다. 친구를 상에 뉘고, 지붕 위에 구멍을 뚫어 천장으로부터 친구를 달아 내린 것입니다. 당시 그 친구가 보였을 반응을 상상해 봅니다. "너희들의 마음은 고맙지만 그렇게 할 수는 없어. 이런 건 전례가 없는 일이야. 나 때문에 그 모임을 엉망으로 만들고 싶지는 않아. 또 기와 조각 때문에 누가 상처를 입으면 어떡하려고?" 그럼에도 불구하고 네 친구는 그 계획을 단행했으며, 성령께서는 신실하게 그것을 기록으로 남겨 우리에게 교훈을 주고 있습니다.

　어떻게 하면 창의적인 태도를 가질 수 있습니까? 한 가지 방법은 범사에 깊은 관심 가운데서 끊임없이 더 나은 방법을 찾기 위해 깨어 있는 것입니다. "한번 통했다고 해서 또 통한다는 보장은 없다"라고 스스로 상기하는 훈련을 계속하십시오. 동시에 계속 개방적이고 탐구적인 자세를 잃지 않도록 하십시오. 그리고 하나님께서 새로운 것을 보여 주실 때에 그것을 즉각적으로 시행

할 수 있는 담대함과 용기를 주시도록 기도하시기 바랍니다.

그러나 중요한 것은 끊임없이 예수 그리스도와 긴밀하고 친밀한 교제 가운데 있는 것입니다. 왜냐하면 주님 자신이 창조주이시기 때문입니다. "만물이 그에게 창조되되, 하늘과 땅에서 보이는 것들과 보이지 않는 것들과 혹은 보좌들이나 주관들이나 정사들이나 권세들이나 만물이 다 그로 말미암고, 그를 위하여 창조되었고"(골로새서 1:16). 눈에 보이는 자연의 삼라만상은 모두 예수 그리스도께서 창조하신 것입니다. 또한 보이지 않는 모든 것들도 다 주님의 솜씨입니다. 이것이 바로 성경에서 예수 그리스도에 대해 "또 저로 말미암아 모든 세계를 지으셨느니라"(히브리서 1:2)라고 기록한 이유입니다. 모든 세계. 이것은 보이는 세계와 보이지 않는 세계를 다 포함하는 것입니다. 당신은 창의력이 있는 사람이 되기를 원하십니까? 그렇다면 온 우주 가운데 가장 창의력이 뛰어나셨던 유일하신 주님, 바로 그분과 교제하는 일에 적극적으로 시간을 투자하시기 바랍니다.

예수님께서 이 땅에 계실 때 그분은 행하시며 가르치셨습니다(사도행전 1:1 참조). 그때 그분을 만났던 수많은 사람들이 그분의 '행하심'과 '가르치심'을 보고 크게 놀랐습니다. 그분이 하신 일은 남들과 달랐습니다. 참으로 경이로운 것이었습니다. 그것을 본 사람들은 모두가 "이렇게 놀라운 일을 결코 본 일이 없소!"라고 입을 모았습니다. 그분이 하신 말씀 역시 남들과 달랐습니다. 사람들을 깜짝 놀라게 했습니다. 그분의 가르침을 들었던 자들은 "그 사람의 말하는 것처럼 말한 사람은 이때까지 없었나이다!"(요한복음 7:46)라고 말하며 놀라움을 금치 못했습니다. 그러나 어떤 사람들은 그것을 보고 오랫동안 전해 내려온 자기들의 유전(遺傳) 곧 전통을 거스른다고 불평했습니다. 당신과 나라면 어떻게 하겠습니까? 분명 고개를 숙이고 "하나님 아버지! 이와 같은 예수님의 행하심과 가르치심을 인하여 감사드립니다"라고 감사 기도를 올릴 것입니다.

그러므로 우리도 이제 고정된 틀에서 벗어나 기꺼이 새로운 땅을 개척하는 일에 열심을 내야 합니다. 주님께서 우리가 이러한 의욕을 가지고 활기 있게 일하는 것을 보신다면, 분명 우리의 삶을 축복하시며 "보라. 내가 새 일을 행하리니"(이사야 43:19)라고 하신 약속을 이루어 주실 것입니다. 우리를 통하여 새 일을 행하실 것입니다.

자! 그럼 이제 주님께 세 가지 것들을 주시도록 간구합시다. 첫째는 탁월성입니다. 탁월함에 이르는 비결은 먼저 그 수준을 설정한 뒤 자신을 온전히 주님께 맡김으로 평안 가운데서 오직 주님으로 하여금 나를 통해 역사하시도록 하는 것입니다. "그가 다 잘하였도다"(마가복음 7:37)라는 말씀처럼, 주님만이 '모든 것을 탁월하게 하시는' 유일하신 분이심을 기억하기 바랍니다. 둘째는 주도권입니다. 이것 역시 가장 위대한 본을 보여 주신 분은 주님이십니다. 우리가 주님의 일을 할 때에 주님께로부터 직접 배우는 것이 열매 맺는 삶의 첩경이 될 것입니다. 셋째는 창의성입니다. 거듭 말하지만 우리의 창의력을 키울 수 있는 최선의 길은 마음을 열고 주님과 깊이 교제하는 삶을 통해서 순간순간 성령의 도우심을 힘입는 것입니다.

6

어떻게 영향을 줄 것인가

히스기야 왕의 아버지 아하스는 전형적으로 악한 왕이었습니다. 그에 대한 기록(열왕기하 16장, 역대하 28장)을 보면 놀라지 않을 수 없습니다. 그가 남긴 업적이라고는 그저 앉아서 색다른 죄를 지을 궁리만 하다가 백성들을 타락의 길로 인도한 것밖에는 없어 보입니다. 그는 이방신들의 우상을 부어 만들고, 하나님께서 이스라엘 자손 앞에서 쫓아내신 이방 사람의 가증한 일을 본받아 자기 자녀들을 불살라 바치는 일도 서슴없이 자행했습니다. 하나님의 성전의 기구들을 모아 부수고 성전을 폐쇄하였고, 예루살렘 구석구석마다 우상을 위한 제단을 쌓았으며, 유다 각 성읍에 산당을 세워 다른 신에게 분향하였습니다. 이렇듯 아하스는 재위 16년 동안 죄악의 길만 걷다 죽었습니다.

그가 죽자 당시 관례를 따라 그의 아들 히스기야가 왕위를 계승했습니다. 히스기야가 왕으로 즉위한 것은 그의 나이 25살 때였습니다. 아버지의 죄악상과 부패상을 신물이 나도록 봐왔던 그는 더 이상 똑같은 전철을 밟고 싶지 않았습니다. 그는 지금까지의 모든 잘못을 청산하고 백성들을 하나님께 돌아오게 해야겠다고 마음먹었습니다. 그 당시 히스기야가 처했던 한심스러운 정황을 생각해 볼 때, 그의 생전에 그러한 변화를 기대한다는 것은 꿈같은 일이었을지 모릅니다. 그러나 그는 짧은 기간에 놀라운 개혁을 이루어 냈습니다. "예루살렘에 큰 희락이 있었으니, 이스라엘 왕 다윗의 아들 솔로몬 때로부터 이러한 희락이 예루살렘에 없었더라"(역대하 30:26).

이것은 참으로 경이적인 사건입니다. 히스기야는 하나님의 영광을 위하여 백성들에게 참으로 놀라운 영향력을 행사했던 것입니다. 그의 삶을 자세히 살펴보면 그의 삶을 지배하고 있던 세 가지 기본 원리를 쉽게 발견할 수 있습니다.

전심으로 행함

첫째 원리는 전심(全心)으로 행하는 것입니다. "무릇 그 행하는 모든 일 곧 하나님의 전에 수종 드는 일에나 율법에나 계명에나 그 하나님을 구하고 일심으로 행하여 형통하였더라"(역대하 31:21).

사도 바울도 우리에게 이와 비슷한 권면을 했습니다. "무슨 일을 하든지 마음을 다하여 주께 하듯 하고 사람에게 하듯 하지 말라"(골로새서 3:23). 솔로몬도 이렇게 말하고 있습니다. "무릇 네 손이 일을 당하는 대로 힘을 다하여 할지어다. 네가 장차 들어갈 음부에는 일도 없고 계획도 없고 지식도 없고 지혜도 없음이니라"(전도서 9:10). 이러한 말씀들을 통해서 우리는 분명 하나님께서는 열정적이며 전심으로 따르는 자들을 찾고 계심을 알 수 있습니다. 그러나 우리가 살고 있는 이 시대의 풍조는 어떻습니까? 범사에 전심전력하라는 말을 자주 듣습니까? 결코 그렇지 않습니다. 거의 매일 우리는 이런 말들을 듣게 됩니다. "적당히 해두게."/ "너무 열심히 하지 마."/ "무리할 필요 없어. 슬슬 해." 그러나 이처럼 적당히 하는 태도는 영적 지도자에게 매우 큰 위험을 초래합니다. 매사에 뜨뜻미지근한 자세를 취하게 되며 결국 아무것도 이룰 수 없게 되기 때문입니다.

고등학교 시절에 '팔방미인'이라는 별명을 가진 선배가 있었습니다. 그는 모든 종류의 운동에 빼어났을 뿐만 아니라 공부도 잘해 내게는 우상과도 같은 존재였습니다. 그를 부러워한 나머지 나는 그의 걸음걸이와 말투까지도 닮고 싶어 했습니다. 뿐만 아니라 농구의 드리블 동작과 슛 동작도 그를 따라 하려고 노력했습니다. 그는 야구팀에서 투수로 활약했는데, 나는 그의 투구 모습, 심지어는 모자 쓰는 것까지 똑같이 해보려고 노력했습니다. 나는 속으로 그가 졸업하고 나면 그 다음 투수는 내가 해야겠다고 굳게 마음을 먹었습니다.

그가 졸업한 그해, 나는 야구 선수 선발을 위한 테스트에 응했습니다. 코치가 내게 다가오더니 야구를 하고 싶냐고 물었습니다. "야구를 하고 싶으냐고요? 그럼요! 야구가 없이는 못살겠는걸요. 무슨 일이 있어도 저는 야구를 하고 싶습니다."

어떻게든 나의 간절한 마음과 결심을 코치에게 알리려고 모든 노력을 다했습니다. 그런 내가 마음에 들었었나 봅니다. 그는 나에게 유니폼을 건네면서 내가 무엇을 잘할 수 있는지 한번 해보라고 했습니다. 그렇게 해서 나는 야구팀에 들어가게 되었고, 그 후에 투수가 되었습니다.

만약 그 당시 내가 코치에게 "글쎄요, 잘 모르겠는데요. 전 야구에 약간 흥미를 가지고 있긴 하나 그렇게 크진 않습니다. 야구팀을 선발한다기에 그냥 한번 와봤습니다"라고 말했다면 그는 나를 거들떠보지도 않았을 것이며, 나의 야구 이력은 거기에서 끝이 났을 것입니다.

하나님이시라면 어떻겠습니까? 그 코치가 요구했던 것보다 더 낮은 수준을 원하시겠습니까? 천만에요! 하나님께서는 주님과 주님의 일에 전적으로 헌신할 사람들을 찾고 계십니다. 두 마음 가운데 되는대로 적당히 하는 것은 하나님이 원하시는 수준이 아닙니다. 물론 오늘날과 같이 상대적인 가치관이 혼재된 풍조 속에서 이러한 성경적인 수준을 고수한다는 것은 보통 어려운 일이 아닙니다. 그러나 포기하거나 타협할 수는 없습니다. 성경에서 하나님께서 보여 주시는 수준을 따라야 합니다.

미국 중서부 지역에서 선교를 하던 첫해 나는 조니 사케트라는 젊은이를 알게 되었습니다. 말씀과 기도로 함께 깊은 교제를 나누는 가운데 주님께서 우리의 마음을 하나로 묶어 주셨습니다. 조니는 하루가 다르게 성장해 주님의 일꾼으로 쓰임받을 수 있는 역량이 있었습니다. 어느 날 그는 나에게 어떻게 해야 팀의 일원이 되어 함께할 수 있는지를 물어 왔습니다. 나는 그에게 팀워크에 요구되는 사항들을 자세히 설명해 주었습니다. 그날 이후 그는 나의 충성된 동역자가 되어 매우 열정적이고 헌신적으로 모든 팀 웍을 함께했습니다.

그렇게 몇 달이 순조롭게 지나갔습니다. 얼마 후 우리 팀은 주말을 이용하여 아이오와 주립대학으로 전도여행을 떠나기로 했습니다. 그런데 떠나기로 한 날 조니의 모습이 보이지 않았습니다. 어찌 된 영문인지 궁금해 하고 있을 때 한 형제가 조니는 가지 않겠다고 말하더라는 것이었습니다. 나는 조니가 학교 공부에 대한 부담 때문인지, 혹은 몸이 좋지 않아서인지, 아니면 혹 집에 무슨 일이 생겨서 그러는지 궁금해 계속 물어보았으나, 그 형제는 단지 조니가 가지 않기로 했다는 사실밖에는 모른다는 것이었습니다.

조니는 함께하지 못했으나 전도여행은 매우 성공적이었습니다. 우리는 많은 준비된 영혼들에게 복음을 전할 수 있었고, 상당수의 학생들이 그리스도를 자신의 구세주로 영접하며 자신의 삶을 주님께 헌신하기로 결단했습니다. 우리는 모두 하나님께 감사하며 기쁜 마음으로 돌아왔습니다.

다음날인 월요일 나는 친구의 자가용을 빌려 타고 가서 조니를 만났습니다. 잠시 이런저런 이야기를 나눈 뒤, 나는 그에게 우리 팀에서 세운 수준을 알고 있느냐고 질문했습니다. 그는 물론 알고 있으며 또한 우리 팀의 일원이 된 것을 기쁘게 생각한다고 대답했습니다. 그래서 그동안 나도 그와 함께할 수 있어서 즐거웠지만, 이제는 그가 더 이상 우리와 함께하지 않겠다고 결심을 한 것 같아 무척 섭섭하다고 말했습니다. 그는 뜻밖의 말에 충격을 받았는지 그게 무슨 말이냐고 반문했습니다. 나는 그에게 팀의 수준에 따른다는 것은 팀에서 어떤 일을 하기로 계획했으면 우선 순위를 그 일에 두고 적극 참여하는 것을 의미하는 것이 아니겠냐고 되물었습니다. 그러자 그는 한참을 말없이 앉아 흐느끼기 시작하더니 눈물을 보이지 않으려고 차에서 나가 자기 방으로 가 버렸습니다.

  나는 약 2주일 동안 조니를 위해 하루도 빠짐없이 기도했습니다. 2주일 후 그로부터 편지 한 통이 왔습니다. 편지에는 팀의 일원이 되어 주님의 일을 함께 한다는 것이 얼마나 소중한 것인지를 가르쳐 주어서 감사하다는 것과 자기가 다시 팀웍을 함께 해야 되는 이유 13가지가 적혀 있었습니다. 나는 즉시 그에게 전화를 걸어 다시 팀에 돌아오는 것을 대환영한다고 말했습니다. 그 후 그는 우리 팀에서 가장 열매가 풍성한 사람이 되었고, 나중에는 두 대륙을 돌면서 주님께 귀히 쓰임받는 일꾼이 되었습니다. 조니의 문제는 다름 아닌 전심전력하는 삶의 수준의 진정한 의미를 모른 데서 비롯된 것이었습니다. 관대한 마음으로 그를 이해해 주고 적당히 눈감아 줄 수도 있었지만, 그를 진정 사랑했기 때문에 그대로 지나칠 수는 없었습니다.

  주님께서 "아무든지 나를 따라오려거든 자기를 부인하고 날마다 제 십자가를 지고 나를 좇을 것이니라"(누가복음 9:23)고 하신 말씀의 수준을 잘 생각해 보십시오. 솔직히 수십 년이 지난 오늘날 그때 일을 돌이켜 볼 때, 똑같은 상황에서 지금은 그때와는 다른 반응을 보일 수도 있을 것입니다. 이제는 좀 더 그리스도의 온유와 친절을 보여 줄 것 같습니다. 하지만 우리 삶의 수준에 대한 원리에는 조금도 변함이 없습니다.

해병대 훈련 당시 신병 훈련 조교는 우리에게 무슨 훈련에나 높은 수준을 요구했습니다. 우리를 괴롭히려고 해서가 아니라 무엇이든 눈 감고도 할 수 있을 정도로 훈련이 되어 있어야 전쟁에서 살아남을 수 있다고 확신했기 때문입니다. 그것은 결코 나에게 해가 되지 않았습니다. 오히려 커다란 유익이 되었습니다. 실제로 총알이 빗발치고 포성과 화염이 가득한 전쟁터에서 사선(死線)을 넘나드는 순간을 맞을 때마다 나는 내가 받은 모든 훈련에 대해 감사하게 되었습니다. 이처럼 지도자는 모든 일에 전심전력하는 태도를 견지함으로써 따르는 사람들도 동일하게 최선을 다해 함께할 수 있도록 이끌어야 합니다. 히스기야가 전심전력해서 그의 일을 수행했기에 이스라엘 민족의 그처럼 놀라운 회개와 개혁은 가능할 수 있었습니다. 그의 지도력은 백성들에게 올바른 방향을 제시하고 실제 그 방향으로 나아가는 길을 닦을 수 있게 했던 것입니다.

미니애폴리스의 어느 체육관에서 빌 코울이라는 친구와 함께 웨이트트레이닝을 하고 있었습니다. 또 한 친구가 와서 우리는 함께 운동을 했습니다. 얼마 후 그 친구가 운동을 마치고 체육관을 나서려고 했을 때, 나는 의자에 누워 85kg 중량의 바벨을 들어 올리고 있었습니다. 그 친구는 내 모습을 보고는 "적당히 하게!" 하고는 체육관을 나가 버렸습니다. 적당히 하라고? 적당히 했다간 무거운 바벨에 깔려 죽을 판국인데 말입니다. 물론 그가 말한 의도는 그런 것이 아니었을 것입니다. 그저 헤어지면서 하는 인사말이었습니다. 그렇지만 나는 그 말에 대해 종종 생각해 보곤 합니다. 잘못하면 생명까지 잃을 수 있는 상황인데도 우리는 너무나 쉽게 적당히 하라는 말을 내뱉습니다. 솔직히 내게는 그런 식의 권고가 필요하지 않습니다. 그런 권고가 없어도 나는 적당히 일을 처리해 버리는 데 익숙하기 때문입니다. 내 속에는 규모 없고, 게으르며, 되는대로 하고 싶어 하는 본성이 늘 둥지를 틀고 있기 때문입니다. 그런 내게 정말로 필요한 것은 모든 힘을 다해서 수고하라는 강한 도전입니다.

지도자는 반드시 다음 사실을 고려해야 합니다. 즉 그는 현재를 위해서뿐 아니라 미래를 위해서 건축을 하고 있다는 사실입니다. 그럴진대 매사 적당히 하는 미지근한 태도로 임한다면 그의 장래는 어떻게 되겠습니까? 그가 훈련시킨 사람들은 어떻게 되겠습니까? 그들의 마음이 하나님을 향한 열정으로 뜨겁게 불탈 수 있겠습니까? 지도자가 미지근하면 그를 따르는 자들도 미지근할 수밖에 없습니다. 왜냐하면 불로써만 불을 붙일 수 있기 때문입니다. 성전을 정화하면서 주님께서 보여 주셨던 언행은 제자들에게 구약성경의 말씀을 생각나게 해주었습니다. "제자들이 성경 말씀에 '주의 전을 사모하는 열심이 나를 삼키리라' 한 것을 기억하더라"(요한복음 2:17. 시편 119:139 참조). 하나님을 위한 열심으로 불타올라야 합니다. 하나님을 위한 열정에 사로잡혀야 합니다. 당신은 성경 말씀으로 어느 누군가에게 "하나님을 위한 열심이 당신을 삼킬 정도로 힘써 보십시오"라고 권고한 적이 있습니까? 있다면 가장 최근에는 언제였습니까? 열정적이고 열심 있는 태도는 마차가 굴러다니던 시대의 낡은 유물이 되었습니까? 하늘을 찌를 것 같은 기세와 열정은 고등학교 학생들의 운동경기 시 응원단장에게서나 찾아볼 수 있는 그런 것이 되어 버렸습니까? 참된 영적 지도자는 예수님께서 보여 주셨던 그러한 열정과 열심을 가져야 합니다.

전심전력하는 태도와 열정은 지도자의 마음속에서 불타고 있는 사랑의 결과입니다. 지도자의 마음속에 불타는 사랑의 불꽃은 다른 사람들의 마음과 삶에까지 파급되어 그들의 마음 역시 전력투구하고자 하는 열정으로 타오르게 해줍니다. 다른 사람들이 겁먹고 떠나지 않게 하려면 지도자가 알아서 '적당히' 해야 한다고 생각하는 사람들도 있습니다. 그러나 그것은 잘못된 생각입니다. '맹장(猛將) 아래 약졸(弱卒) 없다'는 말이 있습니다. 열정을 가지고 전심전력하는 지도자에게는 사람들이 모여듭니다. 성경에 나오는 첫째가는 계명을 살펴봅시다. "예수께서 대답하시되, '첫째는 이것이니, "이스라엘아, 들으라. 주 곧 우리 하나님은 유일한 주시라. 네 마음을 다하고 목숨을 다하고 뜻을 다하고 힘을 다하여 주 너의 하나님을 사랑하라" 하신 것이요'"(마가복음 12: 29-30).

일심으로 행함

히스기야 왕의 삶 가운데서 발견되는 둘째 원리는 일심(一心)으로 행하는 태도입니다. 그는 일단 해야 할 일을 붙들면 그것을 끝까지 밀고 나간 사람이었습니다. "원년 정월에 여호와의 전 문들을 열고 수리하고 제사장들과 레위 사람들을 동편 광장에 모으고 저희에게 이르되, '레위 사람들아, 내 말을 들으라. 이제 너희는 성결케 하고 또 너희 열조의 하나님 여호와의 전을 성결케 하여 그 더러운 것을 성소에서 없이 하라'"(역대하 29:3-5).

그는 다른 사람들의 많은 조롱이나 비웃음, 비난과 반대에도 불구하고 결코 곁길로 빠지지 않았습니다.

세 명의 성경 기자들이 일심으로 행해야 할 이유를 제시하고 있습니다. 첫째로, 베드로는 "그러나 주의 날이 도적같이 오리니 그날에는 하늘이 큰 소리로 떠나가고 체질이 뜨거운 불에 풀어지고 땅과 그중에 있는 모든 일이 드러나리로다"(베드로후서 3:10)라고 기록하고 있습니다. 이 세상에 존재하는 모든 것들은 다 시간이 지나면 없어지고 맙니다. 그러나 영원히 없어지지 아니하는 두 가지가 있습니다. 하나님의 말씀과 인간의 영혼입니다. 이것들을 위해 자신을 드리는 지도자야말로 영원한 가치를 아는 사람입니다. 그는 세상의 수많은 유혹들이 아무리 손짓해도 영원한 것이 아니면 시선을 돌리지 않습니다.

일심으로 행해야 하는 두 번째 이유는 야고보서에서 찾아볼 수 있습니다. "내일 일을 너희가 알지 못하는도다. 너희 생명이 무엇이뇨? 너희는 잠깐 보이다가 없어지는 안개니라"(야고보서 4:14). 인생은 너무나 짧습니다. 허비할 시간이 없습니다. 이 진리를 깨달은 사람은 그를 주님으로부터 떼어 놓고 또 그를 파멸시키려 하는 세상의 집요한 공격에도 불구하고 좌나 우로 치우침이 없이 정도(正道)를 걸을 수 있습니다. 하나님의 말씀은 우리가 무엇을 바라보아야 할지 잘 보여 주고 있습니다. "이러므로 우리에게 구름같이 둘러싼 허다한 증인들이 있으니, 모든 무거운 것과 얽매이기 쉬운 죄를 벗어 버리고 인내로써 우리 앞에 당한 경주를 경주하며, 믿음의 주요 또 온전케 하시는 이인 예수를 바라보자. 저는 그 앞에 있는 즐거움을 위하여 십자가를 참으사 부끄러움을 개의치 아니하시더니 하나님 보좌 우편에 앉으셨느니라"(히브리서 12:1-2).

일심으로 행해야 하는 세 번째 이유는 바울의 서신서에 잘 나타나 있습니다. "그러므로 내 사랑하는 형제들아, 견고하며 흔들리지 말며 항상 주의 일에 더욱 힘쓰는 자들이 되라. 이는 너희 수고가 주 안에서 헛되지 않은 줄을 앎이니라"(고린도전서 15:58). 주님만을 바라보며 '좁고 곧은' 길을 똑바로 걸어갈 때 우리가 분명히 확신할 수 있는 것은, 우리의 수고가 주님 안에서 결코 헛되지 않다는 것입니다. 수많은 사람들이 무가치하고 의미 없는 활동으로 자신의 삶을 낭비하고 있습니다. 주님의 일에 힘쓰는 삶이야말로 영원한 가치가 있는 삶이며 주님 안에서 헛되지 않은 삶이라고 성경은 말합니다. 이 사실은 지도자에게 얼마나 큰 힘과 기쁨이 되는지 모릅니다.

우리는 성경에서 하나님과 일심으로 동행했던 인물들을 많이 찾아볼 수 있습니다. 그 대표적인 예는 모세입니다. "믿음으로 모세는 장성하여 바로의 공주의 아들이라 칭함을 거절하고 도리어 하나님의 백성과 함께 고난받기를 잠시 죄악의 낙을 누리는 것보다 더 좋아하고, 그리스도를 위하여 받는 능욕을 애굽의 모든 보화보다 더 큰 재물로 여겼으니, 이는 상 주심을 바라봄이라"(히브리서 11:24-26).

사도 바울의 고백 또한 빼놓을 수 없습니다. "형제들아, 나는 아직 내가 잡은 줄로 여기지 아니하고, 오직 한 일 즉 뒤에 있는 것은 잊어버리고 앞에 있는 것을 잡으려고 푯대를 향하여 그리스도 예수 안에서 하나님이 위에서 부르신 부름의 상을 위하여 좇아가노라"(빌립보서 3:13-14).

그렇지만 가장 위대한 모범은 예수님 자신입니다. "예수께서 승천하실 기약이 차가매 예루살렘을 향하여 올라가기로 굳게 결심하시고"(누가복음 9:51). 주님을 따르던 제자들이 이를 보고 깜짝 놀라지 않을 수 없었습니다. "예루살렘으로 올라가는 길에 예수께서 제자들 앞에 서서 가시는데 저희가 놀라고 좇는 자들은 두려워하더라. 이에 다시 열두 제자를 데리시고 자기의 당할 일을 일러 가라사대"(마가복음 10:32). 그들이 놀란 이유가 무엇이었겠습니까? 그 이유는 바로 주님께서 앞으로 자기에게 일어날 일들을 다 아셨음에도 불구하고 조금도 주저함 없이 당당히 앞으로 나아가셨기 때문입니다. 주님은 말씀하시기를, "보라. 우리가 예루살렘에 올라가노니 인자가 대제사장들과 서기관들에게 넘기우매 저희가 죽이기로 결안하고 이방인들에게 넘겨주겠고"(마가복음 10:33)라고 하셨습니다.

예수님의 결연한 얼굴이 열두 제자의 마음을 두렵게 했습니다. 그들은 자신들 앞에 놓인 정체 모를 두려움에 떨면서도, 한편으로는 그들 지도자의 당당한 행보에 도전과 동시에 격려를 받았습니다. 예수 그리스도께서는 십자가를 향해 나아가는 일에서 단 한 걸음도 뒤로 물러서지 않으셨습니다. 자신의 사명을 분명히 아셨고 그 사명을 이룰 각오가 되어 있으셨습니다. 우리는 이러한 예수님의 본을 따라야 합니다. 세상은 어떻게 해서든지 우리를 얽어매려고 여러 가지로 우리를 시험하지만, 하나님의 말씀은 우리에게 모든 무거운 것과 얽매이기 쉬운 죄를 벗어 버리고 인내로써 우리 앞에 당한 경주를 경주하라고 촉구합니다(히브리서

12:1). 일심으로 행하는 것이 쉽지는 않으나 지도자에게 없어서는 안 될 필수 요소입니다.

빌리 그래함은 도슨 트로트맨의 장례식에서 도슨이 얼마나 일심으로 행하는 삶을 힘썼는가에 대해 언급하면서 다음과 같이 말했습니다. "도슨은 온전히 헌신된 사람이었습니다. 도슨은 바울처럼 '오직 한 일'을 하고 있다고 말할 수 있었습니다. '나는 이 수십 가지 일을 건드리고 있다'가 아니었습니다. 도슨은 늘 그 한 일에 집중했습니다."

사람이 자신의 생을 망치는 데는 다음 세 가지의 경우가 있습니다. 첫째는, 게으르고 태만한 인간의 본성에 자신을 방치하며 아무것도 하지 않는 것입니다. 많은 젊은이들이 쾌락을 좇아 인생을 낭비하는 모습을 심심치 않게 목격할 수 있습니다. 기타를 하나 사들고 옷도 제대로 걸치지 않은 채 태양이 작열하는 캘리포니아 해변으로 달려갑니다. 종일 모래사장을 뒹굴며 선탠도 하며 마음껏 젊음을 만끽하며 허송세월합니다.

두 번째 경우는, 그릇된 목표를 위해 몸이 부서지도록 수고하는 것입니다. 그러나 어떤 시점엔가 자신이 추구해 왔던 목표가 잘못된 것이었음을 깨닫고는 허탈감에 빠집니다. 나는 이런 사람들을 많이 보아 왔습니다. 회한의 눈물을 흘리며 가슴 아픈 이야기를 들려주는 주인공이 바로 이들입니다.

세 번째 경우는, 바로 빌리 그래함이 지적한 것처럼, 이것저것 여러 일에 손을 대볼 뿐 실제로는 아무것도 이루어 놓지 못하는 것입니다.

여호수아 역시 이에 대해 하나님으로부터 다음과 같이 경고를 받았습니다. "오직 너는 마음을 강하게 하고 극히 담대히 하여 나의 종 모세가 네게 명한 율법을 다 지켜 행하고 좌로나 우로나 치우치지 말라. 그리하면 어디로 가든지 형통하리니"(여호수아 1:7). 이 말씀은 잘못된 길에 빠질 위험을 경고한 것이 아니라 처음에 한쪽 길로 가다가 또 다른 쪽으로 향하는, 즉 일관성이 없는 태도에 대한 경고의 말씀입니다.

나는 그와 같은 사람들을 많이 보아 왔습니다. 시작은 그럴듯하게 합니다. 그러나 조금 가다가 마음을 빼앗는 다른 일이 생기면 곧 곁길로 빠집니다. 결국 자신의 어리석음을 깨닫고 올바른 길로 돌아오기는 하지만 얼마 못 가 다시금 똑같은 일이 일어납니다. 이 얼마나 어처구니없는 일입니까? 마음씨도 좋고 괜찮은 사람이지만 결국 아무런 결과도 얻지 못합니다. 왜 그렇습니까? 마음이 정함이 없고 너무도 쉽게 변하기 때문입니다. 모세와 히스기야와 바울과는 달리 일심으로 행하는 자세에 문제가 있기 때문입니다.

"그건 너무 힘든 일이다"고 불평을 늘어놓는 사람들도 있습니다. 물론 힘든 일입니다! 사도 바울도 분명 "나는 푯대를 향하여 좇아가노라"고 말했습니다. 그는 "나는 푯대를 향해 둥둥 떠간다"든가, "푯대를 향해 스르르 미끄러져 간다"고 말하지 않았습니다. 또한 '저절로 나아간다'든가 '저절로 흘러간다'는 식으로도 말하지 않았습니다. '좇아간다'고 말함으로써 앞에는 언제나 방해물들이 있음을 암시하고 있습니다. 세상이 당신을 유혹합니다. 사탄도 당신을 대적합니다. 그러나 예수 그리스도만을 바라보고 믿음의 경주를 계속한다면 우리의 앞길에는 주님께서 약속하신 승리가 있을 따름입니다.

바울의 간증을 한번 들어 봅시다. "나의 달려갈 길과 주 예수께 받은 사명 곧 하나님의 은혜의 복음 증거하는 일을 마치려 함에는 나의 생명을 조금도 귀한 것으로 여기지 아니하노라"(사도행전 20:24). 그는 "나의 달려갈 길"이라고 말하고 있습니다. 우리가 삶에서 누릴 수 있는 최고의 기쁨은 우리 자신이 하나님의 완전하신 뜻 가운데서 하나님이 원하시는 것을 하나님이 원하시는 방법으로 행하고 있다는 확신에서 나옵니다.

스불론의 전사들은 이 면에서 우리에게 큰 도전이 됩니다. "스불론 중에서 모든 군기를 가지고 항오를 정제히 하고 두 마음을 품지 아니하고 능히 진에 나아가서 싸움을 잘하는 자가 5만 명이요"(역대상 12:33). 싸움에 능한 그들은 잘 훈련되고 무장되었으며, 규율을 잘 지킬 뿐만 아니라, 두 마음을 품지 않고 일심으로 행하는 자들이었습니다.

우리는 누구나 각기 가야 할 길과 성취해야 할 사명, 그리고 도달할 목표가 있습니다. "아킵보에게 이르기를 '주 안에서 받은 직분을 삼가 이루라'고 하라"(골로새서 4:17).

나의 생애 가운데서 나의 운명을 바꾸었다 할 만한 사건 하나를 회상해 봅니다. 나와 아내는 함께 성경 읽기를 통해서 주님을 알게 되었습니다. 그때 우리 주위에는 영적으로 우리에게 깊은 도움을 줄 만한 사람들이 그리 많지 않았습니다. 그러나 우리 두 사람은 줄곧 한마음과 한뜻을 가지고 주님을 따라야 한다는 사실을 확신하고 있었습니다. 그때 아이오와 주의 할란에 사는 알란 핼버슨 목사님께서 우리들에게 성경 말씀을 배울 수 있도록 미니

애폴리스에 있는 어느 학교를 소개시켜 주었습니다.

우리는 갓 구원받은 그리스도인이었지만 성장에 대한 열망이 컸기 때문에 그 학교에 가서 배우기로 결심했습니다. 나아가 우리의 삶을 주님의 일에 전적으로 드리기로 작정했습니다. 당시 나는 좋은 직장을 가지고 있었습니다. 직장 동료들에게 직장을 그만두고 난 이후의 계획에 대해 이야기하자 그들은 의아하다는 반응을 보였습니다. 너무 무모하다며 심지어는 미쳤다는 말까지 했습니다. 하기야 높은 급여와 장래가 보장된 직장을 포기하는 것이 그들의 눈에는 정신 나간 행동으로 보였을 것입니다. 그러나 우리는 우리의 할 일과 장래에 대한 분명한 확신이 있었습니다.

직장을 그만두는 즉시 우리는 그곳을 떠나 노스웨스턴 대학으로 떠날 준비를 했습니다. 가진 재산 일부는 팔고 나머지 대부분은 버림으로써 떠나는 데 짐이 되지 않게 했습니다. 약간의 옷가지와 가재도구를 작은 상자에 담아 어린이용 짐수레에 실은 뒤 기차역으로 발길을 옮겼습니다. 아내는 수레를 끌고 나는 뒤에서 밀면서 일생일대 모험의 길을 출발했습니다. 뒤를 돌아보지 않는 것은 물론 좌로나 우로 치우치지 않기로 우리는 서로 굳게 다짐했습니다. 우리의 시선을 오직 주님께만 두며 주님이 이끄시는 대로 따라가기로 결심했습니다. 그 후 수십 년을 지내 오는 동안 우리에게는 많은 역경과 시련이 있었지만, 주님께서는 언제나 우리와 함께하시며 우리의 길을 인도해 주셨습니다.

오늘날도 주님께서는 이 세상의 헛된 명예나 일시적인 쾌락을 배설물로 여기는 자들을 찾고 계십니다. 이 세상이 필요로 하는 것은 오직 그리스도라는 사실을 확신하고 한마음과 한뜻으로 주님을 따르기 열망하는 사람들을 찾고 계십니다. 바울의 간증이 우리에게 큰 격려를 줍니다. "관제와 같이 벌써 내가 부음이 되고 나의 떠날 기약이 가까웠도다. 내가 선한 싸움을 싸우고 나의 달려갈 길을 마치고 믿음을 지켰으니, 이제 후로는 나를 위하여 의의 면류관이 예비되었으므로, 주 곧 의로우신 재판장이 그날에 내게 주실 것이니, 내게만 아니라 주의 나타나심을 사모하는 모든 자에게니라"(디모데후서 4:6-8).

감투 정신

히스기야 왕은 모든 일을 전심으로 또 일심으로 행했을 뿐만 아니라 놀라운 감투(敢鬪) 정신을 발휘했습니다. 그는 도저히 불가능해 보이는 상황 가운데서도 굴하지 않고 믿음과 열정을 가지고 밀어붙였습니다. 각 성에 전령을 보냈을 때 사람들은 조롱했습니다. "보발꾼이 에브라임과 므낫세 지방 각 성에 두루 다녀 스불론까지 이르렀으나 사람들이 저희를 조롱하며 비웃었더라"(역대하 30:10). 그렇다고 해서 그가 하고자 했던 일이 지체되었습니까? 결코 그렇지 않았습니다. "히스기야가 온 유다에 이같이 행하되, 그 하나님 여호와 보시기에 선과 정의와 진실함으로 행하였으니"(역대하 31:20).

이것은 성경 전체에 걸쳐서 하나님께서 쓰신 위대한 지도자들의 삶 가운데서 살펴볼 수 있는 기본적인 정신입니다. 바울의 간증을 살펴봅시다. "유대인들에게 사십에 하나 감한 매를 다섯 번 맞았으며, 세 번 태장으로 맞고, 한 번 돌로 맞고, 세 번 파선하는 데 일주야를 깊음에서 지냈으며, 여러 번 여행에 강의 위험과 강도의 위험과 동족의 위험과 이방인의 위험과 시내의 위험과 광야의 위험과 바다의 위험과 거짓 형제 중의 위험을 당하고, 또 수고하며 애쓰고 여러 번 자지 못하고 주리며 목마르고 여러 번 굶고 춥고 헐벗었노라. 이 외의 일은 고사하고 오히려 날마다 내 속에 눌리는 일이 있으니 곧 모든 교회를 위하여 염려하는 것이라"(고린도후서 11:24-28).

그토록 많은 역경 속에서 바울이 보여 준 태도는 무엇이었습니까? "그리스도를 위하여 너희에게 은혜를 주신 것은 다만 그를 믿을 뿐 아니라 또한 그를 위하여 고난도 받게 하심이라"(빌립보서 1:29).

느헤미야도 끊임없이 괴롭히는 대적들의 공격에 직면해야 했습니다. "산발랏과 도비야와 아라비아 사람들과 암몬 사람들과 아스돗 사람들이 예루살렘 성이 중수되어 그 퇴락한 곳이 수보되어 간다 함을 듣고 심히 분하여 다 함께 꾀하기를, '예루살렘으로 가서 쳐서 요란하게 하자' 하기로"(느헤미야 4:7-8). 이에 대해 느헤미야가 어떻게 대처했는가를 통해서 그의 감투 정신을 엿볼 수 있습니다. "우리가 우리 하나님께 기도하며 저희를 인하여 파수꾼을 두어 주야로 방비하는데"(느헤미야 4:9).

대적들은 느헤미야로 하여금 그의 목표를 달성하지 못하도록 끊임없이 도발해 왔지만, 그때마다 느헤미야는 보기 좋게 그들의 기세를 꺾어 놓았습니다. "산발랏과 게셈이 내게 보내어 이르기를, '오라. 우리가 오노 평지 한 촌에서 서로 만나자' 하니 실상은 나를 해코자 함이라. 내가 곧 저희에게 사자들을 보내어 이르기를, '내가 이제 큰 역사를 하니 내려가지 못하겠노라. 어찌하여 역사를 떠나 정지하게 하고 너희에게로 내려가겠느냐?' 하매, 저희가 네 번이나 이같이 내게 보내되 나는 여전히 대답하였더니"(느헤미야 6:2-4).

사도 바울은 우리에게 군사로서, 운동선수로서, 그리고 농부로서의 삶을 살아야 할 것을 권면해 주고 있습니다. "네가 그리스도 예수의 좋은 군사로 나와 함께 고난을 받을지니, 군사로 다니는 자는 자기 생활에 얽매이는 자가 하나도 없나니, 이는 군사로 모집한 자를 기쁘게 하려 함이라. 경기하는 자가 법대로 경기하지 아니하면 면류관을 얻지 못할 것이며, 수고하는 농부가 곡식을 먼저 받는 것이 마땅하니라"(디모데후서 2:3-6).

좋은 군사는 적을 겁에 질려 초조하게 만드는 특징이 있습니다. 사도 바울이 가는 곳마다 그리스도 십자가의 원수들은 떨며 초조해했습니다. 에베소에서 바울의 복음 전파로 말미암아 은장색 데메드리오는 자신의 모든 이익의 소망이 끊어졌다는 생각으로 초조해졌습니다(사도행전 19:23-28 참조). 그리하여 그는 거짓 종교 지도자들과 허다한 사람들을 선동하여 바울을 대적했으나 바울은 조금도 두려워하지 않고 담대히 맞섰습니다. 그는 참으로 훌륭한 군인의 표상이었습니다.

운동선수는 물론 다른 경쟁 상대와 겨루어 이겨야 하지만, 먼저 자기 자신과 싸워 이겨야 하는 경우가 더 많습니다. 자기 안에 있는 의심이나 두려움, 게으름, 그리고 제어되지 않는 욕망들을 극복해야 합니다. 사도 바울도 경주자로서 자신과의 투쟁에 대해서 다음과 같이 말하고 있습니다. "운동장에서 달음질하는 자들이 다 달아날지라도 오직 상 얻는 자는 하나인 줄을 너희가 알지 못하느냐? 너희도 얻도록 이와 같이 달음질하라. 이기기를 다투는 자마다 모든 일에 절제하나니, 저희는 썩을 면류관을 얻고자 하되 우리는 썩지 아니할 것을 얻고자 하노라. 그러므로 내가 달음질하기를 향방 없는 것같이 아니하고, 싸우기를 허공을 치는 것같이 아니하여, 내가 내 몸을 쳐 복종하게 함은 내가 남에게 전파한 후에 자기가 도리어 버림이 될까 두려워함이로라"(고린도전서 9:24-27). 지도자는 끊임없이 다른 사람들과의 관계에서 비롯되는 문제와 어려움에 맞서 싸워야 하지만 오히려 주로 싸워야 할 투쟁 대상은 바로 자기 자신입니다.

농부는 가뭄이나 홍수, 그리고 여러 종류의 전염병과 싸워야 합니다. 한번은 아이오와에 있는 우리 밭 가운데 하나가 우박을 동반한 엄청난 폭풍우로 심한 타격을 받았던 것을 기억합니다. 그 밭에는 옥수수 싹이 이제 막 고개를 내밀고 있었는데, 폭풍우가 할퀴고 간 밭은 옥수수가 형체도 알아볼 수 없을 정도로 엉망이 되어 버렸습니다. 바람이 얼마나 거셌던지 교회의 뾰족탑이 부러지고 유리창이 수없이 깨졌습니다. 그때 아이오와의 쉐난도에 있던 한 종자 회사에서 우리가 당한 재해를 듣고 도움을 주었습니다. 그들은 콩을 한 트럭 갖다 주며 그것을 심어 겨울 동안 가축 사료로 쓰라고 일러 주었습니다.

우리는 콩에 대해서는 아는 바가 별로 없었지만 옥수수를 다시 심기에는 너무 늦었기에 그렇게 해보기로 했습니다. 과연 겨울 내내 가축을 충분히 먹일 수 있었습니다. 그 폭풍우는 농장을 경영하는 나의 형에게 엄청난 타격을 주었지만, 오늘날까지 그는 어떤 난관에도 굴하지 않고 싸워 이겨 내고 있습니다. 사실 그는 두 손 들고 "볼 장 다 봤다"며 주저앉을 수도 있었습니다. 그러나 그는 그렇게 하지 않았습니다. 그는 진정한 감투 정신을 보여 주었습니다.

월드런 스코트와 그의 가족이 1950년대 말에 중동 지역의 선교사로 파송된 후, 모든 일이 순탄하지 않았습니다. 생활에 필수적인 가구조차 구입하기 쉽지 않을 정도로 재정이 어려웠습니다. 그래서 그의 아내 조안이 가방 덮개를 만들어 여행용 큰 가방에 씌운 다음 거실에 그 가방을 놓고 앉아 지내야 했습니다. 한번은 난방 보일러가 터져서 조안이 심하게 화상을 입은 일도 있었습니다. 어려움은 여기에서 그치지 않았습니다. 설상가상으로 스코트가 감옥에 갇히기조차 했습니다. 그야말로 진퇴양난이었습니다. 그러나 그의 가족들은 감투 정신과 하나님의 약속에 대한 깊은 믿음으로 투쟁을 계속해 나갈 수 있었습니다. 그로 말미암아 오늘날 중동 지역에서는 수많은 남녀 젊은이들이 그리스도의 복음을 깨닫고 삶의 변화를 체험하는 놀라운 역사가 일어나고 있습니다. 진정한 그리스도 군사가 보여 준 훌륭한 모범이 있었기에 그들은 남달리 강인하고 굳센 영적 군사가 될 수 있었습니다. 부정적이고 열매 맺기가 불가능해 보였던 곳이 하늘나라를 위한 추수터가 되었습니다.

초대교회 교인들의 뛰어난 점도 바로 이 감투 정신에 있었습니다. 그들은 하나님을 위해 전적으로 헌신된 군사로서 기꺼이 고난받는 삶을 선택했습니다. 그들은 "우리 주 예수 그리스도의 이름을 위하여 생명을 아끼지 아니하는 자"들이었습니다(사도행전 15:25 참조). 오늘날도 주님의 일을 하는 지도자에게 필요한 특성이 바로 이 감투 정신이라고 말할 수 있습니까? 그보다는 대개 지적 능력이나 학력을 최고로 치는 실수를 범하고 있는 것을 보게 됩니다. 한번은 어떤 사람이 1,000권의 장서를 소유하고 있다는 사실 때문에 칭찬이 자자한 것을 들은 적이 있습니다. 물론 많은 책을 소유하고 있다거나 읽었다고 해서 잘못이 있는 것은 아닙니다. 우리는 모든 머리와 지식을 다 동원해 우리 주 하나님을 사랑해야 합니다. 그러나 지도자에게 필요한 것은 머리만이 아닙니다. 모든 게 뒤죽박죽 된 상황 속에서도 계속 전진할 수 있게 해주는 것은 명석한 두뇌나 해박한 지식이 아니라 바로 지칠 줄 모르는 감투 정신입니다.

바울이 주님을 만난 직후 주님께서는 그가 겪어야 할 어려움을 미리 말씀해 주셨습니다. "주께서 가라사대, '가라. 이 사람은 내 이름을 이방인과 임금들과 이스라엘 자손들 앞에 전하기 위하여 택한 나의 그릇이라. 그가 내 이름을 위하여 해를 얼마나 받아야 할 것을 내가 그에게 보이리라' 하시니"(사도행전 9:15-16). 바울은 자신이 누리게 될 상급도 알고 있었지만 또한 치러야 할 값에 대해서도 알았습니다. 즉 제자로 따르는 데에는 희생이 필요하다는 것을 잘 알았던 것입니다. 후에 그는 이렇게 말했습니다. "그러나 내게는 우리 주 예수 그리스도의 십자가 외에 결코 자랑할 것이 없으니, 그리스도로 말미암아 세상이 나를 대하여 십자가에 못 박히고 내가 또한 세상을 대하여 그러하니라. 이후로는 누구든지 나를 괴롭게 말라. 내가 내 몸에 예수의 흔적을 가졌노라"(갈라디아서 6:14,17). 사도 바울은 자기를 비방하는 자들을 책망하고자 할 때, 자기 등에 있는 채찍 자국을 보여 주었습니다.

실제 초대교회 성도들은 바울과 같이 온갖 위험과 채찍, 그리고 맹수의 위협 가운데 살았습니다. 그들은 문자 그대로 영웅들이었습니다. 그 같은 위험과 위협이 없는 오늘날 우리에게도 하나님께서 과거 하나님의 사람들이 보여 준 불굴의 정신과 굳센 믿음을 허락해 주시길 기도합니다.

지금까지 이야기한 세 가지의 태도는 영향력 있는 지도자의 삶에 필수적인 요소입니다. 우리는 전심으로 행하고, 일심으로 행하며, 또한 감투 정신을 가져야 합니다. 이러한 것들 없이도 프로그램은 진행될 수 있습니다. 그러나 하나님께 쓰임을 받아, 끝까지 남는 많은 열매들을 거두기 위해서 지도자는 이 세 가지를 반드시 갖추어야 합니다.

7

성공으로 이끄는 기반의 설정

시작을 잘할 것

무슨 일이든 시작하기가 어렵습니다. 새롭게 일을 맡았는데 그 일이 생소한데다가 또 주위 사람들의 따가운 시선이 의식될 때 아마 당신은 안절부절못할 것입니다. 그럴 때 어떤 사람들은 '무턱대고 일을 벌이기 시작'합니다. 그렇게 해서라도 초조함을 감추어 보기 위해서입니다. 그러나 그럴 경우 대개는 주위 사람들을 어렵게 만들고 그 벌여 놓은 일들을 수습하느라 몇 달을 보내야 합니다.

네비게이토 선교회의 국제 회장이었던 론 쎄니가 한번은 남캘리포니아에서 장병 휴게실을 운영할 당시에 배웠던 교훈을 들려주었습니다. 처음에는 휴게실 앞에 서서 지나가는 군인들에게 초대장을 일일이 건네주면서 초대를 했습니다. 그러나 대부분은 그냥 지나쳐 가버렸습니다. 그때 좋은 생각이 떠올랐습니다. 휴게실에서 한두 구역쯤 떨어진 곳에 서 있다가 지나가는 군인들과 함께 걸으면서 그중 한두 사람에게 말을 붙여 대화를 시작합니다. 그러다가 휴게실 앞에 이르면 잠깐 들러 커피나 한 잔 하자고 청하는 것이었습니다. 그랬을 때 생각보다는 꽤 많은 사람들이 이에 응해 주었습니다.

새로운 일을 시작할 때는 이렇게 해야 합니다. 길을 가는 사람을 멈춰 세우고 갑작스레 방향을 바꾸라고 하지 말아야 합니다. 그들에게 보조를 맞추어 그들이 가고자 하는 방향으로 함께 걸어가 주기도 해야 합니다. 그러다가 어느 정도 말이 통하게 되면 얼마든지 방향 전환도 제의해 볼 수 있을 것입니다. 이렇게 하는 것이 그들의 관심을 사고 호의적인 반응을 얻기에 훨씬 용이합니다.

성경에서는 이 문제에 대해 좀 색다른 상황을 통하여 몇 가지 지침을 제시해 주고 있습니다. 사울 왕은 영적 지도자의 모범으로는 별로 거론되지 않는 인물입니다. 설교나 책에서는 흔히 그의 실수나 약점들이 주로 거론되는 편입니다. 그러나 나는 그가 지도자로 첫발을 내디딜 때 보여 주었던 지혜를 통해 많은 것을 배웁니다. 우리는 그의 본을 통해서 중요한 교훈을 얻을 수 있습니다.

"베냐민 지파를 그 가족대로 가까이 오게 하였더니 마드리의 가족이 뽑혔고 그중에서 기스의 아들 사울이 뽑혔으나 그를 찾아도 만나지 못한지라. 그러므로 그들이 또 여호와께 묻되, '그 사람이 여기 왔나이까?' 여호와께서 대답하시되, '그가 행구 사이에 숨었느니라'"(사무엘상 10:21-22). 이 말씀을 통해서 볼 때 사울은 왕위를 구하지도 않았고 자신을 나타내려고 하지도 않았음이 분명합니다. 자신의 몸을 낮춘 것을 볼 수 있습니다.

사울은 모든 백성이 보는 가운데서 하나님에 의해 왕으로 뽑혔음에도 불구하고 잠잠히 집으로 돌아갔습니다. 그는 몇몇 사람들이 자신을 조롱할 때에도 자기의 마음을 잘 다스리는 놀라운 자제력을 보여 주었습니다. "어떤 비류는 가로되, '이 사람이 어떻게 우리를 구원하겠느냐?' 하고 멸시하며 예물을 드리지 아니하니라. 그러나 그는 잠잠하였더라"(사무엘상 10:27).

얼마 후 사울이 지도자로서의 용단을 필요로 하는 사태가 발생했습니다(사무엘상 11장). 전쟁이 일어난 것입니다. 암몬 족속이 이스라엘의 길르앗 야베스로 쳐들어와 포위하였습니다. 이에 야베스 사람들은 암몬 왕에게 사자를 보내 "우리의 목숨만은 살려 주겠다고 약속해 주시오! 그렇게만 해주시면 우리가 기꺼이 항복하고 노예가 되어 섬기겠습니다" 하고 애원했습니다. 그러나 암몬 족속의 왕은 그들의 애원을 조롱으로 바꾸어서 대답하였습니다. "그렇다면 한 가지 조건이 있다. 내가 너희의 오른쪽 눈알을 모두 빼어서 온 이스라엘에 씻을 수 없는 수치와 모욕을 당하게 한다면 너희를 살려 줄 뿐만 아니라 너희가 원하는 계약에 기꺼이 응하겠다." 야베스 사람들에게 있어서 그 요구를 들어준다는 것은 자기 방어 능력의 상실 곧 죽음과 다를 바가 없었습니다. 그 당시 전쟁을 할 때는 왼손에 방패를 들고 오른손에 칼을 쥐게 되므로 당연히 방패가 왼쪽 눈의 시야를 거의 가리게 되고, 따라서 오른쪽 눈이 없이는 앞을 볼 수 없어 전쟁을 할 수 없었습니다. 한쪽 눈만 가지고도 양 치는 일이나 농사짓는 일은 가능했겠지만, 자기의 목숨을 지키는 것은 불가능했습니다.

한편, 그때까지도 사울은 집에 돌아와 양을 치고 농사짓는 일에 몰두하고 있었습니다. 이 사실만 보더라도 그가 어떠한 위인인가를 충분히 짐작하고도 남음이 있습니다. 그는 분명 이스라엘의 왕으로 기름부음을 받았으나 성급히 그의 권력을 휘두르는 무모한 행동을 하지 않았습니다. 오히려 그는 양들과 함께 조용히 뒷전에 머물러 있었습니다. 물론 그는 백성들에게 가장 효과적인 도움을 줄 수 있는 적절한 상황이 전개되기만을 기다리고 있었던 것입니다. 그는 자신에게 새롭게 부여된 책임에 걸맞은 필요가 생길 때를 기다렸습니다. 그래야만 백성들도 그의 리더십을 인정하고 기꺼이 그를 따르게 될 것이기 때문입니다.

암몬 족속의 도발 당시 상황은 바로 이러했습니다. 사울은 곤경에 처한 야베스 사람들의 소식을 듣고 사자를 보내어 군사를 모집했습니다. 군사들은 한 사람같이 나왔다고 했습니다(사무엘상 11:7 참조). 결국 그 전쟁에서 사울의 군대는 암몬 족속을 크게 무찔렀습니다.

백성들은 침략자들의 손아귀에서 벗어나자 사울을 온전히 신뢰하게 되었고, 이제는 전에 사울을 조롱했던 사람들을 끌어내 죽이려고까지 했습니다. "백성이 사무엘에게 이르되, '사울이 어찌 우리를 다스리겠나이까 한 자가 누구니이까? 그들을 끌어내소서. 우리가 죽이겠나이다'"(사무엘상 11:12).

이에 사울은 그들을 말리며 다음과 같이 말했습니다. "이날에는 사람을 죽이지 못하리니, 여호와께서 오늘날 이스라엘 중에 구원을 베푸셨음이니라"(사무엘상 11:13).

주목할 만한 사실은, "내가 내 힘으로 이것도 했고 저것도 했다"라고 말하며 자신을 드러내지 않고 도리어 승리의 모든 영광을 하나님께 돌린 것입니다.

이제 사울은 이스라엘 백성들로부터 온전한 신임과 충성을 얻게 되었습니다. 백성들은 그를 따를 준비가 되었습니다. 그의 출발은 정말로 훌륭했습니다. 하나님께서 그를 부르셨다는 사실도 이젠 모든 사람에게 명백해졌습니다. 그가 단호한 믿음과 행동을 통해 백성들을 위기로부터 구출해 냈기 때문입니다.

이것은 지도자로 부름받은 모든 사람들에게 커다란 교훈을 줍니다. 한꺼번에 많은 변화를 일으키고자 서둘러서는 안 됩니다. 또한 자기가 지도자라는 사실을 일부러 드러내려고 할 필요도 없습니다. 어떤 변화가 일어나기를 원한다면, 먼저 사람들로 하여금 그 방향으로 생각하도록 만들어야 합니다.

내가 론 쎄니로부터 배운 또 하나의 교훈이 있습니다. 그는 네비게이토의 다른 형제들보다 앞서 보고 생각할 수 있는 통찰력이 있었을 뿐 아니라 자신의 생각을 우리에게 슬쩍 내비치거나 질문을 던져서 생각의 물꼬를 터주는 지혜가 있었습니다. 그래서 그 아이디어가 실제로 발의되면, 그 아이디어는 우리도 한동안 같이 생각해 왔던 것이기 때문에 거부감 없이 받아들이게 됩니다.

변화는 가능합니다. 새로운 아이디어가 채택될 수 있고 새로운 방향으로의 전환도 가능합니다. 그러나 그렇게 하는 데에는 많은 시간이 요구됩니다. 일반적으로 사람들은 변화를 거부하기 때문입니다. 그러므로 처음에는 잠깐 동안이라도 그들의 보조에 맞추어 함께 걸어가 주는 것이 필요합니다. 그리고 나서야 그들을 새롭고 보다 생산적인 길로 이끌어 갈 수 있기 때문입니다.

당신의 일에 정통할 것

시작을 잘했으면 그 다음에는 일을 잘 마치는 것이 중요합니다. 일을 잘 마치기 위해서는 일에 정통해야 합니다. 그 일에 관한 한 모든 해결책을 가진 사람으로 인정되어야 합니다. 어떤 일에 대한 계획을 세워 제안을 할 때는 그 일에 관련된 제반 사항을 숙지해야 합니다. 소요 예산 또는 비용은 어떻게 되는지, 또 시간은 어느 정도나 걸리는지를 정확하게 파악하고 있어야 합니다. 또한 그 계획의 타당성과 효과를 잘 보여 줄 수 있는 충분한 자료를 가지고 있어야 합니다.

구약의 느헤미야서는 지도자들이 즐겨 공부하는 책입니다. 예루살렘 총독이었던 느헤미야는 매우 유능한 행정가로 정평이 나 있습니다. 그는 자기 일에 정통했던 사람이었습니다. 이제 그의 삶을 살펴보며 일에 정통하는 법을 배워 보도록 하겠습니다.

느헤미야는 왕의 술관원이라는 높은 지위를 가지고 궁중에서 편안한 생활을 하고 있었습니다. 하루는 예루살렘에 남아 있는 동족들의 절망적인 상황에 관해 듣게 되었습니다. "저희가 내게 이르되, '사로잡힘을 면하고 남은 자가 그 도에서 큰 환난을 만나고, 능욕을 받으며, 예루살렘 성은 훼파되고, 성문들은 소화되었다' 하는지라"(느헤미야 1:3).

이 소식을 들은 느헤미야는 마음속 깊이 큰 안타까움과 책임감을 느끼고 하나님 앞에 나아가 무릎을 꿇고 기도하게 되었습니다 (4절 참조). 얼마 후 여느 때처럼 느헤미야는 왕을 보좌하고 있었습니다. 그의 마음은 예루살렘에 가 있었고 무거웠습니다. 수심에 잠긴 그의 얼굴을 보고 왕이 물었습니다. "네가 병이 없거늘 어찌하여 얼굴에 수색이 있느냐? 이는 필연 네 마음에 근심이 있음이로다"(느헤미야 2:2).

느헤미야의 근심을 듣고 왕은 곧 "네가 무엇을 원하느냐?"(4절)고 물었습니다. 느헤미야는 먼저 하늘의 하나님께 기도했습니다. 그리고는 왕에게 지혜롭게 대답했습니다. 그는 이미 문제가 무엇이고, 또 그 문제를 해결하기 위해서는 무엇이 필요한지를 잘 알고 있었습니다. 만약 그렇지 않았더라면 왕의 갑작스런 질문에 당황한 나머지 십중팔구는 좋은 기회를 놓쳐 버렸을 것입니다.

느헤미야의 대답과 이어지는 왕과의 대화를 살펴봅시다. "왕에게 고하되, '왕이 만일 즐겨하시고 종이 왕의 목전에서 은혜를 얻었사오면 나를 유다 땅 나의 열조의 묘실 있는 성읍에 보내어 그 성을 중건하게 하옵소서' 하였는데, 그때에 왕후도 왕의 곁에 앉았더라. 왕이 내게 이르시되, '네가 몇 날에 행할 길이며 어느 때에 돌아오겠느냐?' 하고 왕이 나를 보내기를 즐겨하시기로, 내가 기한을 정하고, 내가 또 왕에게 아뢰되, '왕이 만일 즐겨하시거든 강 서편 총독들에게 내리시는 조서를 내게 주사 저희로 나를 용납하여 유다까지 통과하게 하시고, 또 왕의 삼림 감독 아삽에게 조서를 내리사 저로 전에 속한 영문의 문과 성곽과 나의 거할 집을 위하여 들보 재목을 주게 하옵소서' 하매, 내 하나님의 선한 손이 나를 도우심으로 왕이 허락하고"(느헤미야 2:5-8).

　이 짤막한 장면이 주는 교훈을 깨닫게 되길 바랍니다. 이미 살펴본 대로 느헤미야는 항상 먼저 하나님께 무릎을 꿇고 그 문제에 대해 많은 시간을 기도했음이 분명합니다. 또한 기도하는 것으로 그치지 아니하고, 그 일을 위해 필요한 것이 무엇인지를 곰곰이 생각했습니다. 그리고 자신의 기도를 하나님께서 응답하실 것이라는 믿음을 가지고 여러 가지 계획을 세웠을 것입니다. 그리하여 드디어 기도가 응답되었을 때는 벌써 행동에 옮길 수 있는 모든 준비가 되어 있었던 것입니다.

　만일 왕이 그에게 무엇이 필요한지 물었을 때 다음과 같이 답했다면 과연 일이 어떻게 되었을 것 같습니까? "글쎄요. 왕이시여, 그것까지는 미처 생각해 보질 못했습니다. 그저 왕의 허락을 받아 그곳에 가보고 싶다는 생각뿐이옵니다. 물론 이 일은 왕의 도움이 없이는 불가한 일입니다. 그러니 일단은 며칠 동안 생각할 수 있는 말미를 허락해 주소서."

　그러나 그는 그렇게 말하지 않았습니다. 그는 이미 일의 모든 정황과 그 필요가 무엇인지를 정확히 알고 있었습니다. 즉 강 건너편에 있는 총독들에게 내리는 조서를 얻는 것과 왕의 삼림 감독에게 조서를 내리는 것, 군대 장관과 마병 등등, 일을 처리하는 데 필요한 모든 것들을 이미 훤히 꿰뚫고 있었습니다.

구체적인 계획을 세울 것

　지도자로서 어떤 책임을 맡게 되면 먼저 시간을 들여 자신에게 부여된 임무가 무엇인지를 정확히 파악해야 합니다. 다음에는 서로 다른, 그러나 관련이 있는 두 가지 목표로 나누어 생각하는 것이 좋습니다. 한 가지는 그 일을 통해 그리스도의 사역이 확장되게 하는 것이며, 다른 한 가지는 당신이 이끌고 있는 사람들 각자가 주님과의 깊은 교제를 통해 더욱 생산적인 그리스도의 몸의 지체가 되도록 돕는 것입니다.

우선 그리스도의 사역을 확장시키는 목표를 어떻게 달성할 수 있을지에 대해 토의해 봅시다. 이 목표를 이루기 위해서 예를 들면, 교회 주변 지역에 복음을 전할 계획을 세우고 각 집에 전도용 소책자를 배포하는 계획을 세울 수 있을 것입니다. 그리고는 이 계획을 더 세부적인 단위로 나누고 그것을 수행해 나갈 수 있는 질적인 사람들을 찾는 것이 필요합니다. 그리하여 그들에게 실제적인 책임과 권한을 부여하고 그들이 곁길로 빗나가지 않도록 수시로 점검해 주어야 합니다.

일을 효과적으로 해나가기 위해서는 우리가 보통 POLE이라고 부르는 4단계의 과정이 필요합니다. 곧, 계획(Plan), 조직(Organize), 인도(Lead), 그리고 평가(Evaluate)를 일컫는 것으로 각 단어의 첫 글자를 따서 POLE이라고 합니다. 그렇지만 이것도 실제 일을 수행해 나가면서 적용하지 않으면 아무 쓸데없는 탁상공론이 될 수밖에 없습니다. 실례를 하나 들어 봅시다. 당신의 그룹에서 어느 토요일을 택하여 교회와 주변 지역의 대청소를 하기로 했다고 합시다. 그렇다면 목표는 이미 정해졌습니다. 엄동설한이 막 지난 이른 봄이기에 치울 것들이 꽤 많습니다.

그래서 오전 9시에 모여 정오까지 계속 작업을 하기로 결정했습니다. 그리고 각자 갈퀴, 물통, 걸레, 페인트 붓, 빗자루, 자루

걸레와 그 밖의 필요한 도구를 챙겨 오라고 일렀습니다.

드디어 그날이 되어 모두 모였습니다. 잠시 함께 머리 숙여 그 일을 하나님께 의뢰하는 기도 시간을 가졌습니다. 그러고 나서 각 사람에게 적절한 일을 분담해 주었습니다. 존은 두 사람을 데리고 잔디밭 청소를 맡았고, 피트와 행크는 유리창 청소를 맡았습니다. 그리고 당신은 다른 4명의 사람들과 더불어 지하실 청소 및 여기저기 벗겨진 벽에 페인트칠을 하기로 했습니다.

한 시간쯤 지나 존이 와서 잔디의 갈퀴질 및 청소가 순조롭게 진행되고 있다고 보고하면서, 화원에 가서 꽃을 좀 사다 심어도 되겠느냐고 물었습니다. 당신이 직접 잔디밭으로 가서 상황을 확인해 보니, 다른 일에 손을 대기 시작하면 잔디밭 청소를 제시간에 끝내는 것이 불가능해 보였습니다. 그래서 원래 그들이 하기로 한 잔디밭 청소를 시간 전에 마치게 되면 꽃을 사다 심을 수 있지 않겠느냐고 말했습니다. 그러자 존도 당신의 제안에 기꺼이 동의하고 작업을 다시 계속했습니다.

이 일을 처리하는 데 있어서 물론 몇 가지 다른 방법이 있을 수 있습니다. 한 가지는 다른 일에 손대려는 것을 궤도 이탈로 간주하고, 지금 하는 일이나 잘하라며 일축해 버릴 수도 있습니다. 그렇게 될 경우, 다음 두 가지 결과가 초래될 수 있습니다. 첫째는 당신의 말로 인해 존은 의욕을 상실할 수 있습니다. 둘째는 앞으론 존 편에서 먼저 아이디어를 나누는 일은 없게 될 것입니다. 그래서 나중에 이웃에 전도를 하는 데 좋은 방법들을 이야기해 보라고 해도 존은 또 다시 무시당할까 봐 자신의 생각을 꺼내려 들지도 않을 것입니다.

오전 11시쯤 되어 전반적인 작업 진행 상황을 파악하기 위해 한 바퀴 둘러봅니다. 피트와 행크의 유리창 닦는 일이 아직 많이 남아 있는 것이 발견됩니다. 반면 당신과 함께 지하실 청소를 하던 작업조는 예정보다 빨리 끝날 것 같아 보였습니다. 그래서 지하실 작업조 중 두 사람을 피트와 행크에게 보내 유리창 닦는 것을 돕도록 했습니다. 드디어 정오가 되었고 작업은 예정대로 모두 끝이 났습니다. 다 함께 모여 연장을 닦고 정리한 다음 잘 마칠 수 있도록 도와주신 주님께 감사를 드렸습니다. 그리고는 모두 가벼운 마음으로 집으로 향했습니다.

어떠한 일이든지 지금까지 예를 들어 설명한 형식으로 진행할 수 있습니다. 신중히 생각하여 계획을 세워야 합니다. 그러고 나서 일을 분담할 때에는 각 구성원들로 하여금 자기가 맡은 일과 무엇을 누구에게 보고해야 할지를 정확히 알고 있도록 해주어야 합니다. 일의 분담이 끝나면 리더의 지휘하에 작업을 시작합니다. 그때에 리더 자신이 팔을 걷어붙이고 솔선수범해야 합니다. 일이 진행되는 동안 리더는 간간이 중간 평가를 해보아서 잘못된 것들은 그때그때 시정해 나가도록 합니다. 일을 다 마친 뒤에는 함께 모여 전반적인 평가와 함께 개선점들을 토의해 보는 것은 매우 유익한 일입니다. 이를 통해 장차 더욱 훌륭한 계획을 세울 수 있기 때문입니다.

자! 그럼 이 모든 과정 가운데서 두 가지 구체적인 사항, 즉 핵심 멤버를 선택하는 것과 리더로서 당신의 참여에 대해 좀 더 자세히 살펴보기로 하겠습니다.

우선 사람을 선택하는 문제부터 봅시다. 가장 칠을 잘한다고 해서 반드시 칠 작업팀의 가장 좋은 리더가 되는 것은 아닙니다. 리더는 물론 일에 대해서도 잘 알아야겠지만, 자기 팀의 멤버들이 최선을 다할 수 있도록 힘을 북돋워 팀의 사기를 최고의 수준으로 유지시킬 수 있는 사람이 되어야 합니다.

예수님께서도 12사도를 선택하시기 전날 밤, 밤이 맟도록 기도하셨습니다(누가복음 6:12-13 참조). 사도 바울도 디모데에게, "또 네가 많은 증인 앞에서 내게 들은 바를 충성된 사람들에게 부탁하라. 저희가 또 다른 사람들을 가르칠 수 있으리라"(디모데후서 2:2)고 말했습니다. 다른 사람을 가르칠 수 있는 충성된 사람을 찾아야 합니다.

어떤 사람이 우리 팀의 한 멤버가 되어 처음 일을 시작할 때면 나는 그가 언제 팀에서 하는 일을 '우리 일'이라고 말하는가를 눈여겨봅니다. 이렇게 말하는 것은 그가 주인 의식을 가지고 있다는 증거가 되기 때문입니다. 팀에 새롭게 들어오는 자들은 대개 방관자적인 입장에서 무슨 일이 어떻게 돌아가는지를 바라보고 있다가, 시간이 흐르면서 점점 적극적으로 그 일에 함께 참여하게 됩니다. 리더는 모든 멤버가 다 방관자의 위치에서 벗어나 적극적인 참여자가 될 수 있도록 이끌어 나가야 합니다. 어떤 일을 이끌어 갈 책임자를 선발할 때는 반드시 전적으로 함께하고 있는 사람 가운데서 선택해야 합니다.

중요한 책임을 맡기기 전에 반드시 그가 정말 믿고 맡길 만한 사람인지를 신중히 생각해서 결정해야 합니다. 이것은 물론 쉬운 일이 아닙니다. 일반적으로 한 사람을 지도자로 세우는 것보다 지도자의 위치에서 탈락시키는 것이 훨씬 더 어렵다는 사실을 명심하도록 하십시오. 바울은 디모데에게 "아무에게나 경솔히 안수하지 말라"(디모데전서 5:22 참조)고 권면했습니다. 이것은 지도자 임명에 관한 좋은 권면의 말씀입니다. 팀웍을 통해 일을 성취해 나가고자 할 때, 어떤 자질을 고려하여 핵심 멤버들을 선발할 것인가에 관하여는 후에 더 살펴보기로 하겠습니다.

이번에는 리더로서 당신의 참여에 대해 살펴보겠습니다. 리더는 소매를 걷어붙이고 구성원들과 함께 적극 참여하는 것이 필요합니까? 물론입니다! 솔선수범하여 본을 보이는 것이 참으로 중요합니다. 베드로는 초대교회 장로들에게 다음과 같이 권면했습니다. "너희 중에 있는 하나님의 양 무리를 치되, 부득이함으로 하지 말고 오직 하나님의 뜻을 좇아 자원함으로 하며, 더러운 이를 위하여 하지 말고 오직 즐거운 뜻으로 하며, 맡기운 자들에게 주장하는 자세를 하지 말고 오직 양 무리의 본이 되라"(베드로전서 5:2-3). 우리들도 역시 '주장하는' 자세가 아닌 '본이 되는' 자세로 임해야 합니다. 모든 그리스도인들을 다스리고 주관하시는 분은 오직 주님뿐이시기 때문입니다.

다른 사람들로 하여금 어떤 일을 하게 하려면 먼저 당신부터 그 일을 해야 합니다. 한번은 하계 성경공부반의 교사를 맡은 적이 있습니다. 그때 정기적으로 참석하고 있던 청년들의 수가 20명 정도였습니다. 그래서 우리는 참석자의 수를 늘리기로 목표를 세웠습니다.

처음 두세 주간 동안 계속해서 사람들을 초청하도록 참석자들을 독려했습니다. 그러나 새로운 참석자는 아무도 없었습니다. 그래서 나는 이 문제를 두고 간절히 기도하기 시작했습니다. 기도하던 중에 왜 아무도 사람들을 새롭게 데려오지 않는지 그 이유를 깨닫게 되었습니다. 내가 먼저 데려오지 않았기 때문이었습니다.

나는 성경공부반에 초청할 젊은이들을 어떻게 만날 것인지 생각하기 시작했습니다. 어느 주일날 나는 교회 가까이에 있는 공원에서 배회하고 있는 젊은 군인들을 눈여겨보게 되었습니다. 그때 주님께서 나에게 좋은 생각이 떠오르게 해주셨습니다.

다음 주에 아내와 나는 두 자녀를 데리고 30분 일찍 교회에 도착했습니다. 우리는 공원을 거닐다가 군인들 몇 명을 성경공부에 초대했습니다. 한 부부와 두 자녀의 초청에 과히 손해 볼 것 같지는 않아 보였던지 그들 중 몇 명이 우리를 따라왔습니다. 사실 그들에게는 별달리 할 일이 없었습니다. 새로 온 사람들을 소개하는 시간이 되어 나는 함께 온 서너 명의 젊은이들을 소개하게 되었습니다.

이러한 초청은 그 다음 주에도 계속되었습니다. 그러자 한번은 멤버 중 하나가 나에게 찾아와 어디에서 이 젊은이들을 데려왔느냐고 물었습니다. 나는 성경공부 시작 전에 우리가 하고 있는 일들을 알려 주었습니다. 그는 나의 말에 매우 흥미를 느끼면서 자기도 함께할 수 있느냐고 물었습니다. 그 다음 주에는 그 친구까지 합세하여 각기 공원을 돌아다니며 몇 명씩의 젊은이들을 초청할 수 있었습니다. 이렇게 되자 다른 사람들도 점차 관심을 갖게 되어 우리는 모두 이 일을 함께 하게 되었습니다.

여름 방학이 끝날 무렵에는 수십 명의 젊은이들이 주님을 알게 되었고, 우리 성경공부 모임은 매주 평균 180여 명이 모이게 되었습니다. 나는 이 작은 일을 통해 매우 귀중한 교훈을 얻었습니다. 리더로서의 책임은 그들을 가르칠 뿐만 아니라 그들을 이끌어 주는 것입니다. 이에 대하여 잠언 4:11 말씀은 다음과 같이 요약하고 있습니다. "내가 지혜로운 길로 네게 가르쳤으며 정직한 첩경으로 너를 인도하였은즉."

당신이 이끄는 그룹을 통해 일이 성취되는 것을 보아야 할 뿐만 아니라, 그룹 멤버 각자의 삶에도 커다란 역사가 일어나야 합니다. 실제로 지도자로서의 성공 여부는 당신이 그 그룹을 이끌면서 또 다른 지도자들을 양성해 놓았는지 여부에 달려 있습니다.

당신이 책임지고 있는 각 구성원들의 삶 속에 그리스도를 닮은 인격이 계발되도록 돕는 것은 지도자로서 가져야 할 중요한 목표 중의 하나입니다. 이것은 대단히 중요한 문제이므로 11장에서 좀 더 상세히 다루게 됩니다.

지금까지 살펴본 것은 지도자로서의 책임을 수행해 나가는 몇 가지 방법이었습니다. 이러한 것을 배우기 위해서는 때로 어려운 과정들을 통과해야 할지도 모릅니다. 그리고 당신이 참다운 영적 지도자로 성장해 감에 따라 이러한 것이 매우 중요하다는 사실을 점차 알게 될 줄로 믿습니다.

8

어떻게 최대의 성과를 거둘 것인가

할일은 많고 시간은 없다는 것은 누구나 가지고 있는 공통적인 문제입니다. 가정주부, 직장인, 사업가, 학생 등 모두가 시간에 쫓기면서 살고 있습니다. 마무리 지어야 할 사업들, 연구해야 할 과제들, 늦어지고 있는 보고서들…. 날짜와 시간은 자꾸만 흘러가는데, 할 일은 하나도 줄지를 않으니 큰일입니다. 여유가 조금만 더 있다면 얼마나 좋겠습니까! 이제 당신의 생활에 변화를 줄 수 있는 간단한 비결을 몇 가지 나누고자 합니다.

지금 즉시 하라

구약성경의 민수기에는 간단한 아이디어가 하나 소개되어 있습니다. 그 책의 중심인물인 모세에게서 우리는 어떤 특징을 찾아낼 수 있겠습니까? 대단히 바쁜 사람이었다는 사실입니다. 모세에게 주어진 임무는 애굽에서 종살이하던 수백만 명의 이스라엘 백성들을 구출하여 이끌고 불볕에 타는 듯한 시내 광야를 통과하여 약속의 땅으로 인도해 들이는 일이었습니다. 그러나 그 백성들은 늘 어리석은 짓을 일삼고 하나님이 싫어하시는 일을 저지르는 등 말썽만 부렸습니다. 번번이 이들은 하나님의 인내심을 시험했고, 그때마다 모세는 이 일을 바로잡으려고 애썼습니다. 또한 그는 믿음과 의무, 순종, 용기, 정결한 삶에 대한 교훈을 백성들에게 주기 위해 부단히 애를 썼습니다. 그는 광야에서 하나님의 훈련 프로그램을 책임 맡은 지도자였습니다.

백성들은 계속해서 양식이 없다느니, 물이 없다느니, 매일 먹는 음식이 똑같아 싫증이 난다느니 불평할 뿐만 아니라, 모세 자신에게까지 비난을 퍼부었습니다. 그들은 모세가 자기들을 죽이려고 애굽에서 이끌어 냈다고 대들었고, 혹은 그가 잘못된 여자를 아내로 삼았다느니, 혹은 그가 하나님의 말씀이라고 하는 모든 말은 그 자신을 높이기 위한 수단이라는 등 문제는 끝이 없는 것 같았고, 모세의 할 일은 태산 같았습니다.

이런 가운데 있는 모세에게 어느 날 하나님은 느닷없이 더 많은 일거리를 맡기셨습니다. "이스라엘 자손이 애굽 땅에서 나온 후 제이년 이월 일일에 여호와께서 시내 광야 회막에서 모세에게 일러 가라사대, '너희는 이스라엘 자손의 모든 회중 각 남자의 수를 그들의 가족과 종족을 따라 그 명수대로 계수할지니, 이스라엘 중 이십 세 이상으로 싸움에 나갈 만한 모든 자를 너와 아론은 그 군대대로 계수하되'"(민수기 1:1-3).

모세가 아무리 위대하다고 해도 그 역시 우리와 같은 인간이었습니다. 당신 같으면 그럴 때 어떻게 하겠습니까? 나 같으면 아마 이렇게 했을 것입니다. "인구 조사를 하라고요???!! 그것도 '모든' 사람을 계수하라고요? 맙소사! 주님, 주님께서는 그 일이 얼마나 엄청난 일인지 아시겠지요? 그렇지 않아도 전 할 일이 태산 같지 않습니까! 지금 제가 하고 있는 일을 좀 보십시오. 이 많은 백성들의 영적, 육적 필요를 채워 주어야 하는데, 그 일만 하더라도 저 혼자서 아침부터 밤늦게까지 뛰어다녀야 하는데다가, 전 성경까지 기록하고 있지 않습니까! 전 지금 너무 바쁩니다. 해야 할 일은 산더미같이 쌓였는데 시간은 너무 없어요. 그런데 지금 인구 조사를 하라고요?"

그럴듯한 변명이지요? 그러나 모세는 달랐습니다. 이제 진지한 마음으로 모세의 반응을 살펴봅시다. "모세와 아론이 지명된 이 사람들을 데리고 이월 일일에 온 회중을 모으니, 그들이 각기 가족과 종족을 따라 이십 세 이상으로 그 명수를 의지하여 자기 계통을 말하매"(17-18절).

당신은 모세가 처음 그 책임을 부여받았던 날짜를 주의해 보셨습니까? '2월 1일'이었습니다. 모세가 그 일을 시작한 날짜는 언제였습니까? '2월 1일'이었습니다. 어떻습니까! 여기에는 세 단어로 표현할 수 있는 굉장한 원리가 숨겨져 있습니다. **지금 즉시 하라**. 특별히 당신이 중요한 일을 수행하고 있다고 생각할 때 닥치는 일일수록 더욱 그렇습니다.

캘리포니아의 오클랜드에 있을 때의 일입니다. 포트오드에서 있는 군인들 모임에 말씀을 전하러 길을 나서려던 참이었습니다.

그 부대 군목은 내가 복음을 전할 수 있도록 만반의 준비를 갖추어 놓았습니다. 나는 그 일이 끝나면 곧바로 다른 지역에 가서 안드레 만찬*에 참석하여 말씀을 전하게 되어 있었습니다. 그 모임에서는 몇 그리스도인들이 믿지 않는 친구들을 초대하여 피자를 대접한 후 복음을 전하도록 되어 있었습니다. 시간이 빡빡했습니다. 그 두 모임에 다 참석하려면 저녁을 걸러야 할 형편이었습니다. 그래도 거기까지는 문제가 없었습니다. 그러나 내가 막 집을 나서려고 했을 때 소포가 하나 도착했습니다. 뜯어보니 상당히 긴 내용의 인사 기록 서식이 들어 있었는데, 선교회 본부에서 긴급히 필요로 하는 서류였습니다. 나와 동행키로 한 빌은 이미 자동차의 시동을 걸고 출발 준비를 마치고 대기하고 있었습니다. 어떻게 해야 할까?

그냥 가지고 가서 내일 할까? 그러나 내일은 홈레이크로 가서 하루 종일 훈련 프로그램을 인도하도록 되어 있었기 때문에 시간이 없었습니다.

나는 빌에게 엔진을 끄라고 하고서는 책상에 앉아서 상당한 시간을 들여 그 서식을 다 채워서 서류를 완성한 후 우편으로 발송하도록 해놓고 다시 차에 올라 그 모임 장소로 향했습니다. 만약 그때 그 일을 즉시 하지 않았더라면 나는 그 서류를 며칠 동안이

---

*안드레 만찬(Andrew Dinner)
여러 그리스도인들이 각자 믿지 않는 가족, 친척, 친구 등을 식사에 초대하여 함께 식사를 하며 자연스런 분위기가 이루어진 후에 그 자리에서 그들에게 복음을 전하는 전도 방법으로, 그 근거는 안드레가 자기의 형제 베드로를 주님께로 데려와 소개해 준 데 있다(요한복음 1:40-42).

나 가방 속에 넣어 가지고 다녔을 것입니다.

내가 하는 일에는 두 종류가 있습니다. 하나는 '내가 하고 싶은 일'이요, 다른 하나는 '내가 반드시 해야 할 일'입니다. 나는 내가 하고 싶은 일은 당장 하지만 내가 반드시 해야 할 일은 뒤로 미루는 경향이 있습니다. 그럴 경우, 문제는 마무리 짓지 못한 부담스러운 그 일이 언제나 내 소매를 잡아당겨서 나를 편치 못하게 만든다는 사실입니다.

군인들에게 예수 그리스도 안에 있는 하나님의 사랑을 전하는 것은 내게 무척 즐거운 일입니다. 안드레 만찬을 통해 복음을 전하여 믿지 않는 사람들이 그리스도께로 돌아오는 일을 보는 것도 큰 즐거움입니다. 그러나 본부에서 온 인사 기록 서식을 작성하는 일은 다소 귀찮은 일입니다. 어리석긴! 미룰 수도 있지 않은가! 본부에서 장거리 독촉 전화가 오면 내 빡빡한 스케줄을 들어 변명할 수도 있는데, 그들도 다 알 만한 사람들인데… 충분히 이해해 주겠지. 그러나 그 다음 주 내내 성경을 꺼내려고 가방을 열 때마다 그 서류 뭉치가 눈에 띄어 나를 괴롭힐 것입니다. 그래서 나는 바로 시간을 내어 그 일을 '지금 당장' 함으로써 짐을 벗어 버리고 가벼운 마음으로 길을 나설 수 있었습니다.

모세의 생애를 보면 좀처럼 '밀린 서류 뭉치'를 발견할 수가 없습니다. 그는 하나님께서 아무리 긴 인사 기록 서식을 보내 주시더라도, 앉아서 할 시간이 없다고 불평하거나, 정말로 중요한 다른 일이 있어서 그건 지금 못하겠다고 변명하거나, 그런 일은 다른 사람이 해야 할 일이라고 책임을 전가하지 않았습니다. 그는 그 일을 즉시 처리했던 것입니다.

이 말을 들으면 아마 '좋습니다. 그만하면 잘 알겠습니다. 그런 상황 가운데서라면 즉시 해치우는 게 얼마나 좋은지를 알겠지만 문제가 하나 있습니다. 나 혼자 하기엔 너무 벅차니 도움이 필요합니다'라고 생각할는지 모릅니다.

옳은 말입니다. 이런 상황은 우리 모두가 종종 부닥칩니다. 주일학교 교장은 교사들이 필요하고, 담임목사에게는 제직들이, 선교사에게는 물질적으로 후원해 줄 수 있는 후원자들이 필요합니다. 청년회 책임자는 청년들을 실어 나를 차량의 운전기사들을 필요로 하고 있습니다. 집사들에게는 불우 이웃을 돕는 일에 동참할 사람들이 필요하고, 여전도회 회원들 역시 연례 교회 만찬 준비에 도움을 필요로 하고 있습니다. 이러한 문제는 보편적이며, 누구에게나 한두 번씩은 닥치는 문제인 것입니다.

필요를 채워 주실 하나님을 의뢰하라

우리 그리스도인들은 삶의 갖가지 상황 가운데서 순간순간마다 불신자들이 도저히 경험할 수 없는 하나님의 축복들을 맛보면서 살아갑니다. 구약성경의 인물 중 가장 바쁜 사람의 하나였던 아론의 생애는 우리에게 좋은 본보기가 됩니다.

그가 제사장 직분을 위임받았을 때 보인 반응은 아마도 오늘날 우리의 반응과 다름이 없었으리라고 생각됩니다. 그는 감사와 희열, 흥분, 자기같이 무가치한 자를 택하셔서 이와 같이 중요한 일에 참여하는 특권을 주신 데 대한 고마움 등을 느꼈을 것입니다. "너는 또 아론과 그 아들들을 회막 문으로 데려다가 물로 씻기고, 아론에게 거룩한 옷을 입히고, 그에게 기름을 부어 거룩하게 하여 그로 내게 제사장의 직분을 행하게 하라"(출애굽기 40: 12-13).

아론이 자기의 일을 생각할 때 처음에는 그 직분의 엄청난 의미와 그 임무의 중요성이 그의 마음을 사로잡았을 것입니다. 얼마나 큰 특권입니까! 또한 자기 아들들도 자기 곁에서 함께 섬기게 되는 영광을 생각해 보십시오! 모든 사람 중에서 그는 진실로 하나님의 축복을 가장 많이 받은 사람이었습니다.

그러나 그들이 일단 그 일을 시작하자 또 다른 생각들이 잇달아 떠올랐습니다. '이건 분명 여러 면에서 너무 바쁜 일이야! 이 많은 백성들 모두가 끊임없이 희생제물을 가져오고, 짐승들은 계속 제단에 드려야 하고, 또 성소 안팎을 정결하게 유지하는 일만도 엄청난 일이란 말이야! 제물도 어떤 부분은 태워야 하고, 어떤 부분은 남겨 둬야 하고, 또 어떤 부분은 묻어 버려야 하니, 매일같이 일, 일거리만 잔뜩 쌓였어! 도와줄 사람이 없다면 도저히 감당할 수 없을 거야!'

한동안 그 생각이 아론에게서 떠나지 않고 있을 때, 그의 두 아들 나답과 아비후가 여호와께서 명하시지 않은 다른 불로 여호와 앞에 분향하다가 여호와 앞에서 죽게 되자(레위기 10:1-2), 그 생각은 더욱 굳어졌을 것입니다. 이제 그에게는 두 아들밖에 남지 않았는데 그들은 이 일을 감당하기에는 아직 어렸습니다. 전에는 그토록 즐겁게 보이던 그 일들이 이제는 산더미 같은 일거리로만 보였습니다. 이 많은 일을 도대체 어떻게 감당할 수 있단 말인가?

신약성경에 보면 "나의 하나님이 그리스도 예수 안에서 영광

가운데 그 풍성한 대로 너희 모든 쓸 것을 채우시리라"(빌립보서 4:19)고 말씀하고 있습니다. 아론에게는 도움이 필요했습니다. 실상 그는 태산같이 쌓인 일거리 앞에서 그저 막막했으리라 믿습니다. 그러나 하나님께서는 그것을 알고 계셨으며, 이미 그에 대한 계획까지 가지고 계셨습니다. 하나님께서는 일할 태세를 갖춘 22,000명의 레위인을 양옆에 대기시켜 놓으셨던 것입니다.

"여호와께서 또 모세에게 일러 가라사대, '레위 지파로 나아와 제사장 아론 앞에 서서 그에게 시종하게 하라'"(민수기 3:5-6). 이제 그에게는 어린 두 아들 외에도 그를 도울 30세에서 50세 사이의 22,000명의 레위인들이 생기게 되었습니다. 하나님께 불가능이 있을 수 있겠습니까! 하나님은 필요를 보시면 분명히 채워 주시는 분이십니다!

성경에는 아론과 이들 레위인의 관계가 어떠한지를 보여 주는 구절들이 많이 나옵니다. 그중 다음 두 구절은 하나님께서 우리들에게 임무를 주실 때는 우리들을 도울 사람들도 함께 주신다는 생생한 교훈을 주고 있습니다.

민수기 8:11,19. "아론이 이스라엘 자손을 위하여 레위인을 요제로 여호와 앞에 드릴지니, 이는 그들로 여호와를 봉사케 하기 위함이라. 내가 이스라엘 자손 중에서 레위인을 취하여 그들을 아론과 그 아들들에게 선물로 주어서 그들로 회막에서 이스라엘 자손을 대신하여 봉사하게 하며…."

이 말씀 가운데 "아론이 이스라엘 자손을 위하여 레위인을 요제로 여호와 앞에 드릴지니"의 부분과 "내가 이스라엘 자손 중에서 레위인을 취하여 그들을 아론과 그 아들들에게 선물로 주어서"의 부분은 우리에게 중요한 진리를 가르쳐 주고 있습니다. 레위인들은 아론에 의해 하나님께 바쳐졌고, 하나님께서는 그들을 다시 아론에게 선물로 주셨습니다. 이것은 우리의 선교 사역에 있어서뿐만 아니라 가정, 직장, 자녀, 기타 삶의 모든 영역에서 다 적용되는 사실입니다.

민수기 18:6. "보라. 내가 이스라엘 자손 중에서 너희 형제 레위인을 취하여 내게 돌리고 너희에게 선물로 주어 회막의 일을 하게 하였나니."

당신은 "너희 형제 레위인을 취하여 내게 돌리고 너희에게 선물로 주어"라는 말씀이 보여 주는 진정한 의미를 아시겠습니까? 이들은 주님을 위하여 주님께서 주신 조력자들입니다. 당신을 위해서가 아니라 하나님을 위해서입니다. 그러므로 하나님께서 그들을 다시 다른 사역에 세우신다 해도 당신은 기뻐해야 합니다. 당신이 하나님보다 앞설 수는 없습니다. 그러므로 우리의 임무를 돕는 이 조력자들은 하나님께로부터 받은 선물임을 명심하십시오.

이 모든 일 가운데서 하나님이 보여 주시는 교훈은 믿음입니다. 주님을 믿으십시오. 주님께서는 모든 것을 공급해 주실 것을 약속하셨고 틀림없이 그렇게 실행하실 것입니다. 삶의 다른 모든 영역에서도 당신은 믿음을 실천해야 합니다. 하나님을 믿고 그분이 가장 올바른 도움을 주실 것을 의심치 마십시오.

아론의 경우 하나님께서는 30세에서 50세까지의 사람들을 보내 주셨는데, 이들은 분별력과 안정성을 갖추고 있는 자들이었습니다. 모세가 인구 조사 명령을 받았을 때 그 대상자는 "20세 이상으로 싸움에 나갈 만한 자"(민수기 1:45)였고, 오직 레위인은 그 조상의 지파대로 그 계수에 들지 아니하였습니다(민수기 1:47). 레위인들은 영적 전쟁을 위해 부르심을 받았습니다.

그렇다면 당시 군인들로 징모된 자들은 20세 이상인데 레위인들은 왜 30세 이상만 계수를 받았겠습니까? 신약성경에서 그 설명을 찾아본다면, 교회 제직의 자격에 "새로 입교한 자도 말지니 교만하여져서 마귀를 정죄하는 그 정죄에 빠질까 함이요"(디모데전서 3:6)라고 했고, 또 "이에 이 사람들을 먼저 시험하여 보고 그 후에 책망할 것이 없으면 집사의 직분을 하게 할 것이요"(디모데전서 3:10)라고 했습니다. 영적 직분을 맡을 자는 경험이 없는 신참이어서는 안 됩니다. 먼저 시험을 거쳐 인정을 받은 자이어야 합니다.

한편, 레위인들은 50세가 되면 일을 그만두게 되었는데, 그 이유는 아마도 그 나이가 그 직무를 지치지 않고 잘 해낼 수 있는 한계였던 것 같습니다. 하나님께서 아론에게 주신 사람들은 시험을 거쳐서, 아론을 도와 봉사의 일과 영적 전쟁을 활기차고 적극적인 태도로 수행해 낼 수 있는 자로 증명된 사람들이었습니다.

장애물이 아니라 목표에 초점을 맞추라

최대의 성과를 거두기 원합니까? 그렇다면 첫째로 '지금 즉시 하라'는 원칙을 지키고, 둘째로 당신의 모든 필요를 채워 주실 하나님을 의뢰하십시오. 세 번째 원리는 우리의 주의를 집중시킬 초점, 또는 사물을 보는 방법에 관한 것입니다. 우리는 왠지 부정적인 사고의 덫에 걸려 있는 것 같습니다. 어떤 임무가 주어지면 그 임무 자체보다도 그 일에 따르는 문제점들에 우리의 주의를 쉽게 빼앗기곤 합니다. 사람들은 일반적으로 최악의 사태를 두려워하고 걱정하는 경향이 있나 봅니다.

이를테면 밤늦게 전보가 왔다고 합시다.

"당신이 뜯어보구려."

"아녜요. 당신이 먼저 뜯어 봐요."

두 사람 다 혹 나쁜 소식이라도 들어 있을까 봐 먼저 뜯어보기를 꺼려합니다.

한밤중에 전화벨이 울린다고 합시다. 이때 당신의 머릿속에 먼저 떠오르는 생각은 긍정적입니까, 부정적입니까?

부정적인 태도는 우리가 참여하고 있는 일의 장래 전망을 바라볼 때 나타날 수가 있습니다. 이러한 태도는 우리를 목표 지향적인 사람보다는 문제 지향적인 사람으로 만들기가 쉽습니다. 우리는 어려운 것들만 보는 경향이 많습니다. 그래서 할 수 있는 일인데도 포기하고 주저앉아 버리고 맙니다.

모세도 이런 올무에 빠진 일이 있었습니다. 백성들이 삭막한 광야에서도 만나를 계속 먹고 살아 왔으나, 이제 만나는 싫증이 나고 고기가 먹고 싶다고 불평하기 시작했습니다. "이스라엘 중에 섞여 사는 무리가 탐욕을 품으매 이스라엘 자손도 다시 울며 가로되, '누가 우리에게 고기를 주어 먹게 할꼬? 우리가 애굽에 있을 때에는 값없이 생선과 외와 수박과 부추와 파와 마늘들을 먹은 것이 생각나거늘, 이제는 우리 정력이 쇠약하되 이 만나 외에는 보이는 것이 아무것도 없도다' 하니"(민수기 11:4-6).

모세도 이런 일 때문에 자기에게 지워진 짐이 무겁다고 주님께 불평하기 시작하였습니다. "주께서 어찌하여 종을 괴롭게 하시나이까? 어찌하여 나로 주의 목전에 은혜를 입게 아니하시고, 이 모든 백성을 내게 맡기사 나로 그 짐을 지게 하시나이까? 책임이 심히 중하여 나 혼자는 이 모든 백성을 질 수 없나이다"(민수기 11:11,14).

이에 주님께서는 모세에게 몇 가지 도움을 베푸셨습니다. 맨 먼저, 그를 도와 백성의 짐을 함께 질 사람들을 주시겠다고 하셨습니다. "여호와께서 모세에게 이르시되, '이스라엘 노인 중 백성의 장로와 유사 되는 줄을 네가 아는 자 칠십 인을 모아 데리고 회막 내 앞에 이르러 거기서 너와 함께 서게 하라. 내가 강림하여 거기서 너와 말하고 네게 임한 신을 그들에게도 임하게 하리니, 그들이 너와 함께 백성의 짐을 담당하고 너 혼자 지지 아니하리라'"(민수기 11:16-17).

이어 하나님은 고기를 주어 먹게 하시되 실컷 먹여 주시겠다고 약속하셨습니다(민수기 11:18-20 참조). 식사 메뉴에 변화가 있을 것이라고 하신 것입니다.

모세는 그 약속을 이해할 수가 없었습니다. 도대체 하나님께서 어떻게 이 많은 백성들이 배불리 먹을 만큼 많은 고기를 주실 수 있단 말인가? "모세가 가로되, '나와 함께 있는 이 백성의 보행자가 육십만 명이온데 주의 말씀이 일개월간 고기를 주어 먹게 하겠다 하시오니, 그들을 위하여 양 떼와 소 떼를 잡은들 족하오며 바다의 모든 고기를 모은들 족하오리이까?'"(민수기 11:21-22). 모세의 관심은 온통 이 일이 어떻게 이루어질 수 있는지 그 방법에 쏠려 있었습니다. 우주 만물을 창조하신 능력의 하나님께서 평범한 히브리인들에게 주신 그 정도의 약속쯤이야 뭐가 이루어지기 힘들겠습니까마는 모세는 그것을 믿을 수가 없었습니다. 왜 그랬을까요? 하나님이 어떤 분이신지를 정말 몰라서였을까요? 그럴 리가 없습니다. 그는 하나님과 직접 대면하여 대화를 나눈 사람이었고, 누구보다도 그분의 능력을 잘 알고 있는 사람이었습니다. 그의 문제는 오늘날 우리가 가지고 있는 바로 그 문제입니다. 곧 주님께서 그 일을 이루실 세부적인 방법에 관한 의문입니다.

그러나 하나님께서는 이미 모든 방법이 다 있습니다. 우리가 알지 못하는 그분의 방법이 있습니다. "여호와께서 모세에게 이르시되, '여호와의 손이 짧아졌느냐? 네가 이제 내 말이 네게 응하는 여부를 보리라.' 바람이 여호와에게로서 나와 바다에서부터 메추라기를 몰아 진 곁 이편저편 곧 진 사방으로 각기 하룻길 되는 지면 위 두 규빗쯤에 내리게 한지라"(민수기 11:23, 31).

인간이 하나님의 공급을 불신한 예는 신약성경에서도 찾아볼 수 있습니다. 주님께서 자기를 따르는 무리들의 육신적 필요를 채워 주시려고 제자들을 시험하셨을 때 그들이 보인 반응이 좋은 예가 됩니다. "그 즈음에 또 큰 무리가 있어 먹을 것이 없는지라. 예수께서 제자들을 불러 이르시되, '내가 무리를 불쌍히 여기노라. 저희가 나와 함께 있은 지 이미 사흘이매 먹을 것이 없도다.'… 제자들이 대답하되, '이 광야에서 어디서 떡을 얻어 이 사람들로 배부르게 할 수 있으리이까?'"(마가복음 8:1-4). 그러나 예수님은 이 문제를 해결하셨습니다. 일곱 개의 떡과 작은 생선 두어 마리로 이 많은 무리들을 먹이셨던 것입니다.

이와는 대조적으로 십자가에 달려 죽으신 주님의 몸에 향유를 부으러 갔던 여인들의 경우를 봅시다. "안식 후 첫날 매우 일찍이 해 돋은 때에 그 무덤으로 가며 서로 말하되, '누가 우리를 위하여 무덤 문에서 돌을 굴려 주리요?' 하더니, 눈을 들어 본즉 돌이 벌써 굴려졌으니, 그 돌이 심히 크더라"(마가복음 16:2-4).

그들의 마음에는 장애물인 큰 돌 따위는 문제가 되지 않았습니다. 단지 목표에 집중되어 있었습니다. 그들은 주님을 위해 무엇인가를 해야 되겠다는 일념에 불타 있었기 때문에 장애물들이 문제가 될 수 없었던 것입니다. 무덤 입구에 큰 돌이 막혀 있거나, 병정들이 지키고 있다는 사실이 그들을 막지는 못했습니다. 오직 목표에 눈을 고정시키고 믿음으로 밀고 나갈 때 장애물은 그들 앞에서 사라졌습니다. 아마 우리들 같으면 반쯤 갔다가 무모한 일이라는 것을 깨닫고는 도로 돌아와 따뜻한 방에서 몇 시간을 더 잤을지 모릅니다.

약속의 땅을 정찰하러 모세가 보낸 12명의 정탐꾼들을 생각해 봅시다. 그들이 돌아와서 한 보고를 들어 보면 과연 정보원으로서는 훌륭하게 그 임무를 수행한 것을 볼 수 있습니다. 그러나 그들이 내린 결론을 들어 보면 참 흥미롭습니다. 열 명은 어려움을 보았고, 두 명은 가능성을 보았습니다.

보고 내용: "당신이 우리를 보낸 땅에 간즉 과연 젖과 꿀이 그 땅에 흐르고, 이것은 그 땅의 실과니이다. 그러나 그 땅 거민은 강하고 성읍은 견고하고 심히 클 뿐 아니라…"(민수기 13:27-28).

두 명이 내린 결론: "우리가 곧 올라가서 그 땅을 취하자. 능히 이기리라"(민수기 13:30).

열 명이 내린 결론: "우리는 능히 올라가서 그 백성을 치지 못하리라. 그들은 우리보다 강하니라"(민수기 13:31).

그 땅 거민들이 강한 것은 사실이었기 때문에 그곳을 점령하는 일은 주일학교 학생들이 소풍 가는 것처럼 쉽지는 않다는 것이 분명합니다. 그들은 사납고 음란한 족속이었습니다. 당시의 가나안 종족들은 야만족이 아니라 발달된 문화를 소유하고 있는 민족이었습니다. 그러나 워낙 타락하고 사악했기 때문에 어떤 역사가는 이렇게까지 말했습니다. "그 종족들을 멸하는 것은 곧 온 세계의 다른 종족들에게 자비를 베푸는 일이었다. 모든 인류의 행복은 그 일에 달려 있었다. 만약 그때 유대인들이 패했다면 온 세상도 결국 멸망하고 말았을 것이다."

갈렙 자신도 다른 사람들과 똑같이 이 사실을 보았지만 그의 생각은 달랐습니다. 그는 "올라가서 그 땅을 정복하자"라고 하지 않고 "올라가서 그 땅을 취하자"라고 했습니다. 즉 하나님이 주시려고 예비하신 것을 단순히 받자는 말입니다.

갈렙은 이 일을 하나님의 관점에서 볼 줄 알았습니다. '물론 그 거민들은 강하다. 하지만 하나님보다 더 강할 수야 없지 않은가? 하나님은 이스라엘 백성들과 함께 행하시며, 그들보다 앞서 행하시지 않는가? 하나님께서 감당 못하실 어려운 일이 어디 있는가? 물론 성이 견고하게 쌓아져 있다. 그렇다고 하늘까지 높이 쌓아졌는가? 하나님이 그걸 내려다보실 수 없단 말인가? 하나님 보시기에도 높다 할 수 있겠는가?'

성경은 그들의 문제점을 분명하게 밝혀 주고 있습니다. "저희가 낙토(樂土)를 멸시하며 그 말씀을 믿지 아니하고, 저희 장막에서 원망하며 여호와의 말씀을 청종치 아니하였도다"(시편 106:24-25). 그들은 하나님을 불신했던 것입니다. 그들은 하나님으로부터 눈을 돌려 오직 보이는 것만 의뢰했습니다. 물론 그 땅에는 거인들이 버티고 있었지만, 생각해 보면 거인들과 보통 사람들의 키 차이라고 해야 삼사십 cm 정도밖에 되지 않으니 하나님 앞에서야 도토리 키 재기 아니겠습니까?

도쿄에 봅 보드만이란 친구가 살고 있는데(봅 보드만은 미국인 선교사로서 당시 일본 네비게이토 선교회 대표였음. 역자 주), 키가 180cm가 넘는 거구로 우락부락한 해병대 용사 출신입니다. 이 친구가 도쿄 시내를 걷는 것을 보면 그 거구가 눈에 확 들어옵니다. 그러나 만약 동경탑 꼭대기에 올라가서 봅이 다른 친구들과 함께 걸어가는 것을 내려다본다면 별 차이도 없어 보일 것입니다. 사람이 보기에도 그렇다면 하나님의 시야로 내려다보시기에는 어떠할지 생각해 보십시오. 그러므로 이 모든 일은 보는 사람의 전망과 관점에 달려 있는 것입니다. 당신은 어떤 일을 할 때에 그 일에 관계된 문제들을 먼저 봅니까, 그렇지 않으면 하나님의 약속에 비추어 그 일 자체를 바라봅니까?

그러나 여기서 짚고 넘어가야 할 흥미로운 사실이 하나 있습니다. 그들이 상상하는 것과 그 실상은 전혀 달랐다는 사실입니다. 그들은 그 거인들이 보기에 자기들이 마치 메뚜기 같았을 거라고 스스로 생각했습니다. "거기서 또 네피림 후손 아낙 자손 대장부들을 보았나니 우리는 스스로 보기에도 메뚜기 같으니 그들의 보기에도 그와 같았을 것이니라"(민수기 13:33).

그러나 그 거민들이 실제로는 그들을 어떻게 보았습니까? 그 거민들 가운데 한 사람이었던 기생 라합의 말을 들어 봅시다. "여호와께서 이 땅을 너희에게 주신 줄을 내가 아노라. 우리가 너희를 심히 두려워하고 이 땅 백성이 다 너희 앞에 간담이 녹나니, 이는 너희가 애굽에서 나올 때에 여호와께서 너희 앞에서 홍해 물을 마르게 하신 일과 너희가 요단 저편에 있는 아모리 사람의 두 왕 시혼과 옥에게 행한 일 곧 그들을 전멸시킨 일을 우리가 들었음이라. 우리가 듣자 곧 마음이 녹았고 너희의 연고로 사람이 정신을 잃었나니, 너희 하나님 여호와는 상천하지에 하나님이시니라"(여호수아 2:9-11).

여기에 무언가가 있지 않습니까? 그 땅 백성들은 장차 자신들에게 닥쳐올 운명을 알고 공포 속에 벌벌 떨면서 살고 있었던 것입니다. 그들은 이미 이스라엘 백성들의 출애굽 사실과 홍해의 기적을 들어 알고 있었습니다. 또한 그들은 하나님께서 그 크신 능력과 기사(奇事)로 이스라엘 백성들을 대신하여 싸우신다는 것을 알고 이 백성들이 쳐들어올 날을 두려워하며 하루도 편하게 지내지 못했습니다. 그들의 간담은 녹았고 용기는 다 잃어버렸던 것입니다.

거민들이 이런 상황 가운데 있는데도 하나님의 백성들은 두려워 떨고 있었습니다. 그들의 두려움은 요컨대 하나님께서 자기의 약속을 성취하실 능력이 없다는 말이었습니다. 그들의 생각은 하나님이 실행하실 능력은 없으시면서 그 이상의 것을 약속하셨고, 한입에 씹지도 못할 만큼 많은 양을 베어 문 격이라는 것이었습니다.

그들은 눈앞에 있는 장애물들만 보았지 하나님은 보지 못했습니다. 장애물을 볼 줄 아는 사람은 성숙하고 통찰력을 갖춘 사람이라고 생각하는 이들도 있습니다. 그러나 하나님이 원하시는 사람은 그 어려움을 넘어서는 길을 알고, 사람들에게 격려를 줄 수 있는 사람입니다.

열 명의 정탐꾼들의 보고로 어떤 결과가 발생하게 되었습니까? "온 회중이 소리를 높여 부르짖으며 밤새도록 백성이 곡하였더라"(민수기 14:1). 이 정탐꾼들의 말만 듣고 하나님을 믿기보다는 환경만 바라본 결과 이들은 필연적으로 좌절에 휩싸이게 되었습니다. 그러나 갈렙과 여호수아는 달랐습니다. "우리가 두루 다니며 탐지한 땅은 심히 아름다운 땅이라. 여호와께서 우리를 기뻐하시면 우리를 그 땅으로 인도하여 들이시고 그 땅을 우리에게 주시리라. 이는 과연 젖과 꿀이 흐르는 땅이니라. 오직 여호와를 거역하지 말라. 또 그 땅 백성을 두려워하지 말라. 그들은 우리 밥이라. 그들의 보호자는 그들에게서 떠났고 여호와는 우리와 함께하시느니라. 그들을 두려워 말라"(민수기 14:7-9).

결국 여호수아와 갈렙만이 그 약속의 땅에 들어갔고, 불평 많고 의심 많고 부정적으로만 생각하던 자들은 다 그들의 뼈를 광야에 묻고 말았습니다.

우리는 장애물이 아니라 목표에 우리의 눈을 고정시켜야 합니다! 자, 이제 당신이 하나님께로부터 받은 임무를 수행할 때 반드시 명심해야 할 세 가지 비결을 다시 한 번 살펴봅시다.

1. 지금 즉시 하라.
2. 필요를 채워 주실 하나님을 의뢰하라.
3. 장애물이 아니라 목표에 초점을 맞추라.

물론 장애물과 어려움은 대단히 현실적인 문제일 수도 있고 매우 심각할 수도 있습니다. 우리가 긍정적으로 생각한다고만 해서 간단하게 해결되리라고 기대할 수도 없습니다. 다음 장에서는 이런 어려움을 극복하는 방법에 대하여 이야기하기로 하겠습니다.

9

문제의 해결

하늘이 항상 맑은 것은 아닙니다. 우리 인생에는 반짝이는 별만큼이나 폭풍우도 잦은 법입니다. 이런 사실이 때로 지도자를 곤경에 빠뜨리기도 합니다. 그는 주님을 섬기고 전심으로 하나님의 뜻을 행하는 가운데서도 많은 어려움과 곤경에 처하기도 하고 문제에 부딪치기도 합니다.

지도자가 겪는 어려움은 보통 두 가지로 나누어 볼 수 있는데, 하나는 집단 내에서 발생하는 문제요, 또 하나는 개인적인 삶에서 일어나는 문제입니다.

모세의 예

성경에는 지도자의 위치에서 하나님을 섬기다가 어려움에 부딪친 사람들의 예가 많이 나오는데, 모세도 그중의 한 사람입니다. 그는 모든 일을 자기 혼자 힘으로 해보려고 했다가 큰 문제에 부딪친 적이 있었습니다. 지금도 그런 사람들이 가끔 있습니다. 그들의 신조는 '일을 똑바로 하고 싶으면 자기가 직접 해야 한다'는 것입니다.

모세가 처해 있던 상황에 비추어 본다면 그가 백성들과 함께 호흡하며 직접 모든 일을 일일이 관장했다는 것은 경탄할 만한 일입니다. 그는 팔짱이나 끼고 뒷전에서 감독이나 하는 지도자가 아니었습니다. 그러나 그의 장점은 곧 약점이 되었습니다. "이튿날에 모세가 백성을 재판하느라고 앉았고 백성은 아침부터 저녁까지 모세의 곁에 섰는지라"(출애굽기 18:13). 그는 얼마 전까지만 해도 자기를 돌로 쳐 죽이려던 무리들을 위하여 하루 종일 그들 속에서 갖가지 문제를 해결해 주고 있었습니다. 해주는 일에 대해 감사할 줄 아는 사람들을 섬기고 돕는 일은 그래도 쉬운 편입니다. 그러나 모세는 감사는커녕 자기를 미워하고, 배은망덕하며, 지각없고, 심지어는 자기를 죽이려던 무리들을 위해 시간과 정력을 바치고 있었습니다. 모세는 하나님의 종으로서 하나님의 마음으로 그들을 대했습니다.

어느 날 모세의 장인 이드로가 찾아와 모세가 일하고 있는 것을 보고 그에게 물었습니다. "그대가 이 백성에게 행하는 이 일이 어찜이뇨? 어찌하여 그대는 홀로 앉았고 백성은 아침부터 저녁까지 그대의 곁에 섰느뇨?"(출애굽기 18:14).

모세는 "백성이 하나님께 물으려고 내게로 옴이라. 그들이 일이 있으면 내게로 오나니, 내가 그 양편을 판단하여 하나님의 율례와 법도를 알게 하나이다"(출애굽기 18:15-16)라고 대답했습니다.

설명을 듣고 난 이드로는 모세에게 몇 가지 충고를 해주었습니다. "그대의 하는 것이 선하지 못하도다. 그대와 그대와 함께한 이 백성이 필연 기력이 쇠하리니 이 일이 그대에게 너무 중함이라. 그대가 혼자 할 수 없으리라. 이제 내 말을 들으라. 내가 그대에게 방침을 가르치리니 하나님이 그대와 함께 계실지로다. 그대는 백성을 위하여 하나님 앞에 있어서 소송을 하나님께 베풀며 그들에게 율례와 법도를 가르쳐서 마땅히 갈 길과 할 일을 그들에게 보이고, 그대는 또 온 백성 가운데서 재덕이 겸전한 자 곧 하나님을 두려워하며 진실무망하며 불의한 이를 미워하는 자를 빼서 백성 위에 세워 천부장과 백부장과 오십부장과 십부장을 삼아 그들로 때를 따라 백성을 재판하게 하라. 무릇 큰 일이면 그대에게 베풀 것이고 무릇 작은 일이면 그들이 스스로 재판할 것이니, 그리하면 그들이 그대와 함께 담당할 것인즉 일이 그대에게 쉬우리라. 그대가 만일 이 일을 하고 하나님께서도 그대에게 인가하시면 그대가 이 일을 감당하고 이 모든 백성도 자기 곳으로 평안히 가리라"(출애굽기 18:17-23).

이 기록에서 한 가지 놀라운 사실은 모세가 장인의 충고를 진지하게 받아들였다는 것입니다. 그는 자존심 때문에 그것을 무시해 버릴 수도 있었습니다. "도대체 당신이 누구기에 나에게 이래라저래라 하십니까? 나를 누구로 아십니까? 아직 잘 모르시는 모양인데, 나는 하나님과 대면하여 말하기까지 한 모세올시다. 만약 내게 충고가 필요하다면 언제든지 하나님께 직접 나아가 여쭈어 볼 수 있습니다. 구태여 장인께서 내게 찾아와 권고해 주실 필요가 없습니다!"라고 말할 수도 있었습니다. 모세가 이렇게 말하기는 얼마나 쉬운 일이었겠습니까! 그러나 그는 그렇게 하지 않았습니다. "이에 모세가 자기 장인의 말을 듣고 그 모든 말대로 하여"(출애굽기 18:24).

자, 이제 모세를 그 무거운 짐에서 벗어나게 해준 그 충고에 대해서 좀 더 자세히 살펴봅시다. 그 충고에는 다음의 네 가지 사실이 두드러지게 나타납니다.

1. 지도자로서 모세의 가장 중요한 책임은 그가 이끌고 있는 백성들을 위해 기도하는 일이었다.

   "그대는 백성을 위하여 하나님 앞에 있어서 소송을 하나님께 베풀며(그대는 백성의 대변인이 되어 그들이 소송하는 문제들을 먼저 하나님께 아뢰며)." 그러므로 지도자에게는 기도하는 일이 제일 중요한 책임이라는 사실을 반드시 명심해야 합니다. 만약 주일학교 반사 직을 맡고 있다면 먼저 당신이 맡고 있는 주일학교 학생들 한 사람 한 사람의 이름을 불러가며 주님께 기도하십시오. 만약 교회의 어느 부서 책임자라면 당신이 책임 맡고 있는 각 개인들을 위해 기도하시기 바랍니다. 당신이 목사나 장로, 혹은 집사라면 당신이 돌보는 각 사람들을 위해서 계속적으로 기도해야 합니다. "그리스도 예수의 종인 너희에게서 온 에바브라가 너희에게 문안하니, 저가 항상 너희를 위하여 애써 기도하여 너희로 하나님의 모든 뜻 가운데서 완전하고 확신 있게 서기를 구하나니"(골로새서 4:12). 다른 사람들을 위한 기도는 문제 해결의 열쇠일 뿐만 아니라 문제를 미연에 방지하도록 도와줍니다.

2. 모세는 하나님의 말씀을 가르쳤다.

"그들에게 율례와 법도를 가르쳐서." 지도자는 공적으로나 사적으로나, 회중에게나 각 개인에게나, 사람들이 성경 말씀을 배우고 그들의 일상생활에 그 진리를 적용할 수 있도록 도와주어야 합니다. 사람들이 진리를 알고 있지 않다면 그 진리를 행할 수도 없습니다. 예수님께서도 "저희를 진리로 거룩하게 하옵소서. 아버지의 말씀은 진리이니이다"(요한복음 17:17)라고 말씀하셨습니다.

3. 모세는 백성들에게 본이 되는 삶을 보여 주었다.

"마땅히 갈 길과 할 일을 그들에게 보이고." 무엇을 할 것인가, 왜 하는가를 말해 주고, 어떻게 하는가를 보여 주라는 말은 꽤 오래된 말입니다.

네비게이토 선교회의 창시자 도슨 트로트맨은 종종 이런 말을 했습니다. "말해 줬다고 다 가르친 것이 아니요, 들었다고 다 배운 것이 아닙니다." 지도자는 따르는 사람들에게 하나님과 동행하는 법과 하나님을 위해 일하는 법을 먼저 자신의 실제 삶을 통해 보여 주어야 합니다. 그리스도를 위해서 사는 것이 과연 어떠한 삶이며 어떻게 주님을 섬길 수 있는지를 배우려면 반드시 도움을 필요로 합니다. 그런 것들은 그저 강의나 설교만으로는 배울 수가 없습니다. 그들에게 누군가가 그러한 삶을 직접 보여 주어야만 합니다. 마치 양복 재단사에게 종이 본이 필요하듯이 그들에게도 따를 수 있는 본이 필요한데, 가장 좋은 본은 바로 지도자가 보여 주는 삶의 본입니다.

4. 모세는 그의 책임을 분담했다.

　드디어 이드로는 본론을 이야기했습니다. 즉 모세에게 그의 짐을 다른 사람들과 나누어 지도록 권면했습니다. "그들로 때를 따라 백성을 재판하게 하라. 무릇 큰 일이면 그대에게 베풀 것이고 무릇 작은 일이면 그들이 스스로 재판할 것이니, 그리하면 그들이 그대와 함께 담당할 것인즉 일이 그대에게 쉬우리라." 모세는 혼자서 모든 것을 하고자 했던 것을 포기해야 했습니다. 그에게 필요한 것은 짐을 나누어 지는 것이었습니다. 따라서 그는 자기를 도와줄 수 있는 사람들을 신중하게 선택해야 했습니다. 그들은 영적으로 성숙할 뿐만 아니라 하나님과 동료들, 그리고 모든 사람과 더불어 올바른 관계를 유지할 수 있는 사람들이라야 합니다. 즉, "재덕이 겸전한 자 곧 하나님을 두려워하며 진실무망하며 불의한 이를 미워하는 자"이어야 합니다.

　어떤 일에서 그 일의 적임자를 얻는다는 것은 분명 축복이나, 그렇지 못할 경우에는 오히려 해가 될 뿐더러 심지어는 저주가 될 수도 있습니다. 어떤 자리에 사람을 쓰기는 쉽지만 일단 그 일을 맡은 사람을 그만두게 하기는 어렵습니다. 함께 짐을 나누어 질 수 있는 사람을 신중하게 선발하는 태도는 유능한 지도자의 특징입니다. 이드로가 모세에게 해준 충고 속에는 개인적인 우선순위, 기본적인 임무, 분담의 기술들에 관한 내용이 포함되어 있습니다. 아무리 크고 복잡한 일이라도 일단 책임을 맡길 수 있는 적임자를 찾기만 하면 그 일을 다루기 쉽고 편리하도록 세분화할 수 있습니다.

지도자 훈련

책임을 분담할 사람들은 실제로 지도자 훈련을 받고 있는 지도자 훈련생들이며 동역자들입니다. 그러므로 그들에게는 다음의 세 가지 자질들이 갖추어져 있어야 합니다. 그렇지 않으면 지도자는 뜻하지 않은 난관에 부딪히게 됩니다.

1. **한마음**은 동역하기 위한 필수 요건입니다. "이는 뜻을 같이 하여 너희 사정을 진실히 생각할 자가 이밖에 내게 없음이라. 저희가 다 자기 일을 구하고 그리스도 예수의 일을 구하지 아니하되"(빌립보서 2:20-21). 당신의 동역자들은 당신이 가지고 있는 목표와 방향에 동일시하는 자들이라야 합니다. 실제로 그 목표와 방향은 동역자 자신의 것이 되어야 합니다. 그러나 한 가지 알아두어야 할 사실은 그들은 나름대로의 방법들을 가지고 있다는 것입니다. 그러므로 당신은 하나님께서 각 사람에게 허락하신 능력과 은사에 따라서 각자에게 가장 알맞은 방법과 계획을 가지고 목표를 성취해 나갈 수 있도록 기꺼이 허용해야 합니다. 다시 말하면, 목표는 서로 동일하되 그것을 이루는 수단과 방법의 차이는 허용되어야 한다는 말입니다.

에스라와 느헤미야가 이 원리에 대한 좋은 예가 되고 있습니다. 그들은 각각 바벨론에서 백성들을 이끌고 예루살렘에 도착했습니다. 에스라가 일에 착수했을 때 하나님께서 그의 계획을 어떻게 성취할 것인가에 대한 아이디어를 주셨습니다. "때에 내가 아하와 강가에서 금식을 선포하고 우리 하나님 앞에서 스스로 겸비하여 우리와 우리 어린 것과 모든 소유를 위하여 평탄한 길을 그에게 간구하였으니, 이는 우리가 전에 왕에게 고하기를, '우리 하나님의 손은 자기를 찾는 모든 자에게 선을 베푸시고, 자기를 배반하는 모든 자에게는 권능과 진노를 베푸신다' 하였으므로, 길에서 적군을 막고 우리를 도울 보병과 마병을 왕에게 구하기를 부끄러워하였음이라. 그러므로 우리가 이를 위하여 금식하며 우리 하나님께 간구하였더니 그 응락하심을 입었느니라"(에스라 8:21-23). 그는 왕에게 가서 도움을 청한다는 것은 죄가 된다는 확신이 들었습니다. 그래서 그는 하나님께서 분명 자기 백성을 안전하게 예루살렘으로 인도해 주실 것을 굳게 믿고 금식하면서 기도하며 일을 추진시켰습니다.

십 수년 후 느헤미야 역시 하나님께서 자신을 그와 비슷한 일을 수행하도록 인도하심을 깨닫게 되었습니다. 그의 목표도 에스라와 마찬가지로 백성들을 바벨론에서 예루살렘으로 인도해 내는 일이었습니다. 그러나 그 목표를 이루는 방법에는 차이가 있었습니다. "내가 또 왕에게 아뢰되, '왕이 만일 즐겨하시거든 강 서편 총독들에게 내리시는 조서를 내게 주사 저희로 나를 용납하여 유다까지 통과하게 하시고, 또 왕의 삼림 감독 아삽에게 조서를 내리사 저로 전(殿)에 속한 영문의 문과 성곽과 나의 거할 집을 위하여 들보 재목을 주게 하옵소서' 하매, 내 하나님의 선한 손이 나를 도우심으로 왕이 허락하고, 군대장관과 마병을 보내어 나와 함께하게 하시기로, 내가 강 서편에 있는 총독들에게 이르러 왕의 조서를 전하였더니"(느헤미야 2:7-9).

에스라는 인간에게 도움을 구하는 것이 죄라고 생각했습니다. 그러나 느헤미야는 이와 달리 왕이 총독들과 군대장관, 그리고 마병들에게 내리는 조서를 이용하여 예루살렘에 가고자 했습니다. 즉 그가 얻어 낼 수 있는 도움은 모두 얻고자 한 것입니다. 자, 그럼 누가 옳았습니까? 그 답은 간단합니다. 둘 다 옳았습니다. 하나님께서는 상황에 따라 각 사람을 달리 인도하셨습니다. 우리는 이 면에서 종종 혼돈을 하고 있습니다. "내 방법은 이러한데 당신 방법은 저러하군요. 그러니까 당신이 틀렸소!" 그렇지 않습니다. 목표는 분명하고 빈틈없고 일관성이 있어야 하지만, 방법은 얼마든지 다를 수 있습니다.

에스라가 백성들의 죄 문제를 어떻게 다루었는지 살펴봅시다. "내가 이 일을 듣고 속옷과 겉옷을 찢고 머리털과 수염을 뜯으며"(에스라 9:3).

느헤미야는 에스라와 전혀 다른 방법으로 이 문제를 다루고 있습니다. "내가 경계하여 이르기를, '너희가 어찌하여 성 밑에서 자느냐? 다시 이같이 하면 내가 잡으리라' 하였더니 그 후부터는 안식일에 저희가 다시 오지 아니하였느니라. 내가 책망하고 저주하며 두어 사람을 때리고 그 머리털을 뽑고 이르되, '너희는 너희 딸들로 저희 아들들에게 주지 말고 너희 아들들이나 너희를 위하여 저희 딸을 데려오지 않겠다고 하나님을 가리켜 맹세하라' 하고"(느헤미야 13:21,25).

여기서도 그들은 같은 문제를 전혀 다른 방법으로 다루고 있습니다. 에스라는 앉아서 자기 머리털을 뜯었습니다. 반면 느헤미야는 죄지은 자의 머리털을 뽑아 버렸습니다. 누가 옳았습니까? 둘 다 옳습니다. 그들의 목표는 똑같이 백성들의 죄를 없애자는 것이었습니다. 그러나 그 목표를 이루는 방법은 전혀 달랐습니다. 그러므로 누구에게든지 책임을 맡기고자 할 때는 그의 방법이 주님 중심이고 성경적인 한 하나님께서 그에게 주신 능력대로 할 수 있는 융통성을 허락하기 바랍니다. 목표에 관한 한 두 사람은 한마음을 가져야만 합니다.

  2. 성숙 또한 중요한 필수 요건입니다. 당신의 동역자는 반드시 성숙한 자라야 합니다. "새로 입교한 자도 말지니 교만하여져서 마귀를 정죄하는 그 정죄에 빠질까 함이요"(디모데전서 3:6). 책임을 맡은 데 따르는 여러 감정적인 문제들을 잘 다룰 수 있는 사람이어야 합니다. 누가 교회에서 어떤 책임을 맡게 되었다 할 경우 그에게는 두 가지 일이 일어날 수 있습니다. 즉 그 책임이 그를 세워 주든지, 아니면 무너지게 하든지 둘 중 하나입니다.
  나는 많은 젊은 형제 자매들을 도우면서, 영적으로 꾸준히 성장하여 활짝 꽃피우는 이들도 보았고, 그 반대로 조금 성장하다가 도중에 그만 성장이 멈춰 버리는 이들도 보았습니다. 꾸준히 성장한 사람들을 보면, 자신에게 주어진 책임을 겸손한 마음으로 받을 뿐 아니라 그 일을 위해 주님의 풍성한 은혜와 능력을 부단히 의뢰하는 사람이었습니다. 하나님은 새로운 책임을 사용하셔서 이들이 하나님을 더욱 의뢰하도록 해주십니다. 책임이 늘면 늘수록 이들은 주님 앞에 무릎을 꿇고 기도하게 되며, 말씀을 통해 인도해 주시도록 더욱 구하게 될 것입니다. 그들은 영적으로 강건하여져서 나중에는 커다란 중책을 맡을 수 있게 됩니다.
  반면 책임을 맡고 난 후 오히려 하나님과 동행하지 못하게 되고 좌절에 빠진 사람들도 있습니다. 이들은 교만하며 독단적으로 변해 갑니다. 그들의 삶 가운데는 교만이 가득 차게 되고 그 때문에 괴로움을 받게 됩니다. 하나님께서 그들을 대적하시기 때문에 결국은 갈 곳을 잃어버리게 됩니다.

그러므로 지도자는 자기가 이끌고 있는 사람들을 잘 알고 책임을 맡길 수 있도록 단계적으로 조심스럽게 인도해야 합니다. "아무에게나 경솔히 안수하지 말고 다른 사람의 죄에 간섭지 말고 네 자신을 지켜 정결케 하라"(디모데전서 5:22). 이 일을 위한 최선의 방법은, 지도자 훈련생에게 먼저 조그만 책임부터 맡겨 보고 그가 어떻게 처리해 나가는지를 관찰해 보고 잘 감당해 낼 때 조금 더 큰 책임을 맡기는 식으로 하는 것입니다. 일을 잘 분담시키고 짐을 나누어 질 줄 아는 지도자는 그를 따르는 자들에게도 역시 큰 축복입니다. 그들도 장차 성장하고 계발되어서, 추수할 일꾼이 적은 이 시대에 영적으로 유능한 일꾼들이 될 것입니다.

3. **충성심**은 동역자에게 없어서는 안 될 세 번째 자질입니다. 성경은 "충성된 자를 누가 만날 수 있으랴?"(잠언 20:6)고 말합니다. 그런 사람이 드문 것은 사실입니다. 이 세상에서 우리가 온전히 믿고 의지할 수 있는 사람을 만나기는 대단히 어려운 일입니다. 믿고 의지할 수 있다는 것은 이 시대의 특징과는 너무도 거리가 먼 것 같습니다. 모든 사람이 서로를 온전히 믿고 의지할 수 있는 시대, 아마도 그런 시대는 지금까지 한 번도 없었을 것입니다. "여호와여, 도우소서. 경건한 자가 끊어지며 충실한 자가 인생 중에 없어지도소이다"(시편 12:1).

그렇다 하더라도 지도자는 책임을 분담하기에 앞서서 충성된 자를 찾을 때까지 기다릴 필요가 있습니다. 솔로몬이 그 이유를 말해 주고 있습니다. "환난 날에 진실치 못한 자를 의뢰하는 의뢰는 부러진 이와 위골된 발 같으니라"(잠언 25:19).

다른 사람들의 삶 가운데 충성스러움을 심어 주고자 할 때마다, 내가 나누곤 하는 성경 말씀이 두 구절이 있는데, 바로 예수님께서 제자들에게 가르쳐 주신 원리들입니다. 첫째는 **작은 일에 충성**하는 것이 중요하다는 것입니다. "지극히 작은 것에 충성된 자는 큰 것에도 충성되고, 지극히 작은 것에 불의한 자는 큰 것에도 불의하니라"(누가복음 16:10). 작은 일에 대한 충성이 중요하다는 사실을 알지 못하는 사람은 큰일에도 실패할 소지가 다분한 사람입니다. 모임에서 의자를 정돈한다든지 사람들을 오는 대로 영접하는 모습을 관찰해 보면 그가 어떤 사람인지 대개 분별할 수 있습니다. 마음이 있어서 하는 일과 그렇지 않은 일은 밖으로 쉽게 드러나는 법입니다. 수양회 때 짐 정리 하는 것 하나만을 봐도 충분히 알 수 있습니다. 자기 짐 정리조차 제대로 못하는 사람이라면 수양회 진행 책임을 맡긴다 하더라도 마찬가지일 것은 뻔합니다.

두 번째 원리는 **다른 사람들과 함께 하는 일에 충성**하는 것입니다. "너희가 만일 남의 것에 충성치 아니하면 누가 너희의 것을 너희에게 주겠느냐?"(누가복음 16:12). 어떤 사람들은 다른 사람들이 주관하는 일에 참여하여 돕는 것을 아주 싫어합니다. 무슨 일이든 자신이 직접 주관하지 않을 바에야 차라리 하지 않는 편이 낫다고 여깁니다. 그러나 예수님께서는 자기 자신이 일을 주관하기 이전에 먼저 다른 사람들과 함께 동역하는 것을 배우고 그들의 일을 돕는 것을 배워야 한다고 가르치셨습니다.

지도자가 되기 위해서는 이러한 보조 역할을 먼저 거쳐야 하기 때문에, 정상에는 항상 빈자리가 있게 마련입니다. 사람들은 대부분 곧바로 '머리'가 되기를 원합니다. 그래서 다른 사람 밑에서 함께 일하면서 배우는 것을 좋아하는 사람은 찾아보기 힘듭니다. 하지만 지도자가 되기 원하는 사람은 먼저, 책임을 맡은 다른 사람의 생활과 계획 및 프로그램에 자신을 기꺼이 맞출 줄 알아야 합니다. 이런 과정을 통해 책임을 수행하는 법을 배우게 되고, 점점 더 큰 책임도 수행할 수 있게 되는 것입니다. 성경에는 바로 이 점에 대한 좋은 예가 가득 들어 있습니다. 여호수아는 '모세의 시종'이었으며, 엘리사는 '엘리야를 따라다니며 수종 들던 자'였습니다. 이 두 사람은 후에 각각 자기에게 맡겨진 책임을 감당하는 위대한 지도자가 되었으나 그 전에 먼저 다른 사람의 일에 충성하는 것부터 배운 사람들입니다.

이와 같은 기본적인 성품을 지닌 사람들이 있는 지도자는 정말로 축복받은 사람입니다. 그는 자기의 짐을 그들과 적절하게 나누어 지며, 교회의 임무를 원활하게 수행하면서 기쁨을 누릴 수 있습니다.

원활한 의사소통

지도자가 다른 사람들과의 관계에서 뜻하지 않게 난관에 부닥치게 되는 또 한 가지 영역은 원활한 의사소통입니다. 지도자가 흔히 범하는 실수 중의 하나는, 따르는 자들이 일의 형편을 잘 파악하고 있다고 단정해 버리거나, 지도자 자신의 의도를 그들이 다 알고 있으리라 생각하는 것입니다. 모세가 바로 이런 문제에 부닥친 적이 있습니다. "저는 그 형제들이 하나님께서 자기의 손을 빌어 구원하여 주시는 것을 깨달으리라고 생각하였으나 저희가 깨닫지 못하였더라"(사도행전 7:25). 모세는 저들이 자기의 의도를 깨달으리라 생각했으나 실상은 그렇지 못했습니다. 지도자는 의사를 소통할 수 있는 길을 늘 열어 놓아야 한다는 것을 배웁니다. 그 길이 막혀 있다면 크게 불행한 일이 일어날 수도 있습니다.

그 예는 이스라엘 백성들의 역사 속에도 생생하게 나타나 있습니다. 가나안 땅을 정복하는 전쟁이 끝나고 이제는 그 땅에 평화가 임했을 때입니다. "여호와께서 이스라엘의 열조에게 맹세하사 주마 하신 온 땅을 이와 같이 이스라엘에게 다 주셨으므로 그들이 그것을 얻어 거기 거하였으며, 여호와께서 그들의 사방에 안식을 주셨으되"(여호수아 21:43-44상). 요단강 저편을 분깃으로 얻게 된 지파들도 모두 자기 장막으로 돌아가게 되었습니다.

그들은 도중에 요단 언덕 가에 이르러 커다란 단을 쌓았습니다(여호수아 22:10 참조). 그러자 뜻밖에 큰일이 일어날 뻔했습니다. 소식을 들은 나머지 이스라엘 자손들이 오해를 하게 되었고, 그들이 우상의 단을 쌓은 줄로 생각하고 그들을 칼로 응징하려 했던 것입니다.

당시의 상황이 기록된 것을 봅시다. "이스라엘 자손이 들은즉 이르기를, '르우벤 자손과 갓 자손과 므낫세 반 지파가 가나안 땅의 맨 앞편 요단 언덕 가 이스라엘 자손에게 속한 편에 단을 쌓았다' 하는지라. 이스라엘 자손이 이를 듣자 곧 이스라엘 자손의 온 회중이 실로에 모여서 그들과 싸우러 가려 하니라"(여호수아 22:11-12). 얼마나 기막힌 일입니까!

오랫동안 가나안 땅을 정복하기 위해 함께 싸우던 형제들이 이제는 서로 싸우려고 하는 것입니다. 왜 그렇게 되었습니까? 의사소통의 통로가 막혀서 생긴 단순한 오해 때문이었습니다. 강 이편의 다수 지파들은 강 저편 소수 지파들의 움직임을 간접적으로 전해 듣기만 하고 그 이유는 알지도 못했습니다.

다행히도 다수 지파 사람들은 그들과 싸우러 가기에 앞서 진상을 알기 위하여 먼저 두령들을 보냈습니다. 저들의 설명은 간단했습니다. "우리가 말하기를, '우리가 이제 한 단 쌓기를 예비하자' 하였노니, 이는 번제를 위함도 아니요, 다른 제사를 위함도 아니라. 우리가 여호와 앞에서 우리 번제와 우리 다른 제사와 우리 화목제로 섬기는 것을 우리와 너희 사이와 우리의 후대 사이에 증거가 되게 할 뿐으로서, 너희 자손으로 후일에 우리 자손에게 이르기를, '너희는 여호와께 분의가 없다' 못하게 하려 함이로라"(여호수아 22:26-27).

이 설명을 듣자 두령들이 오히려 기쁘게 생각하여 사건은 잘 해결되었습니다(여호수아 22:30). 다행히 화는 면하게 되었지만, 여기서 한 가지 주의할 필요가 있습니다. 성급한 의심은 엉뚱한 비난을 불러일으키고, 이 비난은 분노와 분열을 초래하여 종국에 가서는 전쟁을 일으킬 뻔했다는 사실입니다. 지도자는 항상 사실을 분명하게 알려서 이러한 사태를 사전에 예방할 수 있도록 최선을 다해야 합니다. 내막을 알리지 않고 계획을 진행시키면 오히려 부정적인 반응을 얻기가 쉽습니다. 사람들로 하여금 그들이 무엇을 하고 있으며 왜 해야 하는지를 충분히 납득할 수 있도록 하는 것이 터무니없는 오해나 낭설을 미연에 방지하는 지름길입니다.

    대부분의 지도자들은 의사소통의 중요성은 잘 알고 있습니다. 하지만 그 일이 대단히 어렵다는 사실을 인정합니다. 많은 경우 다툼과 분열의 근원이 실상은 사탄이기 때문에 문제가 더욱 어려워지는데, 복음 전파의 길을 훼방하려는 사탄의 주요한 무기는 교회의 활동들을 무산시키거나 그리스도인들 사이에 분쟁을 일으키도록 유도하는 것입니다. 따라서 지도자는 구성원들 간에 사랑과 화평과 질서의 풍토가 조성되도록 온갖 정력을 기울여야 합니다. 물론 그것은 값을 요하는 일입니다. "모든 겸손과 온유로 하고, 오래 참음으로 사랑 가운데서 서로 용납하고, 평안의 매는 줄로 성령의 하나 되게 하신 것을 힘써 지키라"(에베소서 4:2-3).

    사람들에게 개별적으로 내용을 알려 주거나 때로 편지로 소식을 전하는 것이 큰 도움이 됩니다. 그리고 이따금 그들의 충고를 구하거나 어떤 결정 과정에 참여토록 하여 참여 의식을 북돋아 주는 것도 여러모로 큰 도움이 됩니다. 한 가지 중요한 사실은, 지도자가 항시 가능한 한 그들로부터 최대한의 도움을 얻을 필요가 있다는 것입니다. 그렇게 함으로써 자신들도 그 일에 직접 참여하여 무언가 참다운 기여를 하고 있다는 사실을 인식하도록 도와주어야 하는 것입니다. 이렇게 하는 것이 그들의 사기를 최대로 높이고 오해를 최소로 줄일 수 있는 길입니다. 이것은 또한 지도자가 피해서는 안 될 과제입니다. 지도자는 항상 소식을 잘 알리고 의사소통의 통로를 열어 두는 일에 최선을 다해야 합니다. 비록 그 일이 어렵고 때로는 골치 아픈 것일지라도 일단 그렇게 하고 나면 그만큼 기쁨도 더할 것입니다.

내키지 않는 과업의 수행

지도자가 자기 마음에 드는 일만 하고 싫어하는 일은 회피하게 되면 반드시 문제가 생깁니다. 지도자의 일 가운데는 여러 가지 잡다한 책임들이 있게 마련인데, 어느 하나도 소홀히 여기지 말고 즐거운 마음으로 성취해야 합니다. 다윗은 이 면에서 놀라운 본을 보여 주고 있습니다. 그는 전쟁에 능한 뛰어난 용사였으며, 백성을 다스리는 일에도 정통한 인물이었습니다. 그는 전장에서 싸움을 지휘하기를 좋아했지만 행정 면에서도 결코 자기 임무를 소홀히 하지 않았습니다.

성경에는 다윗이 나라를 다스리기 위해 어떤 행정 조직과 제도를 채택했는지 기록이 되어 있습니다. "다윗이 온 이스라엘을 다스려 모든 백성에게 공과 의를 행할새, 스루야의 아들 요압은 군대장관이 되고, 아힐룻의 아들 여호사밧은 사관이 되고, 아히둡의 아들 사독과 아비아달의 아들 아비멜렉은 제사장이 되고, 사위사는 서기관이 되고, 여호야다의 아들 브나야는 그렛 사람과 블렛 사람을 관할하고, 다윗의 아들들은 왕을 모셔 대신이 되니라"(역대상 18:14-17).

다윗이 거느린 두 명의 최고 군 지휘관 중 한 명은 야전군을 지휘하는 전투 사령관이요, 다른 한 명은 다윗의 경호를 책임 맡은 친위대장이었습니다. 그는 제사장 아비아달 밑에 두 명의 제사장을 두었습니다. 또한, 두 명의 내무대신을 두어 한 명은 행정상 필요한 정보들을 왕에게 보고토록 했고, 또 한 명은 나라 일을 온 백성에게 알리는 일을 전담토록 했습니다. 백성들은 항상 새로이 제정되는 법령들을 밝히 알 수 있었고, 왕과도 긴밀한 관계를 유지할 수 있었으며, 원만한 정치가 이루어져 백성들은 왕을 신임했습니다.

모든 일을 균형 있게 진행시켜 나가는 것은 지도자의 책임입니다. 지도자가 어느 한 일을 강조하다 보면 다른 일에는 소홀히 하기가 쉽습니다. 재정 면에 신경을 쓰다 보면 전도에 소홀해지기 쉽고, 전도 면에 집중하다 보면 각 개인을 훈련시키는 일을 등한시하기도 합니다. 때로는 조직과 행정적인 면에 지나치게 몰두하거나 목표에 대한 폭넓은 시야를 상실하기도 합니다. 이러한 불균형은 지도자가 자신이 좋아하는 일에만 초점을 맞추고 다른 책임들은 소홀히 하거나 회피하는 데서 초래됩니다. 입에 단 것뿐만 아니라 쓴 것도 즐겨 할 줄 아는 태도는 유능한 지도자의 특징입니다.

개인적인 문제들: 슬픔과 고통

지도자라고 해서 개인적인 삶의 문제들로부터 제외될 수는 없습니다. 재정적인 어려움이 그를 괴롭힐 수도 있고, 자녀들 때문에 심한 시험에 부닥칠 수도 있습니다. 때로는 가족들이 병으로 눕게 되어 감당키 힘든 짐을 지기도 하고, 주위 사람들로부터 자신의 동기, 인격, 정직성에 대하여 인신공격을 받기도 합니다. 인생의 폭풍우들이 주변에서 사납게 몰아닥치기도 하고, 때로는 거센 파도가 삼킬 듯이 엄습해 오기도 합니다. 근심, 걱정, 번민, 난처한 일 등이 지도자의 위치에 있는 사람에게는 흔히 찾아오는 것입니다.

사도 바울은 이에 대하여 말했습니다. "다만 이뿐 아니라 우리가 환난 중에도 즐거워하나니, 이는 환난은 인내를, 인내는 연단을, 연단은 소망을 이루는 줄 앎이로다. 소망이 부끄럽게 아니함은 우리에게 주신 성령으로 말미암아 하나님의 사랑이 우리 마음에 부은 바 됨이니"(로마서 5:3-5). 내가 이 말씀을 접하게 됐을 때 사도 바울이 환난을 영광스럽게 여기고 기뻐한다는 사실에 큰 충격을 받았습니다. 어떻게 그럴 수가 있습니까? 환난이 뭐가 그리 영광스럽습니까? 정상적인 사람이라면 누가 환난이 영광스럽다고 하겠습니까? 우리들 대부분은 으레 환난을 피하려 하는데 바울은 환난 중에서도 기뻐한다고 말하고 있습니다. 환난이란 분명 압박과 고통과 고난을 의미합니다. 그런데도 불구하고 그것을 기뻐한다는 것은 이해하기 힘든 역설입니다.

여기서 환난이라는 단어는 원래 타작할 때 쓰이는 고대의 도리깨에서 유래된 말입니다. 이 말의 의미를 통해서 우리는 왜 바울이 환난을 기뻐했는지 짐작할 수 있을 것입니다. 바울뿐만 아니라 신약성경의 다른 저자들도 마찬가지입니다. 베드로도 "사랑하는 자들아, 너희를 시련하려고 오는 불 시험을 이상한 일 당하는 것같이 이상히 여기지 말고"(베드로전서 4:12)라고 했고, 야고보도 "내 형제들아, 너희가 여러 가지 시험을 만나거든 온전히 기쁘게 여기라. 이는 너희 믿음의 시련이 인내를 만들어 내는 줄 너희가 알아라. 인내를 온전히 이루라. 이는 너희로 온전하고 구비하여 조금도 부족함이 없게 하려 함이라"(야고보서 1:2-4)고 말했습니다.

얼마나 놀랍습니까! 사람이라면 누구나 시험을 만날 때 기뻐하는 것이 아니라 시험에서 벗어나게 될 때 기뻐하는 법입니다.

사도 바울은 골로새 교인들이 기쁨과 감사로 고난을 맞이하도록 기도하고 있습니다. "그 영광의 힘을 좇아 모든 능력으로 능하게 하시며, 기쁨으로 모든 견딤과 오래 참음에 이르게 하시고, 우리로 하여금 빛 가운데서 성도의 기업의 부분을 얻기에 합당하게 하신 아버지께 감사하게 하시기를 원하노라"(골로새서 1: 11-12).

이 말씀들을 읽어 보면 왜 시련과 환난에 대해 기뻐하고 감사할 수 있는지 그 이유를 알 수 있습니다. 하나님께서는 환난을 통해 오히려 그리스도인의 성품을 연단시켜 주시기 때문입니다. 환난을 통하여 우리의 삶 속에는 인내심과 지구력이 형성됩니다. 우리는 친히 역사하시는 하나님의 인도하심을 절대로 간과하거나 무시해서는 안 됩니다. 인내는 지도자에게 필요한 기본적인 자질로서 하나님께서는 환난을 통해 이러한 자질을 형성시켜 주십니다. 온실에서 자라는 나무는 잘 자라기는 하지만 줄기가 약합니다. 바람이 거친 곳에서 자라는 나무는 땅속 깊이 뿌리를 내리는 법이고, 보기엔 거칠지만 튼튼하고 견디는 힘이 있습니다. 이것이 바로 지도자에게 필요한 자질입니다. 이처럼 시련은 오히려 주님께 대한 믿음과 확신을 더욱 견고히 해주며, 주님께서 쓰시기에 합당한 성숙한 지도자로서의 자질들을 계발시켜 줍니다.

바울은 이렇게 말했습니다. "내게 이르시기를, '내 은혜가 네게 족하도다. 이는 내 능력이 약한 데서 온전하여짐이라' 하신지라. 이러므로 도리어 크게 기뻐함으로 나의 여러 약한 것들에 대하여 자랑하리니, 이는 그리스도의 능력으로 내게 머물게 하려 함이라. 그러므로 내가 그리스도를 위하여 약한 것들과 능욕과 궁핍과 핍박과 곤란을 기뻐하노니, 이는 내가 약할 그때에 곧 강함이니라"(고린도후서 12:9-10). 하나님께서는 우리가 편안한 삶을 살게 하는 것보다 성숙된 삶을 살도록 하는 데 더 큰 관심을 가지고 계시다는 사실을 기억해야 합니다. 하나님은 우리가 삶을 통해 그리스도의 아름다움과 향기를 발하기를 원하고 계십니다.

도자기 공장에 가본 적이 있습니까? 가마에 들어가기 전의 도자기 색깔은 그저 밋밋하고 볼품이 없습니다. 그러나 일단 가마불 속에서 잘 구워져 나오면 그 색깔은 아주 윤기를 띠게 됩니다. 가마불이 그것을 아름답게 만든 것입니다. 우리의 삶도 마찬가지입니다. 인생의 불같은 시련들이 질그릇 같은 우리 안에 계신 그리스도의 참된 아름다움을 드러나게 해줍니다.

네비게이토 선교회의 창시자 도슨 트로트맨의 부인인 라일라 트로트맨은 생의 갖은 풍파를 다 겪은 분입니다. 그런데 놀라운 사실은 그녀가 방에 들어오면 실내가 환해지는 것을 느낍니다. 그녀의 영혼 깊은 곳에서 비쳐 나오는 그 아름다움과 신선함은 보는 이로 하여금 경이감을 갖게 합니다. 그리스도의 아름다운 인격이 그녀를 통해 비치고 있기 때문입니다.

물론 이러한 것은 닥쳐오는 환난을 그리스도의 십자가에 비추어 바라보고 맞이할 때만 가능합니다. 그렇지 않으면 역경은 우리와 주님을 갈라놓을 뿐입니다. 자칫하면 마음에 쓴 뿌리가 생길 수도 있습니다. 그러므로 우리 앞에 가로놓인 고난들을 감연히 맞이하며, 하나님을 의뢰함으로, 하나님께서 자신의 뜻을 이루며 우리 안에서 역사하시는 일에 도리어 그 고난들을 사용하시도록 해드려야 합니다.

환난은 그리스도의 아름다움을 드러낼 뿐만 아니라, 하나님의 능력도 보여 줄 수 있습니다. 바울과 실라가 심한 매를 맞고 차꼬에 채인 채 감옥에 갇히게 되었을 때, 그들이 가지고 있는 시민권까지 무시당하고 불법적인 대우를 받았지만, 그들은 어떤 태도를 취했습니까? 노래를 불렀습니다! 저항의 노래였습니까? 아닙니다. 하나님을 찬양하는 노래였습니다.

바울은 골로새 교인들에게 보냈던 편지의 가르침을 스스로 빌립보 감옥에서 실천했습니다. 실라와 함께 고통을 겪었지만 감사와 기쁨으로 응답하게 된 것은 하나님의 놀라우신 권능이 그들의 삶에 역사하신 것을 입증해 줍니다. "그 영광의 힘을 좇아 모든 능력으로 능하게 하시며 기쁨으로 모든 견딤과 오래 참음에 이르게 하시고"(골로새서 1:11).

하나님의 능력이 그리스도인의 삶 가운데 어떻게 나타나는가를 말하자면 끝이 없습니다. 바울은 우리들이 기쁨과 감사의 태도로 역경의 화염 속을 뚫고 나가는 것 자체가 바로 하나님의 능력을 보여 주는 것이라고 말했습니다.

모세가 불이 붙었으나 타지 않는 떨기나무를 보려고 갔던 것처럼, 사람들은 시련의 불꽃 가운데서도 사그라지지 않고 하나님을 찬양하는 삶에 깊은 감명을 받게 되는 것입니다.

이사야는 우리가 어려움 가운데 있을 때 크게 격려를 받을 수 있는 말씀을 소개합니다. "여호와의 말씀에, '내 생각은 너희 생각과 다르며 내 길은 너희 길과 달라서, 하늘이 땅보다 높음같이 내 길은 너희 길보다 높으며 내 생각은 너희 생각보다 높으니라'"(이사야 55:8-9). 우리가 하나님의 도우심과 건지심을 구할 때 꼭 기억해야 할 것은 하나님께서 자신의 정한 시기와 방법을 가지고 계시다는 사실입니다. 이것은 사도 바울의 체험 가운데서도 분명하게 나타납니다. 그는 복음을 전하다가 비시디아 안디옥에서 성 밖으로 내쫓겼습니다(사도행전 13:50). 이에 그는 이고니온으로 갔습니다. 거기서도 전도를 하던 중 사람들이 그를 능욕하고 돌로 치려고 달려들었습니다. 바울 일행은 다른 곳으로 피했습니다(사도행전 14:5-6). 이번에는 루스드라로 피해 가서 전도를 했는데, 거기서는 돌에 맞아 거의 죽을 뻔했습니다. 사람들은 그가 죽은 줄로 알고 성 밖에 끌어다 내쳤습니다(사도행전 14:19). 그는 보통 사람이라면 단 한 번도 견디기 힘든 험한 일을 세 번씩이나 당했습니다. 한 번은 목숨을 잃을 뻔한 아주 위험한 상황이었습니다.

그러나 바울은 이 험했던 일을 회상하면서 놀라운 말을 하고 있습니다. "나의 교훈과 행실과 의향과 믿음과 오래 참음과 사랑과 인내와 핍박과 고난과 또한 안디옥과 이고니온과 루스드라에서 당한 일과 어떠한 핍박받은 것을 네가 과연 보고 알았거니와 주께서 이 모든 것 가운데서 나를 건지셨느니라"(디모데후서 3:10-11). 바울은 정말로 주님께서 "이 모든 것 가운데서" 건지셨다고 믿고 있습니까? 안디옥과 이고니온에서 구출된 것은 사실입니다. 그러나 루스드라에서는 돌에 맞아 거의 죽게 되지 않았습니까?

그러나 바울이 하나님께서 이 모든 것 가운데서 건지셨다고 한 말에는 아름다운 진리가 숨겨져 있습니다. 두 번은 '돌'이라는 고난을 겪지 않게 하셨고, 한 번은 '돌'이라는 고난을 통과하게 하신 것입니다. 즉, 두 번은 돌 세례를 받기 전에 미리 구해 주시고, 그리고 한 번은 퍼붓는 돌을 다 맞고 나서 구해 주신 것입니다. 각 경우 모두 하나님께서 그를 건져 주신 것이 틀림없습니다. 사실 바울은 모든 경우에 돌에 맞기 전에 구출받고 싶었겠지만, 하나님의 방법은 항상 인간의 방법과 같지는 않습니다. 바울은 이러한 체험을 통하여 하나님의 보호와 구원의 능력에 대해 분명한 간증을 들려주고 있습니다. "주께서 나를 모든 악한 일에서 건져내시고, 또 그의 천국에 들어가도록 구원하시리니, 그에게 영광이 세세 무궁토록 있을지어다. 아멘"(디모데후서 4:18).

"우리가 알거니와 하나님을 사랑하는 자 곧 그 뜻대로 부르심을 입은 자들에게는 모든 것이 합력하여 선을 이루느니라"(로마서 8:28). 이 말씀 속에 담긴 진리를 이해하기는 쉬워도, 그것을 매일의 삶 속에서 그대로 믿고 살기란 참으로 어렵습니다. 특히 지도자가 시련의 용광로 속에서 괴로움을 당하고 있을 때 이러한 확신을 갖는다는 것은 여간 어려운 일이 아닙니다.

내가 이 책을 쓰고 있는 지금, 아내는 애플파이를 만들고 있습니다. 만약 아내가 쇼트닝 기름을 한 사발 퍼주면서 점심 대신 먹으라고 한다면 물론 나는 거절할 것입니다. 그녀가 밀가루 한 컵이나 베이킹파우더를 먹으라고 준다고 해도 마찬가지입니다.

이런 때는 "아니, 이걸 어떻게 그냥 먹어? 설마 농담이겠지?"라고 할 것입니다. 그러나 아내가 이 모든 재료들을 잘 섞어 반죽한 후 오븐에 구워 내면 문제는 달라집니다.

하나님께서 우리 삶 가운데 종종 행하시는 것도 바로 그와 마찬가지입니다. 하나님께서는 순경(順境)과 역경(逆境)을 다 사용하셔서 우리 삶을 온전하게 세워 나가시며, 우리에게 가장 적합하게 이 두 가지를 혼합하십니다. 이 환난의 불을 통과하여 우리에게 필요한 모든 과정이 끝났을 때 비로소 우리는 보다 나은 하나님의 사람으로 변화되는데, 그 비결은 하나님의 역사하심과 '환난의 영광'을 깨닫고 감사와 기쁨으로 응답하는 데 있습니다.

그러므로 당신이 '욱여쌈이나 답답한 일이나 핍박이나 거꾸러 뜨림'을 당할 때 기뻐하십시오! 하나님께서 우리 안에 인내와 소망을 키우고 계시기 때문입니다. "인내를 온전히 이루라. 이는 너희로 온전하고 구비하여 조금도 부족함이 없게 하려 함이라"(야고보서 1:4). 당신이 이러한 어려움 가운데 있다면 용기를 내십시오! 당신은 전능하시고 좋은 친구 되시는 주님 안에 있습니다. 바울은 "우리가 사방으로 욱여쌈을 당하여도 싸이지 아니하며, 답답한 일을 당하여도 낙심하지 아니하며, 핍박을 받아도 버린바 되지 아니하며, 거꾸러뜨림을 당하여도 망하지 아니하고"(고린도후서 4:8-9)라고 했습니다. 뿐만 아니라 바울은 끊임없이 생명의 위협을 받고 있었습니다. "우리 산 자가 항상 예수를 위하여 죽음에 넘기움은 예수의 생명이 또한 우리 죽을 육체에 나타나게 하려 함이니라"(고린도후서 4:11).

무엇이 바울로 하여금 이 모든 시련 앞에서도 꿋꿋하게 서도록 만들었습니까? 그는 다섯 가지 이유를 들고 있습니다. 첫째는 믿음입니다. "기록한바 '내가 믿는 고로 말하였다' 한 것같이 우리가 같은 믿음의 마음을 가졌으니 우리도 믿는 고로 또한 말하노라"(고린도후서 4:13). 둘째는 소망이었습니다. "주 예수를 다시 살리신 이가 예수와 함께 우리도 다시 살리사 너희와 함께 그 앞에 서게 하실 줄을 아노니"(고린도후서 4:14). 셋째는 다른 사람들의 필요 때문입니다. "우리가 만일 미쳤어도 하나님을 위한 것이요, 만일 정신이 온전하여도 너희를 위한 것이니"(고린도후서 5:13). 넷째는 속사람의 성장에 대한 열망 때문이었습니다. "그러므로 우리가 낙심하지 아니하노니, 겉사람은 후패하나 우리의 속은 날로 새롭도다"(고린도후서 4:16). 다섯째는 모든 것을 영원한 관점에서 바라보는 그의 넓은 시야 때문이었습니다. "우리의 잠시 받는 환난의 경한 것이 지극히 크고 영원한 영광의 중한 것을 우리에게 이루게 함이니, 우리의 돌아보는 것은 보이는 것이 아니요 보이지 않는 것이니, 보이는 것은 잠깐이요 보이지 않는 것은 영원함이니라"(고린도후서 4:17-18).

만약 우리가 긴 안목으로 모든 것을 바라보면 현재 당하는 무겁고 길어 보이는 고통들이 훨씬 가볍고 짧게 보일 수도 있습니다. 우리는 이 역경을 십자가에 비추어서 바라보고 하늘나라의 관점으로 이해하고 받아들여야 합니다. 또한, 그 모든 것은 우리에게 해를 주는 것이 아니라 유익을 주는 것임을 알아야 합니다(로마서 8:28 참조).

그러면 지도자가 슬픔과 고난에 처해 있을 때 그가 취할 수 있는 실제적인 행동은 무엇입니까? 가장 중요한 일은 성경 말씀을 굳게 붙잡고 사는 것입니다.

　예를 들어 보겠습니다. "너희 염려를 다 주께 맡겨 버리라. 이는 저가 너희를 권고하심이니라"(베드로전서 5:7). 나는 그리스도인이 되고 나서 바로 이 말씀을 외웠습니다. 그러나 실상 이 말씀의 온전한 의미를 나의 삶에서 체험하게 된 것은 나중의 일입니다. 한번은 대학생 선교회(C.C.C.)의 빌 브라이트 박사에게 내가 겪고 있던 괴로운 심정과 어려움들을 몇 가지 이야기할 기회가 있었습니다.

　그는 내 말을 듣고서는 나를 바라보더니 이렇게 말했습니다. "리로이, 내게는 베드로전서 5:7 말씀이 큰 위로를 주고 있습니다. 나는 그동안 삶을 통해서 내가 스스로 내 짐을 지든지, 예수님께서 져주시든지 둘 중 하나라는 결론을 얻었습니다. 둘이 함께 질 수는 없기에 나는 그 짐을 주님께 맡기기로 결심했습니다."

　그는 이 말씀을 적용해 보도록 도전을 주었습니다. 그 말을 듣고는 급히 거기를 나왔습니다. 이 말씀은 분명 그런 뜻일까? 나는 내 방으로 돌아와 기도하기 시작했습니다. 빌 브라이트 박사가 이야기한 대로 나도 온 힘을 다해 나의 문제를 주님께 기도로 맡겼습니다. 몇 달 동안이나 마음에 큰 근심이 떠나지 않아 고통 가운데 지냈는데, 이제 기도로 주님께 맡기고 난 후에는 실제로 그 근심이 사라진 것을 느꼈습니다. 나는 하나님께서 그것을 옮겨 가신 것을 알았습니다. 물론 그 문제 자체가 없어진 것은 아닙니다. 지금까지도 문제는 남아 있습니다. 그러나 내 마음속의 짐은 다 사라졌습니다. 더 이상 뜬눈으로 밤을 지새우거나 울다가 지쳐 잠들어 버리는 일은 결코 없습니다. 이제는 기쁘고 감사한 마음으로, 또한 있는 그대로 나의 짐들을 맞이할 수 있게 되었습니다.

이스라엘 자손들이 광야에서 여행하는 동안 한곳에 이르렀더니 그곳 물이 써서 마시지 못하겠으므로 그 이름을 '마라'라고 하였습니다(출애굽기 15:23 참조). 그러나 그들이 엘림에 도착했을 때 거기에는 단물과 열매가 풍성히 열린 종려나무가 있었습니다. "그들이 엘림에 이르니 거기 물 샘 열둘과 종려 70주가 있는지라. 거기서 그들이 그 물 곁에 장막을 치니라"(출애굽기 15:27).

나는 삶 가운데서도 마라의 쓴 물을 맛본 후에는, 더욱 달콤한 주님과의 교제를 맛보게 되고, 주님을 위한 사역에 더욱 풍성한 열매를 맺게 되었던 것을 여러 번 체험했습니다.

10

지도자에게 따르는 위험들

우리 고장에는 방울뱀이 꽤 많아서 여름철만 되면 보통 한 마리씩은 꼭 만나게 됩니다. 이놈이 몸을 틀고 곧 덤벼들 것같이 노려보는 모습은 보는 이를 오싹하게 만듭니다. 공격을 할 때에는 번개처럼 빠르고 정확하게 하기 때문에 방울뱀을 만났을 때는 어물어물 하지 말고 재빠르게 피해 달아나는 것이 상책입니다. 등에 다이아몬드 무늬가 있는 이 방울뱀같이 위험한 것을 만나면 어떻게 해야 할지 망설일 필요가 없이 얼른 피하고 건드리지 말아야 합니다.

내 친구 하나는 어렸을 때 방울뱀을 잡으려다 손가락을 물려 입원까지 한 적이 있습니다. 다행히 한쪽 독니에만 물렸기 때문에 죽지는 않았지만 심하게 앓았고, 물린 손가락은 뒤틀려 거의 쓸 수가 없습니다. 이 뱀을 다룰 때 한 가지 편리한 점은 절대로 속임수를 쓰지 않는 이 뱀의 특성을 이용하는 것입니다. 일단 방울 소리를 내면서 독니를 드러내 보이면 곧 공격한다는 신호이기 때문에 즉시 도망가면 끝납니다.

그러나 불행하게도 지도자를 넘어뜨리는 많은 위험들이 다 이렇지는 않습니다. 흔히 이러한 위험들은 전혀 해가 없어 보이고 때로는 존경의 너울을 쓰고 가장해서 나타납니다. 공공연하게 드러내 놓고 정면으로 공격해 오는 것은 이빨을 보이기 때문에 금방 알아차리고 피할 수가 있으니 오히려 쉬운 편입니다. 그러면 지도자가 당하는 몇 가지 위험들을 살펴보기로 하겠습니다.

한번은 대학생들에게 복음을 전할 일꾼들을 불러 모은 일이 있었습니다. 그때 공군 장교로 제대한 봅 스티븐스라는 젊은이가 이 프로그램에 참여하고 싶다는 뜻을 편지로 알려 왔습니다. 나는 두어 가지 질문이 있다는 말과 함께 먼저 한 가지 질문을 적어서 그에게 부쳤습니다.

첫 번째 질문은 "하나님을 싫어하는 사람들을 이 사역에 참여시킬 수 있다고 생각합니까?"였습니다. 봅은 메릴랜드 대학교 공과대학을 우등으로 졸업한 수재였습니다. 답장이 오는 데는 시간이 그렇게 많이 걸리지는 않았습니다. 그럴 수 없다는 답장이 오자, 나는 이 성경 말씀을 적어 보냈습니다. "한 사람이 두 주인을 섬기지 못할 것이니, 혹 이를 미워하며 저를 사랑하거나, 혹 이를 중히 여기며 저를 경히 여김이라. 너희가 하나님과 재물을 겸하여 섬기지 못하느니라"(마태복음 6:24).

이 구절과 함께 보낸 두 번째 질문은 "십자가의 원수들과 함께 동역할 수 있다고 생각하십니까?"였습니다. 이번에도 그럴 수 없다는 답을 보내오자 나는 또 다른 성경 말씀을 적어 보냈습니다. "형제들아, 너희는 함께 나를 본받으라. 또 우리로 본을 삼은 것 같이 그대로 행하는 자들을 보이라. 내가 여러 번 너희에게 말하였거니와 이제도 눈물을 흘리며 말하노니, 여러 사람들이 그리스도 십자가의 원수로 행하느니라. 저희의 마침은 멸망이요, 저희의 신은 배요, 그 영광은 저희의 부끄러움에 있고, 땅의 일을 생각하는 자라"(빌립보서 3:17-19).

이 구절에서 바울은 십자가의 원수들이 "땅의 일을 생각한다"고 했습니다. 그들은 이 세상의 것들에 사로잡혀서 십자가의 희생적인 사랑과는 전혀 반대되는 삶을 살아가고 있었습니다.

봅은 진심으로 이 말에 동의하고 자신을 헌신하기로 결심하고 왔습니다. 그 후 오늘에 이르기까지 수십 년 동안이나 그는 변함없이 같은 마음으로 주님을 섬겼습니다. 탐욕의 죄가 결코 그의 마음을 사로잡지 못했고, 하나님께서 전 세계를 위하여 그를 크게 쓰고 계십니다. 오늘날에도 그가 사역을 감당했던 3개 대륙에서 수많은 젊은이들이 봅의 삶을 통하여 역사하신 주님의 발자취를 좇고 있습니다.

탐 욕

탐욕은 사도 바울이 가장 경계했던 죄 가운데 하나입니다. "너희도 알거니와 우리가 아무 때에도 아첨의 말이나 탐심의 탈을 쓰지 아니한 것을 하나님이 증거하시느니라"(데살로니가전서 2:5). 그의 사역의 어느 구석을 살펴보더라도 사리사욕을 위한 동기는 전혀 찾아볼 수 없습니다. 만약 그런 동기가 조금이라도 숨어 있었다면 그는 교회를 세우고 확장하는 큰 사역에 쓰임받을 수가 없었을 것입니다.

더 나아가서 그런 동기가 숨어 있었다면 골로새 교인들에게 준 자신의 가르침조차도 실천하지 못한 사람이 되고 말았을 것입니다. "그러므로 너희가 그리스도와 함께 다시 살리심을 받았으면 위엣 것을 찾으라. 거기는 그리스도께서 하나님 우편에 앉아 계시느니라. 위엣 것을 생각하고 땅엣 것을 생각지 말라. 이는 너희가 죽었고 너희 생명이 그리스도와 함께 하나님 안에 감취었음이니라. 우리 생명이신 그리스도께서 나타나실 그때에 너희도 그와 함께 영광 중에 나타나리라. 그러므로 땅에 있는 지체를 죽이라. 곧 음란과 부정과 사욕과 악한 정욕과 탐심이니 탐심은 우상숭배니라"(골로새서 3:1-5). 탐심이 우상숭배라는 말을 주의하십시오. 사도 요한도 경계의 말을 하고 있습니다. "자녀들아, 너희 자신을 지켜 우상에서 멀리하라"(요한일서 5:21).

탐욕이 영적 지도자에게 왜 그처럼 치명적인 것일까요? 최소한 두 가지 이유가 있는데, 첫째, 탐욕은 지도자의 눈을 흐리게 하여 이 세상에 초점을 맞추고 살아가게 만듭니다. 예수님은 "내 나라는 이 세상에 속한 것이 아니라"(요한복음 18:36)고 말씀하셨습니다. 만약 지도자가 이 세상 것들에 사로잡혀 있다면 그의 마음은 올바르지 못한 것을 추구하게 되고, 영원한 것보다 일시적인 것을 위해 살게 될 것입니다.

예수님은 이 세상에 영원한 생명을 주시기 위해 사셨고 또 죽으셨습니다. 그러므로 지도자는 자신의 욕심을 채우기에 바쁜 삶을 살아서는 안 됩니다. 이러한 유혹은 너무나 교묘하게 접근해

오기 때문에 지도자는 항상 요한이 경계한 말처럼 자기를 지켜야 합니다. "이 세상이나 세상에 있는 것들을 사랑치 말라. 누구든지 세상을 사랑하면 아버지의 사랑이 그 속에 있지 아니하니, 이는 세상에 있는 모든 것이 육신의 정욕과 안목의 정욕과 이생의 자랑이니, 다 아버지께로 좇아 온 것이 아니요 세상으로 좇아 온 것이라. 이 세상도 그 정욕도 지나가되 오직 하나님의 뜻을 행하는 이는 영원히 거하느니라"(요한일서 2:15-17).

한번은 어떤 부흥사가 자기는 2주일 동안 계속해서 설교할 수 있고, 매번 설교할 때마다 다른 옷을 갈아입고 나온다고 자랑하는 말을 들은 적이 있습니다. 자기를 위해 재물을 쌓고 있는 이런 말썽 많은 사람들은 지금까지 주님의 사역에 오점만 남기고 있습니다.

이 말은 주님을 위한 사역에는 돈이 전혀 필요치 않다는 말은 아닙니다. 신약성경은 사도들이 충분한 규모의 재정을 가지고 있었음을 보여 주고 있습니다. 그 당시 믿는 자들 가운데는 주님의 사역의 확장을 위하여 자기들의 토지와 소유물을 팔아 헌금하는 일이 많았습니다. 바나바도 그 가운데 한 사람이었습니다. "그가 밭이 있으매 팔아 값을 가지고 사도들의 발 앞에 두니라"(사도행전 4:37). 그러나 그 돈들이 사도들의 개인 재산을 늘리는 데 사용된 적은 전혀 없었습니다. 베드로도 "은과 금은 내게 없거니와"(사도행전 3:6)라고 말하지 않았습니까?

탐욕이 그처럼 치명적인 두 번째 이유는 사람이 하나님을 두 번째 자리로 모시기 시작하면 얼마 안 되어 곧 그의 마음 가운데는 하나님이 계실 자리가 없어지고 마는 법이기 때문입니다. 탐욕은 마음속 깊이 숨어서 자라 가는 음흉한 죄입니다. 하나님은 "너는 나 외에는 다른 신들을 네게 있게 말지니라"(출애굽기 20:3)고 말씀하셨습니다. 하나님보다 더 사랑하는 것이 있다면 그것이 곧 우상입니다. 오늘날 돌이나 나무를 깎아 만든 우상은 거의 없습니다. 현대인들이 섬기고 있는 우상들은 대부분, 번쩍번쩍하는 보석들로 꾸미고, 값비싸고 희귀한 옷감과 순모, 악어가죽 등으로 만든 물건들입니다.

그리스도를 섬기는 지도자가 되겠다는 큰 뜻을 품고 있던 젊은이와 나누었던 이야기가 생각이 납니다. 그해 봄에 이 젊은이가 졸업하게 될 신학교 교정에서 대화를 나누었습니다. 그는 성적도 우수했고 하나님의 큰 일꾼이 될 자질이 충분한 것 같았습니다. 졸업을 하면 무엇을 하겠느냐고 묻자 그는 심각해져서 한참 동안이나 깊이 생각에 잠겼습니다. 그가 무슨 대답을 할까 무척 궁금해졌습니다. 저 멀리 외딴 밀림 지대에 선교사로 들어갈 꿈을 꾸고 있을까? 목숨을 걸고 복음을 들고 철의 장막 안으로 들어갈 결심일까? 이 생각 저 생각 하면서 그의 대답을 기다리고 있었습니다.

이윽고 그는 나를 쳐다보면서 진지하고 신중한 어조로 "뷰익(고급 승용차 이름)을 한 대 살까 하는데요!"라고 말하는 것이었습니다.

나는 실망하지 않을 수 없었습니다. 기가 막혔습니다! 하나님의 유능한 일꾼이 되리라고 기대되던 젊은이가 잠시 있다가 없어져 버릴 세상의 쾌락과 화려함에 사로잡혀 있다니! 사도 바울의 권면이 이 청년의 내면적 동기에 변화를 줄 만큼 깊이 파고든 것이 아니었습니다. "너희는 이 세대를 본받지 말고, 오직 마음을 새롭게 함으로 변화를 받아, 하나님의 선하시고 기뻐하시고 온전하신 뜻이 무엇인지 분별하도록 하라"(로마서 12:2). 그리스도의 사랑이 그를 강권하여 보다 높고 보다 고상한 목표를 세우도록 한 것이 아니었습니까(고린도후서 5:14-15 참조).

물론 문제는 우리가 부유하냐 가난하냐에 달려 있지는 않습니다. 내가 알고 있는 매우 부유한 사람들 중에도 하나님께 온전히 헌신이 되어 그리스도를 섬기는 지도자로서 중요한 위치에 있는 사람들이 많이 있습니다. 탐욕은 마음의 문제이지 주머니 속의 문제가 아닙니다. 이 세상의 물질들도 그리스도를 위해 긴요하게 사용될 수 있습니다. 소유물은 우리에게 쓰임을 받을 수도 있고 반대로 우리를 지배할 수도 있습니다. 우리가 그것을 다스리지 아니하면 그것이 우리를 다스릴 것입니다. 재물이 있는 사람이 그것을 지혜롭게 사용만 한다면 수많은 사람들에게 축복이 될 수 있습니다.

탐욕의 손아귀에 사로잡혀 있는 사람은 보기에도 불쌍합니다. 이런 사람에게는 죽을 때까지 만족이 없습니다. "은을 사랑하는 자는 은으로 만족함이 없고, 풍부를 사랑하는 자는 소득으로 만족함이 없나니, 이것도 헛되도다"(전도서 5:10).

바울은 두 종류의 사람들에게 각각 경계의 말을 하고 있습니다. 첫째로, 부하려 하는 자에게입니다. "부하려 하는 자들은 시험과 올무와 여러 가지 어리석고 해로운 정욕에 떨어지나니, 곧 사람으로 침륜과 멸망에 빠지게 하는 것이라. 돈을 사랑함이 일만 악의 뿌리가 되나니, 이것을 사모하는 자들이 미혹을 받아 믿음에서 떠나 많은 근심으로써 자기를 찔렀도다"(디모데전서 6:9-10).

이러한 올무는 현실적으로 상당히 큰 위협입니다. 바울도 데마가 자기를 버리고 떠나갔을 때 이 사실을 실감했습니다. "데마는 이 세상을 사랑하여 나를 버리고 데살로니가로 갔고…"(디모데후서 4:10). 데마는 이 위대한 사도의 동역자였으나 이 경고에 주의를 하지 않았고, 파멸을 자초했던 것입니다.

두 번째로는 부한 자에게입니다. "네가 이 세대에 부한 자들을 명하여 마음을 높이지 말고, 정함이 없는 재물에 소망을 두지 말고, 오직 우리에게 모든 것을 후히 주사 누리게 하시는 하나님께 두며, 선한 일을 행하고 선한 사업에 부하고 나눠 주기를 좋아하며 동정하는 자가 되게 하라. 이것이 장래에 자기를 위하여 좋은 터를 쌓아 참된 생명을 취하는 것이니라"(디모데전서 6:17-19). 부자는 교만에 이끌려서 하나님보다 이 세상 재물을 의뢰하기가 쉽습니다. 영원한 것을 위해 살고, 영원한 일을 위해 물질을 써야 합니다.

예수님께서도 같은 내용의 말씀을 하신 적이 있습니다. 형에게 사기를 당했다고 생각하는 한 청년이 예수님께로 왔습니다. "선생님, 내 형을 명하여 유업을 나와 나누게 하소서." 예수님께서는 "이 사람아, 누가 나를 너희의 재판장이나 물건 나누는 자로 세웠느냐?" 하시고, 거기 모인 군중들에게 말씀하셨습니다. "삼가 모든 탐심을 물리치라. 사람의 생명이 그 소유의 넉넉한 데 있지 아니하니라"(누가복음 12:13-15). 예수님께서는 형에게 사기당했다고 주장하는 청년을 동정하지도 않으셨습니다. 오히려 모든 사람들을 탐욕의 죄에서 구하려고 하셨습니다. 형은 돈을 취했고 동생은 그 돈을 소유하고 싶어 했으니 그 두 사람 다

탐욕의 노예였던 것입니다. 이어서 예수님께서는 그들에게 "자기를 위하여 재물을 쌓아 두고 하나님께 대하여 부요치 못한" 어리석은 부자의 비유를 말씀해 주셨습니다.

지도자는 이렇듯 교묘하고 치명적인 함정에 빠져 들지 않도록 자신의 마음을 항상 지키고 경계해야 합니다.

자기 영광

지도자에게 치명적인 두 번째 위험은 교만입니다. 바울은 이 점에 대해서 "우리가 그리스도의 사도로 능히 존중할 터이나, 그러나 너희에게든지 다른 이에게든지 사람에게는 영광을 구치 아니하고"(데살로니가전서 2:6)라고 밝히고 있습니다. 탐욕을 경계했던 것처럼(5절) 명예와 명성을 구하는 자기 영광도 철저히 배격했습니다.

여기에도 또한 교묘한 함정이 있습니다. 이 위험은 너무나 자연스럽게 접근하기 때문에 스스로도 미처 알아차리지 못할 때가 많습니다. 이를테면 수양회의 강사로 초청받거나 어느 그룹의 인도자가 되면 그곳에서는 아주 특별한 사람으로 드러나게 됩니다. 내 경우에도 마찬가지입니다. "저분이 바로 리로이 아임스 선생님이셔. 이번 수양회에서 분담 토의를 한 그룹 인도하실 거야."/ "리로이 씨, 이리 오셔서 잠깐 말씀이나 좀 나누시지요. 당신을 만나 뵙고 싶어 하는 사람들이 있습니다."/ "리로이 씨, 오늘 밤 집회에서는 강단으로 오셔서 인사 말씀도 해주시고 기도도 인도해 주십시오."/ "리로이 형제님, 오늘 오찬은 저희와 함께 하시지요. 수양관 식당에서 일반 참석자들과 함께 식사하는 것보다 훨씬 조용하고 편안하게 식사를 하실 수 있을 겁니다."

최근에 참석했던 어느 수양회에서 이런 인사들을 받게 되었는데, 이것 때문에 나는 함정에 빠졌습니다. 자신이 뭔가 된 것같이 느꼈습니다. 속으로 그런 것을 은근히 즐기며 스스로를 주요 인사로 생각하는 교만한 마음이 들었습니다. 다음날 아침 경건의 시간에 성령께서는 성경 말씀을 통해서 바로 나 자신에게 지적해 주셨습니다. 그때 읽은 말씀은 마가복음이었는데, 성령께서 내게 정신이 번쩍 들도록 깨우쳐 주신 구절은 12:38-40 말씀이었습니다. "예수께서 가르치실 때에 가라사대, '긴 옷을 입고 다니는 것과 시장에서 문안받는 것과 회당의 상좌와 잔치의 상석을 원하는 서기관들을 삼가라. 저희는 과부의 가산을 삼키며 외식으로 길게 기도하는 자니 그 받는 판결이 더욱 중하리라' 하시니라."

주님께서는 내게 물으셨습니다. "너는 지금 받는 이런 대우를 은근히 좋아하고, 네 자신이 높아진 것 같지?"

"그렇습니다, 주님."

"네게 만족감을 주는 인사를 받을 때 기분이 좋은가?"

"예, 주님."

"강단에 올라 주요 인사들과 함께 자신을 나타내 보이는 것도 해볼 만하지?"

"사실입니다, 주님."

나는 그 구절을 몇 번이고 되풀이해서 읽다가는 마침내 무릎을 꿇고 나의 죄를 자백한 후에야 주님 앞에 바로 설 수 있었습니다. 주님은 나의 죄를 용서해 주셨으며, 평안을 회복시켜 주셨습니다. "만일 우리가 우리 죄를 자백하면 저는 미쁘시고 의로우사 우리 죄를 사하시며 모든 불의에서 우리를 깨끗케 하실 것이요"(요한일서 1:9)라고 약속하신 하나님께 감사를 드립니다.

하나님의 용서는 너무도 완벽했습니다. 나는 온전히 자유함을 누릴 수 있게 되었습니다. 그리고 수양회 내내 자기 영광을 구하는 함정에 빠지지 않게 되었습니다. 하나님을 만나고 나니 자기 영광을 구한다는 것은 너무도 허망하며 어리석게 보였기 때문입니다. 내 속에 있는 이런 은밀한 죄까지 다 열어 보여 주시는 성령의 역사를 인하여 하나님께 감사드립니다.

수양회가 계속되는 동안 나는 수양회장을 드나들 때마다 스스로에게 타이르곤 했습니다. "이 어리석은 자여, 외식하는 서기관처럼 되지 말라." 아마 그때 나를 본 사람들은 알 수 없는 미소를 짓고 있는 것을 보고 의아하게 생각했을 것입니다. 그건 나 혼자만의 비밀이었으니까요. 자기 영광을 구하려는 어리석음과 우둔함에 취해 있다가 새로이 하나님께 가까이 오게 된 것을 즐거워하는 미소였습니다.

지도자가 "헛된 영광을 구하지 말라"(갈라디아서 5:26)는 사도 바울의 경고를 과소평가했다가는 큰 위험에 빠집니다. 바울은 자신이 겪은 한 사건을 통해서 인간 숭배에 대한 그의 개인적인 두려움을 잘 보여 주고 있습니다. 바울과 바나바가 루스드라에서 하나님의 도우심으로 큰 능력을 나타냈을 때, 이를 매우 신기하게 여긴 사람들이 "신들이 사람의 형상으로 우리 가운데 내려오셨다"(사도행전 14:11)고까지 소리쳤습니다. 무리가 그들을 신으로 여기고 제물들을 가지고 와서 제사하려는 것을 알고 두 사도는 막았습니다. "옷을 찢고 무리 가운데 뛰어 들어가서 소리 질러 가로되, '여러분이여, 어찌하여 이러한 일을 하느냐? 우리도 너희와 같은 성정을 가진 사람이라. 너희에게 복음을 전하는 것은 이 헛된 일을 버리고 천지와 바다와 그 가운데 만유를 지으시고 살아 계신 하나님께로 돌아오라 함이라'"(사도행전 14:14-15).

사도들이 루스드라에서 당한 위험은 실상 두 가지입니다. 첫째는 인간을 숭배하고 찬양하는 것이요, 둘째는 경배하려던 바로 그 사람들의 분노와 박해였습니다. "유대인들이 안디옥과 이고니온에서 와서 무리를 초인하여 돌로 바울을 쳐서 죽은 줄로 알고 성 밖에 끌어 내치니라"(사도행전 14:19). 그러나 이들에게 더욱 큰 위험은 전자였습니다. 사도들은 유대인들이 돌로 치자고 무리를 충동할 때는 옷을 찢지 않았지만 무리가 그들을 신으로 섬기려 할 때에는 옷을 찢었습니다. 바울과 바나바는 박해보다도 인간 숭배를 더 두려워했으며, 그것은 옳은 반응이었습니다.

최근에 어느 선교사가 자기 삶 가운데 은밀하게 숨어 있는 교만에 대하여 고백하는 것을 들은 적이 있습니다. 그 선교회의 회장과 감독이 그를 방문하면 그는 자신이 마치 대단히 경건한 사람인 체하고, 잡지 같은 것을 읽고 있다가도 성경을 읽는 것처럼 가장을 하곤 했습니다. 이렇게 속인 이유는 좋은 평가를 얻어내려는 것이었습니다. 그들이 그 지역을 떠날 때는 자기를 좋게 평하고 칭찬하기를 바랐던 것입니다. 그러나 성경은 우리가 섬기는 일에서 "눈가림만 하여 사람을 기쁘게 하는 자처럼 하지 말고 그리스도의 종들처럼 마음으로 하나님의 뜻을 행하라"(에베소서 6:6)고 가르치고 있습니다.

사람들은 특별히 다음 세 가지 영역에서 자기 영광을 구하는 죄에 빠지기 쉬운 것 같은데, 이것들 자체는 모두 선하고 칭찬할 만한 것들입니다. 첫째는 드리는 일, 즉 헌금입니다. 목사는 자기 교회의 선교 예산 규모가 그 교단 내의 다른 교회보다 더 크다는 것을 자랑하고 싶어 하고, 주일학교 교사는 자기가 지도하는 반이 다른 반보다 더 헌금을 많이 해서 남들에게 드러나기를 원합니다. 사람들 중에는 어떤 명목으로 많은 헌금을 해서 자기 이름이 특별 명단에 올라가거나 제직들의 눈에 띄어 개인적인 관심을 갖게 되기를 바라는 사람도 있습니다.

예수님은 어떻게 가르치셨습니까? "사람에게 보이려고 그들 앞에서 너희 의를 행치 않도록 주의하라. 그렇지 아니하면 하늘에 계신 너희 아버지께 상을 얻지 못하느니라. 그러므로 구제할 때에 외식하는 자가 사람에게 영광을 얻으려고 회당과 거리에서 하는 것같이 너희 앞에 나팔을 불지 말라. 진실로 너희에게 이르노니, 저희는 자기 상을 이미 받았느니라. 너는 구제할 때에 오른손의 하는 것을 왼손이 모르게 하여 네 구제함이 은밀하게 하라. 은밀한 중에 보시는 너의 아버지가 갚으시리라"(마태복음 6:1-4).

지도자가 자신의 마음을 잘 지켜야 할 두 번째 영역은 주님의 사역에서 거둔 열매들에 대해서입니다. 교단의 연차 보고 시에 '양 떼의 숫자가 불었다'는 사실만으로 성공적인 목회를 했다고 떠드는 것은 치명적인 잘못이 될 수도 있습니다. 이러한 성과를 거둔 목사는 자신도 모르게 통계 숫자에 사로잡혀 자만심을 갖게 되고 자신을 '큰 일꾼'으로 인정해 주기를 바라게 됩니다. 그러나 기억해야 할 것은, 첫째로, 교회에 양 떼를 늘려 주시는 분은 주님이시라는 사실입니다. "주께서 구원받는 사람을 날마다 더하게 하시니라"(사도행전 2:47). 둘째로, 교만은 파멸로 이끄는 앞잡이라는 사실을 기억해야 합니다. 역대상 21장에 보면, 다윗은 백성들의 수를 계수하는 죄를 범했고, 그 결과 기쁨을 가져오리라고 기대했던 일이 도리어 큰 슬픔을 가져왔습니다. "이에 여호와께서 이스라엘 백성에게 온역을 내리시매 이스라엘 백성의 죽은 자가 칠 만이었더라"(역대상 21:14).

주님께서는 우리를 추수할 일꾼으로 세상에 보내셨기 때문에 우리가 복음 전파에 최대의 노력을 기울이기를 원하십니다. 구원받는 자의 수가 많으면 많을수록 좋은 일입니다. 성령의 도우심으로 우리의 수고가 믿는 자들과 제자들의 수를 증가시킨다면 하나님께서 크게 기뻐하실 일입니다. 그러나 분명히 알아야 할 것은 이 일을 하되 "주께 하듯 하고 사람에게 하듯 하지 말아야"(골로새서 3:23 참조) 한다는 사실입니다.

교만에 빠지기 쉬운 세 번째 영역은 그리스도를 섬기는 일에서입니다. 바울은 "곧 모든 겸손과 눈물이며 유대인의 간계를 인하여 당한 시험을 참고 주를 섬긴 것과"(사도행전 20:19)라고 말합니다. 그가 섬긴 것은 하나님이지 사람이 아니었습니다. 높은 사람이 보고 있거나 칭찬을 한다면 최선을 다하고, 그저 보통 사람들이 볼 때에는 적당히 해버리기가 쉽습니다.

아내는 이 면에서 내게 항상 좋은 도전이 되고 있습니다. 한 가지 좋은 예는 상 차리기인데, 가족들끼리 먹는 식탁이든 손님을 초대하여 함께하는 식탁이든 변함없이 깔끔하게 차립니다. 가끔씩 선교사나 교계의 지도자들을 초대하기도 하는데, 이럴 때라고 해서 지나치게 꾸미지도 않습니다. 손님이 있든 없든 식탁 중앙에는 항상 꽃병이 놓여 있고, 땅콩버터, 젤리, 잼, 피클, 겨자, 케첩, 올리브, 양념 등 모든 것은 병째 내놓는 법이 없고 항상 접시에다 먹음직스럽게 담아 내놓습니다. 우유도 종이 용기에 담긴 것을 그대로 올려놓는 법이 없으며, 식탁은 절대로 양념 통이나, 상자, 병으로 너절하게 늘어놓지 않고 항상 깨끗이 정돈되어 있습니다. 냅킨이나 은수저들이 손님이 있을 때나 가족들끼리만 있을 때나 항상 가지런히 놓여 있습니다. 무엇이든지 '되는대로' 하는 법이 절대로 없습니다. 아내는 모든 가사 일을 주님께 하듯 하며 언제나 주님을 위해서 최선을 다합니다. 다른 사람에게 보여 주기 위해서가 아니라 하나님 앞에서 자신의 확신으로 그렇게 합니다.

좌절감

지도자에게 치명적인 세 번째 위험은 좌절감입니다. 마귀는 사람들에게 좌절감을 주는 일에 명수입니다. 지도자들이 깊은 좌절에 빠져 절망의 수렁에서 헤어나지 못하고 중도에서 포기하는 예는 너무도 많습니다. 일은 뜻대로 되지 않고 계획은 모두 수포로 돌아가고, 주위에서는 쉴 새 없이 그들의 약점만 들추어냅니다. 믿을 만하다고 생각했던 사람들이 맡은 일은 하지 않고 그들에게 등을 돌려 버립니다.

지도자는 이럴 때 어떻게 해야 하겠습니까? 우리 모두가 이런 문제에 부딪칩니다. 예외가 없습니다. 성경에 나오는 많은 하나님의 사람들이 이런 절망의 구렁에 빠져 고생한 모습을 보면 놀라지 않을 수 없습니다.

엘리야의 경우, 큰 승리를 맛본 직후에 그러한 절망에 빠지게 되었습니다. 이런 일은 흔히 일어나는 일입니다. 승리 후에는 종종 묘한 허탈감에 사로잡히거나 일종의 실망에 빠지는 수가 있습니다. 갈멜산에서 바알의 선지자들과 겨루어 크게 승리한 엘리야의 경우를 봅시다. 바알의 선지자들은 그들의 신을 큰 소리로 부르고 칼로 자기 몸을 상하게 하며 하루 종일 소리쳤으나 아무런 소용이 없었습니다. 아무 응답도 없고 제단에는 불도 내려오지 않았습니다. 그러나 엘리야가 큰 믿음으로 기도하자 하나님께서는 즉시 불로 응답하셨고, 이에 모든 백성들은 얼굴을 땅에 대고 "여호와 그는 하나님이시로다"(열왕기상 18:39)라고 고백했습니다.

그러나 왕비 이세벨이 이 소식을 듣고 사자를 보내어 그를 죽이겠다고 위협하자 상황은 완전히 뒤바뀌기 시작했습니다. 여자가 분을 내는 것만 봐도 무서운 일인데, 이세벨같이 악독한데다 권세까지 있는 여자가 오뉴월의 서릿발 같은 분을 품게 되니, 위협을 느낀 엘리야는 목숨을 구하려고 도망을 했습니다.

이 이야기를 통해서, 좌절감 때문에 생긴 결과를 보고 네 가지의 교훈을 얻을 수 있습니다. 첫째로, 좌절감은 잘못된 가치관을 낳습니다. "스스로 광야로 들어가 하룻길쯤 행하고 한 로뎀나무 아래 앉아서 죽기를 구하여 가로되, '여호와여, 넉넉하오니 지금 내 생명을 취하옵소서. 나는 내 열조보다 낫지 못하니이다'"(열왕기상 19:4). 엘리야의 말은 사실상 "우리 모두는 언젠가는 한 번 죽게 될 터인데 아무 때 죽으면 어떻습니까? 나도 다른 사람들보다 더 나을 게 없는 평범한 인간입니다. 결국은 죽게 될 터인데 지금 죽은들 어떻겠습니까?"라는 말입니다. 그러나 그는 잘못 생각했습니다. 하나님께서는 그의 생각과는 다른 계획을 가지고 계셨기 때문에 그는 한 번도 죽음을 맛보지 않았습니다. 여러 해가 지나 하나님께서 계획하신 때가 찼을 때 "홀연히 불수레와 불말들이 두 사람을 격하고 엘리야가 회리바람을 타고 승천했습니다"(열왕기하 2:11).

둘째로, 좌절감은 책임을 회피하게 만듭니다. "엘리야가 그곳 굴에 들어가 거기서 유하더니 여호와의 말씀이 저에게 임하여 이르시되, '엘리야야, 네가 어찌하여 여기 있느냐?'"(열왕기상 19:9). 좌절감에 사로잡힌 지도자는 주위를 둘러보고는 '울타리 너머의 남의 집 잔디가 더 푸르다'고 스스로 결론을 내려 버립니다. 그는 하나님께서 주신 사명을 포기해 버릴 수도 있습니다. 만약 사명을 포기해 버리거나 자신의 지도를 따르던 무리들을 떠나게 된다면 아마 하나님께서 그에게 오셔서 "네가 여기서 무엇을 하고 있느냐? 너는 내가 너에게 준 사명을 감당하는 자리에 있어야 하지 않느냐?"라고 말씀하실 것입니다.

셋째로, 좌절감은 자기가 처한 곤경을 다른 사람들의 탓으로 돌리고 그들을 비난하도록 만듭니다. 그는 주위의 사람들을 손가락질하며 자기의 고난에 대한 책임을 그들에게로 돌립니다. "저가 대답하되, '내가 만군의 하나님 여호와를 위하여 열심이 특심하오니, 이는 이스라엘 자손이 주의 언약을 버리고 주의 단을 헐며 칼로 주의 선지자들을 죽였음이오며, 오직 나만 남았거늘 저희가 내 생명을 찾아 취하려 하나이다'"(열왕기상 19:10). 잘못은 전부 남에게 있다는 이야기입니다.

넷째로, 좌절감은 지도자의 시야를 완전히 흐리게 만듭니다. 엘리야는 온 이스라엘에서 하나님께 충성하는 자는 자기 혼자만

남아 있다고 주장하지만 하나님은 전혀 그렇지 않다고 말씀하십니다. "그러나 내가 이스라엘 가운데 칠천 인을 남기리니 다 무릎을 바알에게 꿇지 아니하고 다 그 입을 바알에게 맞추지 아니한 자니라"(열왕기상 19:18). 엘리야의 눈에는 모든 상황이 그저 암담하게 보이기만 했지만, 사실은 전혀 달랐습니다. 실제 상황은 자기가 생각한 것보다 7,000배나 더 좋았던 셈입니다.

우리들도 대부분 이러한 경험이 있으리라 생각합니다. 우리가 문제 가운데 빠져 있을 때는 그 문제가 전혀 풀릴 것 같지 않게 보이지만, 실상은 그처럼 막연하게 보이던 문제들도 우리 생각과는 전혀 다른 경우가 허다합니다. 안개가 걷히고 폭풍이 사라지고 나면 더 똑똑하게 볼 수 있고, 전보다 7,000배는 더 나은 것으로 보일 것입니다.

다윗도 이와 비슷한 경험을 했습니다. 다윗 일행이 거주하고 있던 시글락 성을 무방비 상태로 두고 전쟁에 다녀와서 보니 성은 불타고 여자와 아이들은 아말렉 사람들에게 포로로 잡혀 가고 없었습니다(사무엘상 30:3). 다윗과 부하들이 비통해한 것은 당연한 일이었습니다. "다윗과 그와 함께한 백성이 울 기력이 없도록 소리를 높여 울었더라"(사무엘상 30:4). 다윗은 슬픔과 절망 가운데 빠졌습니다.

설상가상으로 그때까지 생사고락을 함께했던 전우들이 그를 돌로 치려고 하는 믿을 수 없는 일이 일어났습니다. 세상이 다 변한다 해도 단 하나 다윗이 믿을 수 있었던 것은 바로 그의 충성스러운 부하들이었는데, 그토록 그를 위하여 생명을 걸고 모험을 해왔던 그들이 그에게 등을 돌려 버린 것입니다. 이제 다윗이 믿을 것은 아무것도 없었습니다. 그는 혼자 남았습니다.

이런 어려움은 오히려 다윗으로 하여금 지금까지 늘 가까이 계셨던 하나님 한 분만을 의지할 수 있도록 했습니다. "그 하나님 여호와를 힘입고 용기를 얻었더라"(사무엘상 30:6). 하나님께서는 그에게 이스라엘 백성들의 오래된 원수 아말렉을 추격하도록 하셔서 아름다운 결말을 얻도록 해주셨습니다. 다윗은 아말렉이 탈취해 갔던 모든 것을 되찾아 왔습니다. "그들의 탈취하였던 것, 곧 무리의 자녀들이나 빼앗겼던 것의 대소를 물론하고 아무 것도 잃은 것이 없이 다윗이 도로 찾아왔고"(사무엘상 30:19).

당시의 상황은 더 이상의 심각한 상황이 없을 정도로 최악의 상태였지만 실제 나타난 결과는 더 이상 바랄 수 없을 만큼 최상이 되었습니다. 그들의 아내나 자식들은 아무런 해도 입지 않았습니다. 시글락 성은 불타 버렸지만 더 이상 그 성이 필요치 않게 되었습니다. 이미 그에게는 왕국이 예비되어 있었기 때문입니다. 사울이 전사하고 없기에 이제는 다윗이 왕궁으로 들어가게 된 것입니다. 극심하게 어려운 상황이었지만 만약 백성들이 좀 더 통찰력을 가지고 실상을 파악할 수 있었더라면 도리어 기뻐할 수도 있었을 것이며, "울 기력이 없도록 소리를 높여 울기"보다는 하나님을 더욱 의뢰함으로 그분의 능력을 찬양할 수도 있었을 것입니다.

절망의 끝에는 종종 이런 선한 결과가 오는데, 문제들이 장래를 볼 수 있는 시야를 완전히 가려 버리곤 합니다. 문제 가운데 빠지면 두더지가 지나간 자리라 할지라도 산처럼 크게 보이는 법입니다. 그러므로 지도자는 믿음으로 계속 걸어가고 해결이 보일 때까지 기다릴 줄 알아야 합니다. 사도 바울은 이 면에서 우리에게 좋은 본이 되고 있습니다. 데살로니가에 도착했을 때 고난과 좌절이 따라왔지만 후에 그 일을 회상하며, "형제들아, 우리가 너희 가운데 들어감이 헛되지 않은 줄을 너희가 친히 아나니"(데살로니가전서 2:1)라고 했습니다. 또 로마 감옥에 갇혀 있을 때에도 "형제들아, 나의 당한 일이 도리어 복음의 진보가 된 줄을 너희가 알기를 원하노라"(빌립보서 1:12)고 말했습니다.

지도자를 넘어뜨리는 세 가지 요소는 탐욕, 자기 영광을 구하려는 마음, 좌절감, 이 세 가지입니다. 우리 영혼의 적 사탄은 아담의 범죄 이후로 오늘에 이르기까지 계속해서 이 세 가지를 이용하여 우리를 넘어뜨리려 하고 있습니다. 인간의 힘으로는 이것들을 도저히 막아 낼 수가 없습니다. 그는 혹은 속임수로, 혹은 한쪽으로 쏠리게 만듦으로써, 혹은 정면 공격함으로써 우리 인간의 방어를 무력화(無力化)시키는 방법을 잘 알고 있습니다.

그러나 하나님의 뜻은 우리가 승리하는 것이며, 우리가 하나님을 의뢰하기만 하면 언제나 구조의 손길을 뻗치십니다. 다윗은 말년에, 하나님과 동행했던 옛날의 경험을 회상하면서 이렇게 찬양할 수 있었습니다. "여호와여, 광대하심과 권능과 영광과 이김과 위엄이 다 주께 속하였사오니 천지에 있는 것이 다 주의 것이로소이다. 여호와여, 주권도 주께 속하였사오니 주는 높으사 만유의 머리심이니이다.… 우리 하나님이여, 이제 우리가 주께 감사하오며 주의 영화로운 이름을 찬양하나이다"(역대상 29:11-13).

11

전체의 필요를 채워 줌

영적 지도자의 중요한 목표 중의 하나는 그가 이끌고 있는 사람들의 영적인 삶이 더욱 풍성하도록 돕는 것입니다. 그들이 주님의 은혜와 주님을 아는 지식에서 자라 감에 따라(베드로후서 3:18 참조), 주님께 더욱 효과적으로 드려지며 헌신의 수준이 더욱 깊어져야 합니다. 하나님의 뜻은 그들이 매일의 삶 가운데서 그리스도의 성품을 드러내는 것입니다.

성경은 이러한 예들을 생생하게 보여 줍니다. 다윗의 지휘하에 모든 용사들은 전쟁에서 계속적인 승리를 거두었으며, 하나님의 대적들에 대항하여 나라를 잘 지켰습니다. 그러나 이 모든 것 가운데서도 가장 위대한 업적은 다윗이 이끌던 사람들의 삶 속에서 찾아볼 수 있습니다.

그들이 처음 다윗에게 왔을 때 그들의 상태는 어떠했습니까?

"환난당한 모든 자와 빚진 자와 마음이 원통한 자가 다 그에게로 모였고, 그는 그 장관이 되었는데 그와 함께한 자가 사백 명가량이었더라"(사무엘상 22:2).

그러나 그들은 오랜 기간을 다윗과 함께 보내면서 후에는 아주 강건하고 헌신적인 자들로 변화되어, 가는 곳마다 용맹을 떨치게 됩니다. 그들 중의 한 사람인 엘르아살에 대해 성경은 다음과 같이 묘사하고 있습니다. "그 다음은 아호아 사람 도대의 아들 엘르아살이니 다윗과 함께한 세 용사 중에 하나이라. 블레셋 사람이 싸우려고 모이매 이스라엘 사람들이 물러간지라. 세 용사가 싸움을 돋우고 저가 나가서 손이 피곤하여 칼에 붙기까지 블레셋 사람을 치니라. 그날에 여호와께서 크게 이기게 하셨으므로 백성들은 돌아와서 저의 뒤를 따라가며 노략할 뿐이었더라"(사무엘하 23:9-10).

'인물이 인물을 만든다'

지도자가 그를 따르는 무리들에게 끼치는 영향을 성경 전체를 통해 살펴보면 아주 흥미롭습니다. 예를 들어서, 사울의 군대에 거인을 죽일 수 있는 사람들이 얼마나 있었습니까? 아무도 없었습니다. 사울이 이끌던 하나님의 군대에 골리앗이 도전해 왔을 때 그들은 모두 무서워서 벌벌 떨고만 있었습니다(사무엘상 17:11 참조). 그때 마침 형들에게 음식을 전하러 왔던 다윗이 그 상황을 판단하고는 믿음으로 용감하게 나아가 그 거인 골리앗을 당당하게 죽였습니다.

그러면, 거인을 죽였던 다윗이 왕이 된 이후 이스라엘 백성 중에 거인을 죽인 사람들이 얼마나 생겼습니까? 상당히 많았습니다. 그들이라고 해서 특별한 사람들이 아니라 단지 지도자인 다윗을 따르던 평범한 군인들이었습니다. "이후에 블레셋 사람과 게셀에서 전쟁할 때에 후사 사람 십브개가 장대한 자의 아들 중에 십배를 쳐 죽이매 저희가 항복하였더라. 다시 블레셋 사람과 전쟁할 때에 야일의 아들 엘하난이 가드 사람 골리앗의 아우 라흐미를 죽였는데 이 사람의 창 자루는 베틀채 같았더라. 또 가드에서 전쟁할 때에 그곳에 키 큰 자 하나는 매 손과 매 발에 가락이 여섯씩 모두 스물넷이 있는데 저도 장대한 자의 소생이라. 저가 이스라엘을 능욕하는 고로 다윗의 형 시므아의 아들 요나단이 저를 죽이니라. 가드 장대한 자의 소생이라도 다윗의 손과 그 신복의 손에 다 죽었더라"(역대상 20:4-8).

당신이 생각하기에 왜 사울의 군대는 아무도 거인을 죽이지 못했겠습니까? 한 가지 이유는 사울 자신이 그렇지 못했기 때문이라고 믿습니다. 그러나 다윗을 따르는 자들 가운데서는 거인을 죽인 자가 많았습니다. 왜 그렇습니까? 다윗 자신이 바로 그렇게 본을 보였기 때문입니다. 이 사실은 성경 전체에 흐르고 있는 엄청나게 중요한 지도력의 원리를 보여 줍니다. 인물이 인물을 만든다는 것입니다.

주님의 마지막 명령은 "너희는 가서 모든 족속으로 제자를 삼으라"입니다. 그 명령은 물론 모든 군중들에게 주어진 것이 아니라 11명의 소수 무리, 즉 주님의 제자들에게 주어진 것이었습니다. 왜 그렇습니까? 바로 인물이 인물을 만들어 내기 때문입니다.

그러므로 당신이 만약 견고하고 헌신적인 그리스도의 제자들을 일으키고자 한다면 당신 스스로가 먼저 그러한 사람이 되어야 합니다. 인물이 그와 같은 인물을 만들어 내기 마련입니다.

그 원리에 대해서는 나중에 좀 더 구체적으로 다루기로 하고, 우선 우리가 주님의 사역을 어떻게 수행할 수 있을지 질문해 봅시다. 주님을 섬길 충성된 사람들로 키우기 위해 우리가 할 수 있는 일은 무엇이겠습니까?

당신이 사람들을 이끌다 보면 구성원 모두가 헌신의 정도나 성장하고자 하는 의욕이 같지 않다는 것을 보게 될 것입니다. 몇몇 사람들이 다른 사람들에 비해 더욱 열심을 내며 헌신적일 것입니다. 바로 이러한 상황 때문에, 당신은 구성원 각자의 관심과 동기력을 최대로 높게 유지시키는 동시에 현재 열심 있는 자들을 최대한도로 도울 수 있는 대책을 강구해야 할 것입니다. 두 가지 방법을 제시해 보겠습니다.

자발적인 성경공부반 조직

우선, 자원하는 사람들을 중심으로 성경공부와 기도를 위한 특별 모임을 따로 만드십시오. 나는 이것이 엄청나게 중요한 것임을 알게 되었습니다. 당신이 그러한 모임을 시작하는 데 도움이 되는 몇 가지 방법을 소개합니다.

만약 당신이 함께하는 사람들 중에 특별한 의욕과 관심을 가진 자들을 발견하게 되면 개인적으로 그들을 찾아가, 일주일에 한 번 정도 성경공부와 기도를 위해 아침 일찍 모이는 것에 대해 어떻게 생각하는지 물어보십시오.

아침 일찍 모이는 것에는 두 가지 장점이 있습니다. 첫째, 저녁 시간을 피하는 것이 좋기 때문입니다. 사람들은 대개 저녁 시간을 다른 일들에 빼앗기길 싫어합니다. 왜냐하면 그렇지 않아도 여러 가지 일들로 빈번히 가족들과의 시간을 빼앗기고 있기 때문입니다. 둘째로, 이른 아침에 하게 되면 반 마음을 품고 오는 것을 배제할 수 있습니다. 비록 일주일에 하루이지만 그래도 이른 아침에 다른 때보다 일찍 일어나서 참석하는 것은 아주 열심이 있는 자들이라야만 할 수 있기 때문입니다. 당신의 제의에 서너 명 정도가 응하게 되면 그들로부터 분명한 약속을 받고 나서 그룹 전체에게 새로이 생기게 된 이 특별한 모임에 대해 광고하십시오. 그리고 그들 외에 누구든지 원하면 참석할 수 있도록 초청하십시오. 그러면 아무도 불공평하다고 불평할 수 없을 것입니다. 반드시 "한 사람이라도 좋고, 모두 와도 좋습니다. 오시는 분은 누구든지 대환영입니다"라고 광고하십시오.

실제 참석자들이 모였을 때 아마도 당신은 놀랄 것입니다. 평상시에 별로 대수롭지 않게 생각했던 사람의 마음속에서 뜨거운 열정을 종종 발견할 수 있기 때문입니다. 그들에게 모임의 규칙과 수준에 대해서 다음 주 아침에 모일 때 결정할 것이라고 말해 두십시오. 아주 중요한 문제입니다. 당신이 설정한 목표에 따라 이미 세워 둔 원칙을 지키는 범위 내에서, 모임을 진행시켜 나갈 방법에 대해 그들과 구체적으로 토의하고 결정하도록 하십시오.

그 다음 주 아침에 모여 계획을 세울 때는 당신이 미리 생각해 둔 목표를 먼저 그들에게 일러 주십시오. 당신이 세운 목표를 좀 더 명확하게 이해시키는 데 필요한 성경 구절 몇 개를 잘 선택하여 말해 주면 당신의 설명에 권위와 능력을 더해 줄 것입니다. 나에게 도움이 되었던 몇 개의 성경 구절들을 소개해 드립니다. 나는 이 말씀들을 참석자들의 성장 수준과 관심도에 따라 여러모로 다양하게 택하여 사용해 왔습니다.

로마서 8:29 "하나님이 미리 아신 자들로 또한 그 아들의 형상을 본받게 하기 위하여 미리 정하셨으니 이는 그로 많은 형제 중에서 맏아들이 되게 하려 하심이니라."
〔목표〕 더욱 주님을 닮아 가는 것.

요한복음 5:39 "너희가 성경에서 영생을 얻는 줄 생각하고 성경을 상고하거니와 이 성경이 곧 내게 대하여 증거하는 것이로다."
〔목표〕 주님을 아는 지식에서 더욱 자라 가는 것.

사도행전 20:32 "지금 내가 너희를 주와 및 그 은혜의 말씀께 부탁하노니 그 말씀이 너희를 능히 든든히 세우사 거룩케 하심을 입은 모든 자 가운데 기업이 있게 하시리라."
〔목표〕 하나님의 말씀 안에 세움을 입는 것.

마태복음 9:36-38 "무리를 보시고 민망히 여기시니, 이는 저희가 목자 없는 양과 같이 고생하며 유리함이

라. 이에 제자들에게 이르시되, '추수할 것은 많되 일꾼은 적으니, 그러므로 추수하는 주인에게 청하여 추수할 일꾼들을 보내어 주소서 하라' 하시니라."

〔목표〕 주님께 영적 추수를 위한 일꾼들을 보내어 주시도록 기도하는 시간을 가지는 것.

시편 119:9,11 "청년이 무엇으로 그 행실을 깨끗케 하리이까? 주의 말씀을 따라 삼갈 것이니이다. 내가 주께 범죄치 아니하려 하여 주의 말씀을 내 마음에 두었나이다."

〔목표〕 깨끗한 삶을 위한 성경 암송.

시편 119:105 "주의 말씀은 내 발에 등이요, 내 길에 빛이니이다."

〔목표〕 말씀을 우리의 등과 빛으로 우리 삶에 적용하는 것.

예레미야 33:3 "너는 내게 부르짖으라. 내가 네게 응답하겠고 네가 알지 못하는 크고 비밀한 일을 네게 보이리라."

〔목표〕 우리 삶의 구체적인 필요를 위해 기도하는 것.

히브리서 11:6 "믿음이 없이는 기쁘시게 못하나니, 하나님께 나아가는 자는 반드시 그가 계신 것과 또한 그가 자기를 찾는 자들에게 상 주시는 이심을 믿어야 할지니라."
〔목표〕 우리의 믿음을 더욱 깊게 하는 것.

그 그룹에 적절한 성경공부 교재를 선정하십시오. 전 세계적으로 아주 유용하게 쓰이고 있는 교재는 네비게이토 출판사의 「그리스도인의 생활 연구」(전10권)와 「그리스도의 제자가 되는 길」(전6권)로서 개인적인 성경공부나 그룹 성경공부용으로 마련된 교재입니다.

그 밖에도 훌륭한 교재들이 많이 나와 있습니다. 몇 가지 더 소개하면, 전도에 관해 공부하는 데는 나의 다른 저서인 「이렇게 전도하라」(네비게이토 출판사)가 좋으며, 월터 헨릭슨의 「훈련으로 되는 제자」(네비게이토 출판사), 폴 리틀의 「이래서 믿는다」(생명의 말씀사)와 「이것을 믿는다」(생명의 말씀사) 등도 좋습니다.

교재를 선정한 후에는 그 다음 주에 공부할 내용을 과제로 내주어 각자가 모임에 참석하기 전에 성경공부를 미리 준비할 수 있도록 하십시오. 그래야 모임이 더욱 활기 있고 말씀 중심으로 진행될 수 있습니다. 때로 모이기 전에 각 사람들에게 전화를 걸어 공부 준비를 격려하는 것도 좋습니다. 이처럼 전화로 개인적인 격려도 하고, 또한 각 사람을 위해 기도하면, 하나님께서는 그들의 마음을 더욱 성실하고 열심을 내도록 만들어 주실 것입니다.

모임을 가질 때는 기도를 위해 알맞게 시간을 떼어 놓으십시오. 내가 일 년 동안 이끌었던 아침 성경공부반의 한 가지 목표는 '강력한 개인 전도의 계발'이었습니다. 그래서 우리는 이 목표를 두고 계속 기도했는데, 다음의 네 성경 말씀에 근거해서 기도를 했습니다.

골로새서 4:2-4 "기도를 항상 힘쓰고 기도에 감사함으로 깨어 있으라. 또한 우리를 위하여 기도하되 하나님이 전도할 문을 우리에게 열어 주사 그리스도의 비밀을 말하게 하시기를 구하라. 내가 이것을 인하여 매임을 당하였노라. 그리하면, 내가 마땅히 할 말로써 이 비밀을 나타내리라."

이 구절은 바울이 그리스도의 비밀을 증거하기 위해 전도의 문을 활짝 열어 주시도록 기도 부탁하는 내용입니다. 우리 모임에서도 각자가 알고 있는 몇몇 불신자들의 명단을 작성하여 그들에게 복음 전할 기회를 달라고 함께 기도할 뿐만 아니라 개인적으로도 매일 기도했습니다.

사도행전 16:14 이 말씀은 루디아에 관한 것으로서, 주님께서 그 마음을 열어 주셨다는 내용입니다. 우리가 일단 복음을 전했던 사람들 가운데서 관심을 보였던 자들의 명단을 작성하여 하나님께서 그들의 마음을 열어 주시도록 기도했습니다.

골로새서 1:9-10 "이로써 우리도 듣던 날부터 너희를 위하여 기도하기를 그치지 아니하고 구하노니, 너희로 하여금 모든 신령한 지혜와 총명에 하나님의 뜻을 아는 것으로 채우게 하시고, 주께 합당히 행하여 범사에 기쁘시게 하고, 모든 선한 일에 열매를 맺게 하시며, 하나님을 아는 것에 자라게 하시고."

우리는 전도를 통해 주님께 돌아온 사람들의 명단을 작성하여 그들이 그리스도 안에서 효과적으로 성장할 수 있도록 기도했습니다.

마태복음 9:36-38 "무리를 보시고 민망히 여기시니, 이는 저희가 목자 없는 양과 같이 고생하며 유리함이라. 이에 제자들에게 이르시되, '추수할 것은 많되 일꾼은 적으니 그러므로 추수하는 주인에게 청하여 추수할 일꾼들을 보내어 주소서 하라' 하시니라."

우리가 특별히 명단을 작성하지는 않았으나 하나님께 우리 중에서 일꾼을 일으켜 주시도록 한마음으로 기도했습니다. 그런데 놀라운 사실은, 하나님께서 우리의 기도를 응답하셔서 그 그룹에 참석했던 5명 중에 3명이 현재 선교사로 아르헨티나, 인도네시아, 레바논에 각각 파송되어 주님을 섬기고 있다는 것입니다.

만약 당신의 그룹 멤버들이 하나님의 말씀을 사모하는 강한 동기를 가지고 있다면 성경 암송 계획도 그 모임 중에 집어넣을 수 있습니다. 매주 몇 구절씩 암송할 것인가를 먼저 결정한 뒤 모임 시간 중 약 5분간을 할당하여 서로의 암송을 점검하는 시간을 가지십시오. 그러기 위해서 그룹 멤버들을 둘씩 짝지어 주십시오. 그러면 한 사람이 암송할 때 다른 사람이 점검을 해줄 수 있을 것입니다. 성경 구절을 외울 때는 반드시 장절도 아울러 외우며 또한 토씨도 틀리지 않고 정확하게 외우도록 노력하십시오. 네비게이토 선교회에서 나온 주제별 성경 암송은 세계 각처에서 많은 사람들에게 유익을 주고 있습니다.

개인 교제

영적 성장에 대한 강한 동기를 유지시키기 위한 두 번째 대책은 첫 번째 것과 비슷하나 더욱 집중적인 것입니다.

성경공부 모임을 몇 달 동안 인도하다 보면 그 가운데 한두 사람이 다른 사람에 비해 성장이 눈에 띄게 빠르며 성장에 대한 열망도 대단하다는 것을 발견할 수 있습니다. 이 사람들이 바로 당신이 지금까지 기다려 온 사람들입니다! 하나님께서는 그들을 귀히 쓰시고자 준비하고 계십니다. 그들을 개인적으로 만나서 정기적인 개인 교제를 통해 특별히 훈련받을 마음이 있는지 물어보십시오. 점심을 같이하면서 당신의 생각을 구체적으로 설명하는 것도 좋습니다.

하나님께서는 나에게 이사야 58:10 말씀을 통해 지도자의 이러한 일면에 대해 가르쳐 주셨습니다. "주린 자에게 네 심정을 동하며 괴로워하는 자의 마음을 만족케 하면, 네 빛이 흑암 중에서 발하여 네 어두움이 낮과 같이 될 것이며."

바울도 이 면에 대해 다음과 같이 말하고 있습니다. "우리가 너희 믿는 자들을 향하여 어떻게 거룩하고 옳고 흠 없이 행한 것에 대하여 너희가 증인이요 하나님도 그러하시도다. 너희도 아는 바와 같이 우리가 너희 각 사람에게 아비가 자기 자녀에게 하듯 권면하고 위로하고 경계하노니"(데살로니가전서 2:10-11).

"아비가 자기 자녀에게 하듯"이라는 구절을 주목해 보십시오. 아버지가 자녀를 어떻게 키웁니까? 언제나 개인적인 토대 위에서 해나갑니다! 과거 내 경우를 예로 들면, 스물세 살 난 딸과 열일곱 살 난 아들의 관심과 필요는 서로 아주 달랐습니다. 나는 그들이 자신의 삶에서 겪는 여러 문제들에 대해 대화를 나누기 위해 그들 각자와 개인적인 시간을 보내 주어야 했습니다.

지도자가 주축을 이루는 멤버들과 각각 개인적으로 시간을 보내는 개념은 리더십 개념 자체만큼이나 오래되었습니다. 모세가 하나님께 후계자를 한 사람 보내 달라고 기도했던 일이 있었습니다. "모세가 여호와께 여짜와 가로되, '여호와, 모든 육체의 생명의 하나님이시여, 원컨대 한 사람을 이 회중 위에 세워서 그로 그들 앞에 출입하며 그들을 인도하여 출입하게 하사 여호와의 회중으로 목자 없는 양과 같이 되지 않게 하옵소서'"(민수기 27:15-17).

후에 하나님께서는 모세에게 다음과 같이 명하셨습니다. "너는 여호수아에게 명하고 그를 담대케 하며 그를 강경케 하라. 그는 이 백성을 거느리고 건너가서 네가 볼 땅을 그들로 기업으로 얻게 하리라"(신명기 3:28). 하나님은 모세에게 지시하시기를, 후계자가 될 여호수아에게 '명하고 그를 담대케 하며 강경케 하라'고 하신 것을 주목하시기 바랍니다. 이것이 바로 일대일 사역이었던 것입니다.

모세에게 주어진 이 명령과 데살로니가전서 2:11(권면하고, 위로하고, 경계하노니)과 고린도전서 14:3(세우며, 권면하며, 안위하는) 말씀을 함께 놓고 비교해 보면 하나의 흥미 있는 양상을 발견할 수 있습니다. 이 말씀들은 우리가 개인적으로 만날 사람들과 무엇을 해야 할 것인가에 대해서 상당히 많은 도움을 주고 있습니다. 나는 그들과 함께하는 개인 시간에 다음의 네 가지 것들을 하려고 노력하고 있습니다.

1. 세워 줌	그가 믿음 안에 견고히 설 수 있도록 모든 것을 함께 나눈다. 긍정적인 면을 세워 주는 데 훈련 시간을 사용한다. 그의 장점들을 세워 준다. 그의 은사를 계발하도록 격려한다.

2. 권면　　　　　때로 하나님의 말씀에 비추어 삶에서 잘못된 영역들을 지적하고 고치도록 돕는다.

3. 위로(안위)　　그가 당면하고 있는 문제들을 해결하도록 돕는다. 그가 침체된 상태에 있을 때에는 격려해 주며 스스로 문제 해결을 할 수 있도록 돕는다.

4. 과제를 줌　　그의 삶의 필요를 채우거나 은사나 능력을 계발시키는 데 도움을 줄 수 있는 구체적인 과제를 준다. 그에게 읽힌 후에 함께 토의할 만한 신앙 서적이나 지침서들을 알아 둔다.

　이와 같이 당신과 함께하는 특별한 시간들을 통해서 그의 삶은 놀랍게 변화될 것입니다. 변화는 이에서 멈추지 않고 계속 일어납니다. 그 그룹의 다른 사람들이 그의 성장, 더욱 헌신적인 태도, 그리고 말씀에 사로잡혀 사는 모습을 보게 됩니다. 결국은 그들도 그러한 의욕이 생기게 되며, 그와 같은 삶을 체험하고 싶은 열망을 갖게 됩니다.

　한번은 주일 오후에 청년부를 인도하는 책임을 맡은 적이 있었습니다. 나는 참석자들에게 영적인 성장과 그리스도인의 성숙에 관한 원리들을 나누기 시작했습니다.

　두 달이 지나자 제리라는 한 청년이 영적인 것들에 대해 갈급해하게 되었습니다. 그는 종종 나를 찾아와 질문들을 던지곤 했는데, 나는 그의 마음이 주님께 옥토와 같음을 느낄 수 있었습니다.

나는 그에게 주일날 아침 주일학교가 시작되기 전에 따로 기도와 성경공부를 위한 시간을 갖자고 제의했습니다. 그가 하고 있는 신문 배달이 8시 30분에 늘 끝나기 때문에 우리는 그 시간에 만나기로 했습니다. 나는 그와 개인적으로 만나 성경 암송과 성경공부를 도와주었습니다. 얼마 안 되어 그는 주님과 매일 경건의 시간을 갖기 시작했습니다.

제리는 풀이 자라듯이 날로 놀랍게 성장해 갔습니다. 얼마 안 되어 그 그룹의 다른 사람들이 이것을 알게 되었고 제리에게 일어난 변화에 대해 무척 궁금해 하며 질문들을 해왔습니다. 설명을 듣더니, 그들도 그렇게 하기를 원했습니다. 그리하여 우리는 곧 주님의 진정한 제자로서의 특성을 보여 주는 소수 핵심 멤버들을 얻게 되었습니다.

제리는 이제 다른 사람을 돕기 시작했으며, 곧 이어 배가의 사역이 그룹 내에서 활발하게 전개되기 시작했습니다. 이러한 아이디어는 디모데후서 2:2 말씀에 잘 나타나 있습니다. "또 네가 많은 증인 앞에서 내게 들은 바를 충성된 사람들에게 부탁하라. 저희가 또 다른 사람들을 가르칠 수 있으리라." 바울이 디모데에게, 디모데는 충성된 사람들에게, 충성된 사람들은 또 다른 사람들에게 가르치는 것입니다. 이런 식으로 계속 배가되어 나갑니다.

내가 어느 한 사람을 만나 경건한 삶과 효과적인 전도를 훈련시키기 시작한 뒤, 그가 내게 와서 자신도 한 사람을 주님께로 인도했다고 말한다면 나는 그것으로 만족해야 하겠습니까?

그렇지 않습니다. 기쁘기야 하겠지만 그것으로 만족할 수는 없습니다. 나는 그가 다른 사람을 그리스도께로 인도할 뿐만 아니라 내가 그에게 했듯이 영적 성장의 원리까지도 전달해 줄 수 있기를 원합니다.

그가 그렇게 하기 시작하면 나는 그것으로 만족할 것입니까?

천만에요. 역시 기쁜 일이나 그것으로 만족할 수는 없습니다. 나는 그가 다른 사람을 계속 도와 이제는 그의 도움을 받는 그 사람도 또 다른 사람을 주님께 인도하는 것을 보기 원합니다.

그렇다면 이젠 만족스럽겠습니까?

아닙니다. 나는 그 사람 역시 자신이 주님께로 인도한 그 새로운 사람을 대상으로 이 모든 과정을 되풀이하는 역사를 보기 원합니다.

이제는 만족할 수 있겠습니까? 네, 그렇습니다. 왜냐하면 내 자신이 이 과정을 모두 보아야만 비로소 내가 맨 처음 도왔던 그가 이러한 개념을 충분히 확신하고 있다는 명백한 증거가 되기 때문입니다.

예를 들어 봅시다. 내가 피트라는 친구를 주님께로 인도하여 그의 성장을 돕는다고 합시다. 어느 날 그가 존을 주님께로 인도했습니다. 이제 나는 피트도 다른 사람을 주님께 인도할 수 있는 위치까지 성장했음을 알게 됩니다. 그렇지만 그가 자신이 인도한 사람을 잘 양육할 수 있을지에 대해서는 아직 모를 일입니다.

피트의 도움으로 어느덧 존도 성장하여 다른 사람을 주님께 인도할 수 있게 되면, 그때서야 피트가 전도뿐만이 아니라 양육에 있어서도 성공하고 있음을 분명히 알 수 있게 됩니다. 그래서 이제 존이 피트에게 와서 "제가 폴을 그리스도께 인도했어요"라고 말할 때가 되면 나는 비로소 피트를 효과적으로 훈련시켰다고 생각할 수 있는 것입니다.

이렇게 하여 리로이-피트-존-폴의 네 세대가 형성됩니다. 그러므로 내가 폴을 볼 때까지는 피트를 올바로 도왔다고 볼 수가 없습니다. 만약 당신이 이 비전을 명확히 이해할 수 있다면, 당신의 사역은 더욱 효과적이고 생산적이 될 것입니다. 잠시 디모데후서 2:2 말씀을 묵상해 보는 시간을 가지십시오. 그리고 당신의 생애 가운데 배가의 역사를 일으켜 주시도록 하나님께 기도하십시오.

12

의사소통

의사 소통은 지도자에게 필수적인 요소입니다. 지도자는 여러 사람 앞에 서야 할 기회가 자주 있습니다. 광고를 하게 되기도 하며, 가르치기도 하고, 때로는 연사를 소개하기도 하고, 어떤 경우에는 간단한 이야기를 들려주게 될 경우도 있습니다. 이처럼 어떤 방법으로든지 지도자는 무엇인가를 사람들에게 전달하려고 노력하게 됩니다.

그러면 당신은 어떻게 이런 준비를 하겠습니까? 당신은 어떠한 방법으로 당신의 생각을 조리 있게 전하여 듣는 사람으로 하여금 알아듣기 쉽도록 할 수 있겠습니까? 이러한 목적을 달성하는 데 도움이 되는 일반적인 원칙들이 있을까요? 먼저 나의 개인적인 경험을 소개하겠습니다.

수십 년 전 어느 주일 아침에 아내와 나는 아이오와의 한 조그만 도시의 시가지를 거닐고 있었습니다. 당시 나는 철도 역무원으로 일하고 있었기 때문에 집을 떠나 같은 철도망에 속하는 다른 도시에 출장 근무하는 일이 빈번했습니다. 그때도 출장 나와 있던 나와 주말을 함께 보내려고 아내가 찾아왔었습니다. 우리는 별로 할 일이 없이 한가하게 거닐고 있었는데 그때 마침 교회 종소리가 은은하게 울리고 있었습니다.

농담 섞인 말로 나는 "여보, 우리 교회에나 가봅시다"라고 아내에게 말을 건넸습니다. 당시 우리 부부는 아직 예수님을 믿지 않고 있었습니다.

그러자 아내는 놀란 듯 쳐다보며 "교회는 뭐 하러…?"라고 되물었습니다.

"글쎄, 특별한 이유는 없고, 그저 많은 사람들이 가니까 한번 가봅시다. 점심때까지는 뭐 특별히 할 일도 없지 않소?"라고 대답했습니다.

아내는 "좋아요" 하더니, "그런데 어디로 가죠?"라고 물었습니다.

"아무 교회나. 저기 보이는 교회가 어떻소?" 하며, 나는 길 건너편에 보이는 교회를 가리켰습니다.

결국 우리는 교회에 들어가 앉았습니다. 뭔가 좀 멋쩍은 느낌도 들었지만 무슨 일이 있을지 궁금해하며 앉아 있었습니다. 놀랄 만한 일이 우리를 기다리고 있었습니다. 이윽고 목사가 나와서 설교를 하는데 우리 두 사람의 마음을 강하게 사로잡았습니다. 나중에야 그가 전한 말씀이 바로 복음이었다는 사실을 알게 되었습니다. 그런데 실은 우리를 놀라게 한 것은 그의 설교 내용이 아니었고 그가 복음을 전하는 방법이었습니다. 다음 두 가지가 돋보였습니다. 한 가지는 그가 자신이 말하고 있는 내용을 정확히 알고 있었다는 점이고, 또 한 가지는 자신이 의도하는 바를 확신을 가지고 전하고 있었다는 사실입니다.

나와 아내는 전에도 교회에 가서 여러 목사들의 설교를 들어 보았으나 이 목사의 경우처럼 확신을 가지고 정확하게 전하는 사람은 없었습니다. 어떤 목사는 자기가 말하고 있는 바가 무엇인지 알고 있는 것 같으나 확신이 없이 말하고 있었고, 어떤 경우에는 확신을 가지고 설교는 하는데 자신이 무엇을 말하고 있는지 알지 못하는 것처럼 보일 때가 있었습니다.

의사소통의 중요 요소

위의 일을 다시 생각해 볼 때, 다음 두 가지 요소가 의사소통에 필수적이라는 것이 더욱 명백해졌습니다.

첫째로, 내용을 분명히 아십시오. 듣는 사람들의 마음에 확신을 심어 주려면, 당신은 주의 깊게 연구하며 준비해야 합니다. 그 내용을 완전히 아십시오. 말하고 있는 주제에 대해 당신이 완전히 알고 있으면서 그중의 일부분만을 말하고 있다는 사실을 청중이 느끼게 될 때, 청중은 당신에 대해 확신과 신뢰감을 갖게 될 것입니다. 당신을 믿게 되는 것입니다.

둘째로, 확신을 가지고 말하십시오. 첫 번째 사항을 잘 실천하면 이것은 저절로 성취될 수 있습니다. 다른 사람에게 확신시키려 들기 전에 당신이 먼저 그 내용을 확신해야 합니다. 이것이 예수님의 사역을 확 드러나게 만들었던 점 중의 하나입니다. 그는 마치 권세 있는 자와 같이 말씀하셨다고 기록되어 있습니다. "이는 그 가르치시는 것이 권세 있는 자와 같고 저희 서기관들과 같지 아니함일러라"(마태복음 7:29). 서기관들은 중고등학교 학생들처럼 그저 배운 것을 줄줄 말할 뿐이었지만, 예수님께서는 듣는 자들을 놀라게 할 만한 권위와 확신을 가지고 말씀하셨습니다.

신약성경에 나오는 또 하나의 사건은 이 진리를 잘 입증해 줍니다. 바울과 바나바가 이고니온에서 선교를 하고 있을 때입니다. "이에 이고니온에서 두 사도가 함께 유대인의 회당에 들어가 말하니, 유대와 헬라의 허다한 무리가 믿더라"(사도행전 14:1). 여기에서 '말하니'라는 부분이 다른 번역에 어떻게 표현되어 있는지 주의해 보면 재미있습니다. "매우 효과적으로 말하니"(NIV), "큰 확신을 가지고 말하니"(Phillips), "말을 아주 잘하니"(Berkeley), "큰 능력으로 말하니"(Amplified).

'말하니'라는 구절을 깊이 묵상해 보십시오. 사실 나는 이 구절을 수없이 읽었음에도 불구하고 이 의미를 알지 못했습니다. 그들이 말한 내용은 물론이고 그들의 확신 있는 태도 또한 놀라운 것이었습니다.

여기에서 보여 주고 있는 교훈은 분명합니다. 성령께서는 이 사실을 통해 우리의 복음 전하는 태도가 듣는 저들의 반응에 지대한 영향을 끼친다는 사실을 잘 가르쳐 주고 있습니다. 활기가 없이 단조로운 어조로 말을 하게 되면 지루하다 못해 어느새 꾸벅꾸벅 졸게 됩니다. 그러나 내가 수십 년 전에 들었던 그 목사의 설교는 들으면 들을수록 잠이 달아나는 것이었습니다. 그는 나의 마음을 완전히 사로잡았던 것입니다. 왜냐하면 그는 자신이 말하고 있는 내용을 분명히 알고 있었기 때문입니다! 또한 그는 확신 있게 말하고 있었습니다!

전달 내용

자, 그러면 당신이 확신을 가졌다고 합시다. 이제부터 문제는 무슨 내용을 어떻게 조리 있게 전하여 듣는 이들의 관심을 불러일으키고 정한바 목적을 달성하느냐 하는 것입니다. 나는 효과적으로 의사를 전달하는 여러 연사들을 접해 보면서, 두 가지 중요한 원리를 배우게 되었습니다.

첫째는, 하나님의 말씀을 전하는 것입니다. 물론 이것은 그저 성경을 근거로 이야기하면 된다는 의미는 아닙니다. 그 이상의 뜻을 내포하고 있습니다. 성경 말씀 자체를 전해야 합니다. 당신이 처음부터 끝까지 성경 말씀을 사용한다면 그 말씀들은 당신의 설교에 맛과 권위와 능력을 부여하게 될 것입니다. 성령께서 그의 검을 사용하셔서(에베소서 6:17 참조), 듣는 사람들의 양심을 찌르며 마음속에 품은 생각을 드러내실 것입니다. "하나님의 말씀은 살았고 운동력이 있어 좌우에 날선 어떤 검보다도 예리하여 혼과 영과 및 관절과 골수를 찔러 쪼개기까지 하며 또 마음의 생각과 뜻을 감찰하나니"(히브리서 4:12).

성령께서 말씀을 사용하셔서 순종과 믿음을 거부하는 장벽을 허물어뜨리십니다. "나 여호와가 말하노라. 내 말이 불 같지 아니하냐? 반석을 쳐서 부스러뜨리는 방망이 같지 아니하냐?"(예레미야 23:29). 따라서 당신의 설교에 하나님의 말씀을 풍성하게 사용하시기 바랍니다.

당신은 예수님의 삶에서, 의사소통의 두 번째 중요한 면을 배울 수 있습니다. 그것은 바로 비유를 사용하는 것입니다. 예화를 사용하십시오. 예수님은 비유를 들어 말씀하시는 데 대가이셨습니다. "그 사람의 말하는 것처럼 말한 사람은 이때까지 없었나이다"(요한복음 7:46).

"씨를 뿌리는 자가 그 씨를 뿌리러 나가서…"

"어느 여자가 열 드라크마가 있는데…"

"어떤 사람이 두 아들이 있는데…"

"하나님의 나라가 무엇과 같을꼬…"

적절한 예화나 비유들을 사용함으로써 듣는 사람들로 하여금 당신이 말하려는 요지와 인용한 말씀들을 명확하게 깨닫도록 하는 데 도움을 줄 수 있습니다. 한 가지 예를 들어 봅시다.

최근 나는 하나님의 말씀을 어떻게 우리 삶의 일부로 만들 수 있을까에 대해 설교 부탁을 받은 일이 있었습니다. 그때 내가 강조했던 요지 중의 하나는 우리가 성경을 묵상하는 방법을 배워야 한다는 것이었습니다. "내가 주의 법을 어찌 그리 사랑하는지요. 내가 그것을 종일 묵상하나이다"(시편 119:97). 그때 나는 다음과 같은 예화를 사용했습니다.

어느 날 저녁 당신이 우리 집에 와서 잠시 나와 이야기를 나눈 뒤 내가 집안의 여러 곳들을 소개해 준다고 합시다. 그때 만일 내가 전깃불을 끈 뒤 촛불을 하나 주면서 아래층을 혼자 보고 오라고 한다면 아마 어둠침침한 방들을 촛불 하나로 더듬어 살피다가 올라올 것입니다.

내가 "무엇을 보았습니까?" 하고 물으면 "글쎄요. 탁구대가 있는 방 하나, 거실, 그리고 거실 안쪽으로 침실이 있었고, 그리고 골방인지 서재인지는 모르지만 조그만 방 하나가 있더군요"라고 대답할 것입니다.

나는 "맞았습니다. 아래층에 있는 것들이 바로 그것들입니다"라고 말해 줄 것입니다.

그런데 만약 우리가 함께 내려가서 전깃불을 켜고 편안한 마음으로 여유 있게 거실을 구경한다고 가정해 봅시다. 아마 들어서자마자 당신은 방에 있는 장식물들을 명확히 볼 수 있을 것입니다. 아울러 그 방의 색깔의 조화와 가구 배치의 짜임새 등을 이모저모로 살펴볼 여유가 있을 것입니다. 뿐만 아니라 벽에 걸려 있는 그림이 아주 잘 배치되었다는 사실과 양탄자 및 가구 색깔이 그 그림과 썩 어울린다는 사실도 깨닫게 될 것입니다. 그런데 한 가지 질문을 하겠습니다. 당신은 촛불로도 거실을 볼 수 있었습니까? 당신은 분명히 그렇다고 대답할 것입니다. 그렇지만 정말로 당신이 다 보았다고 할 수 있겠습니까? 그렇지 못할 것입니다. 우리가 전깃불을 켜고 앉아서 여유 있게 방의 모든 것들을 하나하나 관찰했을 때에야 비로소 방을 구경했다고 할 수 있을 것입니다.

이것이 바로 성경을 그냥 읽는 것과 묵상하는 것의 차이를 보여 주는 예화입니다. 대개 성경 읽기는 촛불을 켜고 집안 구석구석을 분주히 돌아다녀 보는 것과 비슷합니다. 여기저기 힐끗힐끗 보면서 그저 윤곽만을 대충 알아차리는 것입니다. 그러나 말씀의 풍성함을 맛보며 말씀 안에 담긴 진리가 우리의 것이 되려면 시간적 여유를 가지고 앉아서 말씀을 깊이 묵상해야 합니다. 그럴 때 성령께서 말씀의 깊은 의미를 우리에게 알려 주실 것입니다. 묵상을 통해 우리는 말씀의 깊이와 넓이, 아름다움, 경이로움, 위엄, 능력 등을 더욱 깊이 깨닫게 됩니다.

  요약하면, 다음과 같습니다.

  1. 요점 : 말씀을 묵상하라
  2. 성경 구절 : 시편 119:97
  3. 예화 : 촛불 예화 – 읽기와 묵상의 차이점을 보여 줌

만약 당신의 설교가 서너 가지 중요한 요점을 가지고 있다면 이 과정을 서너 번 되풀이하면 됩니다. 다음의 예처럼 당신이 말하려는 내용의 주제를 간단히 소개한 뒤 몇 가지 요점들을 펼쳐 나가십시오.

◆◆◆ 우리의 삶을 말씀으로 채우는 방법 ◆◆◆

Ⅰ. 말씀을 공부할 것
  A. 성경 구절: 잠언 2:1-5, 사도행전 17:11
  B. 예   화: 보물을 캐는 사람은 깊이 파야 한다. 그저 땅 표면에서는 귀한 보석을 발견하기가 어렵다.

Ⅱ. 말씀을 암송할 것
  A. 성경 구절 : 골로새서 3:16, 잠언 7:1-3, 신명기 6:6-7

  B. 예 화: 하나님의 말씀을 암송했던 베트남 전쟁 미군 포로들의 이야기(그들은 암송한 말씀을 통해 하노이 힐턴 포로수용소의 극심한 곤경을 극복하는 데 큰 힘을 얻을 수 있었고 도리어 다른 사람들을 도와줄 수 있었음.)

Ⅲ. 말씀을 묵상할 것
 A. 성경 구절: 시편 119:97, 시편 1:2-3, 여호수아 1:8
 B. 예 화: 촛불 예화

Ⅳ. 맺음말 - 적용을 위한 제안
       성경 암송이나 성경공부를 위한 한 가지 좋은 방법을 소개해 주어, 그들이 매일 스스로 해나갈 수 있도록 한다.

 이 설교 내용 전체를 볼 때, 성경 말씀이 주가 되고 있음에 주의하십시오. 적절한 예화나 비유가 전하는 내용의 의미를 더욱 분명하고 생생하게 조명해 주는 역할을 할 것입니다. 마지막에 제시된 실제적인 적용은 듣는 사람들에게 구체적인 실천 방안을 보여 주게 됩니다. 당신이 말씀을 전하게 될 때마다 이러한 방법을 사용해 보십시오. 흔히 강사들은 우리에게 깊은 감명을 주어 우리로 하여금 그 말씀을 들은 뒤에 무언가 새로운 각오를 갖게 해줍니다. 그러나 우리가 어떻게 해야 할 것인가에 대해 구체적으로 제시를 하지 않을 때가 많습니다. 따라서 지도자는 반드시 실제적이어야 하며, '어떻게'에 해당되는 '방법'을 제시해 주어야 합니다.

당신이 예화나 비유를 사용할 때는 반드시 듣는 사람이 쉽게 이해할 수 있는 것을 택해야 합니다. 캔자스 주의 농부는 뉴저지 주의 공장 직공과는 사물을 보는 눈이 대개 다릅니다. 또한 내가 부딪힌 장벽이라 해서 다른 사람도 반드시 그곳에 부딪히란 법은 없습니다. 남들도 나와 동일한 경험을 했으리라 생각하는 잘못을 범하지 마십시오.

내 경우에도 예화를 잘못 사용했던 적이 있는데, 대표적인 예는 싱가포르에서 말씀을 전할 때였습니다. 나는 의미를 명확히 전달하려고 휘몰아치는 눈보라로 인해 하마터면 얼어 죽을 뻔했던 네바다 주의 두 청년 이야기를 꺼냈습니다. 그런데 그 청중들은 네바다에 대해서는 들어 본 일조차 없었으며, 더군다나 눈이라고는 본 일도 없었고, 어떤 사람이 얼어 죽는다는 것은 도무지 상상할 수가 없는 일이었습니다. 차라리 불길이 이글이글 타오르는 풀무 불 속에 던져진 히브리의 세 청년 이야기를 하는 편이 훨씬 좋았을 뻔했습니다. 싱가포르는 매우 무더운 나라이기 때문입니다.

긴장의 극복

말씀을 전할 때 극복해야 할 주 장애물은 긴장입니다. 나에게도 이 문제가 있습니다. 사실 나는 한 사람에게 전도할 때든 여러 사람 앞에서 설교할 때든 공연히 목이 타고 손에 땀을 쥐는 것을 경험하곤 합니다. 그렇지 않았으면 좋겠는데 실제로는 늘 그렇습니다. 이 문제와 관련하여 나에게 위로가 되는 말씀은 베드로전서 3:15 말씀입니다. "너희 마음에 그리스도를 주로 삼아 거룩하게 하고, 너희 속에 있는 소망에 관한 이유를 묻는 자에게는 대답할 것을 항상 예비하되 온유와 두려움으로 하고."

베드로는 "온유와 두려움으로"라고 말했습니다. 당신도 만약 두려운 생각이 들면 이 말씀을 기억하고 도리어 기뻐하십시오! 당신은 충분한 자격이 있습니다! 하나님께서 만약 우리의 태도가 뻔뻔스럽기를 원하시거나, 자신의 지식이나 능력에 대해 자신만만하기를 바라신다면 그러한 태도를 취하도록 우리에게 말씀하셨을 것입니다. 그렇지만 가슴이 두근거리기 시작하고 입술이 떨리며 두 무릎이 부딪치기 시작하고 목이 마를 바로 그때가 하나님 앞에 무릎 꿇는 마음으로 간절히 하나님의 은혜와 능력을 구할 때인 것입니다. 그럴 때 하나님께서는 우리를 능력 있게 사용하실 수 있습니다.

"내게 이르시기를, '내 은혜가 네게 족하도다. 이는 내 능력이 약한 데서 온전하여짐이라' 하신지라. 이러므로 도리어 크게 기뻐함으로 나의 여러 약한 것들에 대하여 자랑하리니, 이는 그리스도의 능력으로 내게 머물게 하려 함이라. 그러므로 내가 그리스도를 위하여 약한 것들과 능욕과 궁핍과 핍박과 곤란을 기뻐하노니, 이는 내가 약할 그때에 곧 강함이니라"(고린도후서 12:9-10).

나는 종종 달갑지 않은 청중들을 대상으로 설교를 해야 할 때가 있습니다. 대학교 기숙사나 강의실 혹은 학생회관 회의실 등에서 말씀을 전할 때가 그렇습니다. 그럴 때면 대개 몇몇 학생들이 나에게 논박하거나 혹은 복음의 진리를 거부하려고 일부러 참석하곤 합니다. 나는 이러한 곤란을 겪으면서 오히려 긴장을 극복하는 데 도움이 되는 몇 가지 사실들을 배울 수 있었습니다.

첫째는, 당신의 말이 하나님의 말씀을 대변하는 한 당신은 다니엘이 소유했던 담대함을 지닐 수 있는 유리한 입장에 있다는 사실입니다. 유리한 점이란 바로 당신이 말하고 있는 것이 진리라는 것입니다. 사람들이 그것을 믿든 믿지 않든 진리는 변하지 않습니다. 예수님께서는 "저희를 진리로 거룩하게 하옵소서. 아버지의 말씀은 진리니이다"(요한복음 17:17)라고 말씀하셨습니다. 바울도 "복음 진리의 말씀"(골로새서 1:5)이라고 말했습니다. '끊임없이 변한다'는 사실만이 변함이 없는 세상에서 당신이 전하는 하나님의 말씀만은 영원히 변함없는 진리라는 사실이 얼마나 큰 축복입니까? "너희가 거듭난 것이 썩어질 씨로 된 것이 아니요 썩지 아니할 씨로 된 것이니, 하나님의 살아 있고 항상 있는 말씀으로 되었느니라. 그러므로 모든 육체는 풀과 같고 그 모든 영광이 풀의 꽃과 같으니 풀은 마르고 꽃은 떨어지되 오직 주의 말씀은 세세토록 있도다 하였으니, 너희에게 전한 복음이 곧 이 말씀이니라"(베드로전서 1:23-25).

둘째로, 미소를 띠는 것이 도움이 됩니다. 다정한 미소는 두 사람 사이를 가장 가깝게 해줍니다. 미소는 당신의 긴장도 덜고 상대방과의 거리감뿐 아니라 상대방의 적대감까지도 제거해 줍니다. 앞에서 말한 것처럼, 이러한 교훈은 내가 힘들게 배운 것들 중의 하나입니다.

한번은 론 쎄니와 월터 헨릭슨, 이렇게 두 사람과 함께 선교 여행을 하게 되었습니다. 오리건 주립대학에 도착했을 때 나는 우뚝 솟은 기숙사 앞에 "리로이 환영"이라고 길게 쓴 거대한 현수막이 걸린 것을 보고 놀라지 않을 수 없었습니다. 그것을 보는 즉시 나는 두려움에 사로잡혔습니다. 혹시 그날 저녁 모임에 참석하는 수많은 젊은이들로부터 봉변을 당하지나 않을까 생각하니 초조해졌습니다. 내가 도착하기를 잔뜩 벼르고 있는 것처럼 생각되었습니다.

커다란 강의실에서 모임이 열리는데, 거기엔 참석자들로 성황을 이루고 있었습니다. 나는 어떤 결과가 나올지 심히 염려되고 긴장이 되었습니다. 이윽고 사회자가 모임을 시작하더니 곧이어 나에게 마이크를 넘겨주었습니다. 청중들을 돌아보니 덥수룩한 머리에 옷차림도 이상한 것이 꼭 히피들 같아 보였습니다. 표정이 굳어진 나는 무뚝뚝하게 복음을 전하기 시작했습니다. 그러나 전하는 내용만큼은 명확하게 하였고 전하는 태도는 열과 성의를 다했습니다. 놀랍게도 학생들은 나의 말에 깊은 관심을 보이기 시작했고, 끝까지 흥미진진하게 들어 주었습니다. 다 마친 후 질문 시간을 가졌을 때 그들은 솔직하고 진지한 질문들을 많이 했습니다.

모임이 끝나자 그들이 앞으로 나와 악수를 청하며 "할렐루야! 명확한 복음을 들려주셔서 정말 좋았습니다. 먼 길을 와주셔서 대단히 감사합니다"라고들 말하는 것이었습니다. 그제야 나는 처음으로 얼굴에 미소를 띠게 되었습니다.

집에 돌아오는 길에 론 쎄니가 나에게 충고를 해주었습니다.

"이따금 미소도 지어 가면서 말하지 그랬어요. 그렇게 하면 모임의 분위기가 한층 더 부드러워졌을 겁니다." 그의 말이 옳았습니다. 그 일을 계기로 나는 값진 교훈을 얻게 된 것입니다.

주된 요소: 기도

기도는 말씀의 준비와 전달을 위한 필수 요소입니다. 말씀을 준비하기 전에도 기도해야 하며 또한 말씀을 전하기 전에도 기도해야 합니다. 성령께서 적절한 말씀들과 예화들을 주시며 또한 전할 때에도 하나님의 능력으로 할 수 있도록 기도해야 할 것입니다.

이것 또한 힘겹게 배운 교훈 중의 하나입니다. 50년대 중반에 나는 2년 동안 피츠버그 대학과 카네기 공과대학 남녀 기숙사와 학생회관에서 복음을 전하는 팀을 이끈 적이 있습니다. 월요일 저녁마다 그곳에서 복음을 전한 뒤 관심이 있는 사람들과 주중에 만날 약속을 하곤 했습니다.

처음 시작할 때 우리가 결정한 일 중의 하나는 모임 전에 함께 기도하는 것이었습니다. 그 당시 우리는 대학생 선교회와 함께 그 일을 했는데, 빌 브라이트도 우리들에게 항상 먼저 무릎을 꿇고 하나님과 오랜 시간을 보내라고 당부하곤 했습니다. 주님께서는 여러 가지 모양으로 우리에게 기도의 필요성을 깨닫게 하셨습니다. 그래서 우리는 충실히 그 원칙을 따랐습니다. 주님께서 우리들의 수고에 축복하셔서 얼마 안 되어 꽤 많은 결신자들을 얻게 되었습니다. 우리는 그들과 함께 성경공부를 하기 시작했고, 이젠 그들 중에 몇몇 사람들이 팀에 소속되어 다른 기숙사에 가서 간증을 나누며 전도하기에 이르렀습니다. 모든 일이 형통하게 된 것입니다.

　그러다가 우리는 점차로 자기만족과 교만에 빠지고, 심지어 자신들을 과신하기에 이르러 기도하는 것이 해이해지기 시작했습니다. 그러던 어느 날 저녁에 기어이 일이 발생하였습니다. 그 당시 나도 바빴고 다른 사람들도 할 일이 많았기에 우리는 복음을 전하기로 되어 있던 학생회관에 가까스로 도착했습니다. 너무나 급해서 한 사람이 대표로 번개같이 기도를 한 뒤 우리는 허겁지겁 모임 장소로 서둘러 갔습니다.

　그때의 모임을 지금 회상해 보면 악몽과도 같습니다. 사회자는 청중들의 주의를 제대로 끌지 못했고, 간증하는 사람은 무슨 주식 매매 보고라도 하는 듯 로봇처럼 딱딱하게 굳어 있었습니다. 내가 복음을 전하기 위해 등단했을 때 성령께서 그들의 마음속에 역사하시는 느낌을 조금도 가질 수가 없었습니다. 마치 벽을 향해 이야기하는 것 같았습니다. 나의 말에 아무도 귀를 기울이지 않았습니다. 모임이 끝나자 그들은 점잖게 우리를 건물 밖으로 내보내는 것이었습니다.

　우리는 멍하니 서로의 얼굴을 쳐다보다가 무엇을 해야 할지 깨달았습니다. 우리의 잘못이 무엇인지를 깨달은 것입니다. 우리는 즉시 차 안에 들어가 주님께 우리의 죄를 자백하고 용서를 구하며 많은 시간을 기도로 보냈습니다. 그 후로 우리는 모임 전에 충분히 기도로 준비하는 것을 결코 소홀히 하지 않았습니다. 주님께서 우리의 이러한 기도를 응답하셔서 그 후로 계속 축복을 더하심으로 하나님의 말씀이 날로 왕성해지는 역사가 일어났습니다. 그 일을 통해 우리는 영원히 잊을 수 없는 값진 교훈을 얻었던 것입니다.

"우리가 무슨 일이든지 우리에게서 난 것같이 생각하여 스스로 만족할 것이 아니니, 우리의 만족은 오직 하나님께로서 났느니라. 저가 또 우리로 새 언약의 일꾼 되기에 만족케 하셨으니, 의문으로 하지 아니하고 오직 영으로 함이니, 의문은 죽이는 것이요 영은 살리는 것임이니라"(고린도후서 3:5-6). "내게 능력 주시는 자 안에서 내가 모든 것을 할 수 있느니라"(빌립보서 4:13).

당신도 영적 지도자가 될 수 있다

초판 1쇄 발행 : 1982년 5월 20일
3판 1쇄 발행 : 2008년 12월 20일
3판 15쇄 발행 : 2025년 4월 10일

펴낸곳 : 네비게이토 출판사 ⓒ
주소 : 03784 서울시 서대문구 연희로 16 (창천동)
전화 : 334-3305(대표), 334-3037(주문), FAX : 334-3119
홈페이지 : http://navpress.co.kr
출판등록 : 제10-111호(1973년 3월 12일)
ISBN 978-89-375-0324-5 03230

본 출판사의 서면 허락 없이는 본서의 전부 또는
일부의 무단 복제, 또는 원문에 대한 무단 번역을 금합니다.